国家出版基金项目
NATIONAL PUBLICATION FOUNDATION

国家重大出版工程项目
"十二五"国家重点图书

中国古建筑丛书

◎朱永春 著

安徽古建筑

中国建筑工业出版社

审图号：GS（2015）2780号

图书在版编目（CIP）数据

安徽古建筑／朱永春著．—北京：中国建筑工业出版社，2015.12
（中国古建筑丛书）
ISBN 978-7-112-18699-0

Ⅰ.①安…　Ⅱ.①朱…　Ⅲ.①古建筑—介绍—安徽省　Ⅳ.①K928.71

中国版本图书馆CIP数据核字（2015）第278327号

责任编辑：唐　旭　李东禧　杨　晓　吴　绫
书籍设计：康　羽
责任校对：姜小莲　刘梦然

中国古建筑丛书

安徽古建筑

朱永春　著

*

中国建筑工业出版社出版、发行（北京西郊百万庄）
各地新华书店、建筑书店经销
北京锋尚制版有限公司制版
北京顺诚彩色印刷有限公司印刷

*

开本：880×1230毫米　1/16　印张：15¾　字数：416千字
2015年12月第一版　2015年12月第一次印刷
定价：298.00元
ISBN 978-7-112-18699-0
（25813）

版权所有　翻印必究

如有印装质量问题，可寄本社退换
（邮政编码100037）

《中国古建筑丛书》总编委会

总顾问委员会：

罗哲文　张锦秋　傅熹年　单霁翔　郑时龄

总编辑委员会：

主　任： 吴良镛　周干峙
副主任： 沈元勤　陆元鼎
总主编： 陆　琦　戴志坚
委　员（按姓氏笔画排序）：

丁　垚　王　军　王　南　王金平　王海松　左满常　朱永春
刘　甦　李　群　李东禧　李晓峰　李乾朗　杨大禹　杨新平
吴　昊　张玉坤　张兴国　张鹏举　陆　琦　陈　琦　陈　颖
陈　蔚　陈伯超　陈顺祥　范霄鹏　罗德启　柳　肃　胡永旭
姚　糖　徐　强　徐宗威　翁　萌　高宜生　唐　旭　黄　浩
谢小英　雍振华　蔡　晴　谭刚毅　燕宁娜　戴志坚

《安徽古建筑》

朱永春　著
审稿人：傅熹年

总 序

中国历史悠久，地大物博，人口众多，是一个多民族的国家，文化遗产极为丰富。中国古建筑是世界建筑史上的四大体系之一，五千年来，光辉灿烂，独特发展，一脉相传，自成体系。在建筑历史发展过程中，从来都没有中断过，因而，积累了大量的极为丰富的优秀建筑文化遗产。中国古代建筑的实践经验、创作理论、工艺技术和艺术精华值得总结、传承和发扬。

中国古代建筑具有强大的生命力，首先是独特的地理环境。中国位于亚洲东方，北部有长白山、乌苏里江高山河流阻挡，西有天山、喀喇昆仑山脉和沙漠横贯，西南有喜马拉雅山脉，东南则沿海，形成封闭与外界隔绝的地域，加上地处热带、温带和寒带，宽阔的地理和悬殊的气候，促进建筑与环境的巧妙和谐结合。

其次，独特的民族性格。中国是以汉族为主的多民族所组成。以中原文化为主的汉族人民团结、凝聚着居住和生活在各地的少数民族。由于各民族的历史、文化、宗教信仰、生活习俗与审美爱好的不同，以及他们所处地区的自然条件和地理环境的差异，长期的劳动实践，形成了各民族独特的性格和绚丽灿烂的建筑风貌。

其三，文化的独特体系。中国文化是以黄河流域中原文化为中心，周围有燕赵文化、晋文化、齐鲁文化、吴越文化、楚文化、秦文化和巴蜀文化所烘托，具有历史渊源长久、人类智慧集中、思想资源丰富的特点。中国传统文化思想的集中表现是以儒学、道学为代表，其后，佛教的传入与中国传统文化的结合，形成以儒学为主的儒、道、释三者合一的中国传统文化思想。归纳起来，就是天人合一的宇宙观念，以人为本、和为贵的人文思想，整体直觉的思维方式，真善美相结合的美学观念。

封闭而独特的地理环境，团结凝聚而又富于创造的民族性格，以儒学为主的文化独特体系，创造了中华民族的雄伟壮丽的建筑工程。长期的经验积累，独树一帜，虽经战争的炮火，民族之间的斗争与融合，外来文化之传入及本土化，但中华民族建筑始终一脉相传，傲然生存下来，顽强发展，独树一帜而不倒，在世界建筑史发展中是罕见的、独有的。

中国古代建筑发展经历了原始社会、奴隶社会和封建社会三个历史阶段。

旧石器时代，原始人群利用天然崖洞作为居住场所。南方湿热多雨，虫害兽多，出现巢居。1973年，在浙江余姚河姆渡村发现大约建于6000～7000多年前的、长约23米、进深约8米的木构架建筑遗址，推测是一座长方形、体量相当大的干阑式建筑，这是我国最早采用榫卯技术构筑房屋的一个实例。

原始社会晚期，黄河流域有广阔而丰厚的黄土层，土质均匀，含有石灰质。黄河中游的氏族部落，在利用黄土层作为壁体的土穴上，用木架和草泥建造简单的穴居，逐步发展到浅穴居，再到地面上的房屋，形成聚落。

奴隶社会，夯土技术逐步成熟，宫室建于高大的夯土台上，木构建筑逐步成为中国古代建筑的主要结构方式。等级制度出现。工程管理有了专职的"司空"，以后各朝代沿袭发展成为中国特有的工官制度。

封建社会初期，高台建筑盛行，修建了长城、驰道和水利工程。东汉时代，建筑中已大量使用成组的斗栱，木构楼阁增多，城市和建筑类型扩充，中国古代独特的木构建筑体系基本形成。

两晋南北朝是我国历史上充满着民族斗争和民族融合的时期，佛教的传入，宗教建筑大量兴建，高大的寺庙、壮丽的塔幢，石窟中精美的雕塑和壁画，这是我国古建筑吸收外来文化使之本土化的创造时期。

隋、唐统一全国，开凿贯通南北的大运河，促进了我国南北物资和文化的交流和发展。唐代的长安、洛阳成为世界上最大的城市。木构建筑的宫殿、楼阁和石窟、塔、桥，无论布局或造型都具有较高艺术和技术水平，唐代建筑已发展到成熟的阶段。

宋、辽、金时期，南方在经济和文化方面居于先进地位。由于手工业分工更加细致，国内商业和国际贸易活跃，城市逐渐开放，改变了汉以来历代都城采用的封闭式里坊制度，形成沿街设店的方式。建筑的设计和施工达到一定程度的规格化、制度化，公元12世纪初在总结经验的基础上编写了《营造法式》这一部重要文献。

元代大都建立，喇嘛教和伊斯兰教建筑影响到各地。明、清时期官式建筑已经达到完全程式化、定型化阶段。明代后期出现资本主义萌芽，清代在城市规划上、建筑群体布局和建筑艺术形象上有所发展，例如北京城、故宫、天坛等。民居、园林和民族建筑遍布各地，呈现一片繁荣景象。

中国古建筑有明显的特征。在城市规划上，严谨规整、对称宏伟，表现出庄重威武的中华民族性格。单体建筑中，雄伟的飞檐屋宇、大红的排列柱廊、高大的汉白玉台基，呈现出崇高壮丽又稳定的形象。黄河流域盛产的木材资源，形成了中国古建筑木构架体系的特色。室外装饰的富丽堂皇、金碧辉煌，室内陈设装修的华丽多样、细腻雕饰，体现了中国古建筑绚丽多彩的民族风格。

聚居建筑方面，包含民居、祠堂、家庙、书院等遍布全国各地，它们与人民生活息息相关。各地各族人民根据自己的生活习俗、生产需要、经济能力、民族爱好和审美观念，结合本地的自然条件和材料，因地制宜、因材致用地进行设计与营造。他们既是设计者，又是营建者、使用者，可以说设计、施工、使用三位一体，因而，这种建造方式所形成的民宅民间建筑，既实用简朴，又经久美观，并富有民族风格和地方特色。

中国古园林的特征。以自然山水即中国山水画为蓝本，并以景区、景物和建筑、山水、花木为构件，由景生情，产生意境联想，达到艺术感受。皇家园林因其规模大、范围广，其园林布局自秦、汉时期的一池三岛，到唐、宋以山水画为蓝本，明、清仍沿袭池中置岛古制，但采用人工造山置水的方法。

明、清私家园林因属民间，士大夫文人常在宅后设园休闲宴客，吟诗享乐，其特点是以最小的场所造成无限的景色为目的。因其规模小，常以叠石或池水为主，峰峦洞壑、峭壁危径或曲径通幽取胜。在情景中则采用巧于因借、精在体宜的手法。

我国是一个人口众多的多民族国家。相传秦汉以前，中华大地上主要生存着华夏、东夷、苗蛮三大文化集团，经过连年不断的战争，最终华夏集团取得了胜利，上古三大文化集团基本融为一体，历史上称为华夏族。春秋、战国时期，东南地区古老的部族称为"越"，逐渐为华夏族所兼并而融入华夏族之中。秦统一各国后，到汉代都用汉人、汉民这个称呼，直到隋、唐，汉族这个名称才固定下来。

由于各民族的历史文化、宗教信仰、生活生产、习俗性格的不同，又由于各族人民所处地区的自然条件和环境的不同，导致他们各自产生了富有特色的建筑和民宅，如宏伟壮丽的藏族布达拉宫，遍布各族聚居地的寺院庙宇、寨堡围村、楼阁宅居，反映了绮丽多彩的民族风貌。

中国传统文化渗透了中国古建筑，中国古建筑深刻地体现了中国文化。

新中国成立后，作为全国性有领导有组织地编写中国古代建筑史，第一次是1959年，由原建筑科学研究院组织"编写三史"开始。当时集中了全国高等院校、科研部门分工编写，1962年由中国工业出版社出版《中国建筑简史》第一册（古代部分）。随后，又组织有关院校、文化、历史、考古等单位对古代建筑史有研究的人员，经多次修改，由刘敦桢教授执笔主编的《中国古代建筑史》，于1966年完成。由于"文化大革命"，未能出版，1980年才由中国建筑工业出版社正式出版。作为高等院校的中国建筑史教材则由全国高校教师编写，参考了上述专著，由中国建筑工业出版社1982年出版。

作为系统的、全面的、编写中国古建筑丛书是从1984年开始，当时作为《中国美术全集》中的一个门类——建筑艺术，称为《中国美术全集·建筑艺术编》，共6辑，包含宫殿、坛庙、陵墓、宗教建筑、民居、园林，1988年完成出版。

第二次编写从1992年开始，编写的原因是《中国美术全集·建筑艺术编》6辑出版后，各界反映良好，但感到篇幅不够，它与我国极为丰富的建筑文化遗产大国不相适应。于是，再次组织编写《中国建筑艺术全集》丛书30辑，其中古建筑24辑，近现代建筑6辑。古建筑部分仍按类型编写。该丛书中的24辑于1999年5月出版。

由于这两次丛书都是全国性编写，按类型写，又着重在艺术，因此，一些地方特色和民族特色的、中型的优秀古建筑就难于入选。为了弘扬和传承优秀传统建筑文化体系，总结经验和规律，保护我国优秀传统建筑文化遗产，因此，全面地、系统地、按省（区）来编写古建筑丛书是非常必要的、合时宜的。

本丛书编写的主要特点是：其一，强调本省（区）古建筑的民族特色和地方特色；其二，编写不限于建筑艺术，而是对本省（区）古建筑的全面叙述，着重在成就、价值、特色、技术和经验、规律等各个方面，这是我国民族和地区的资料比较全面和丰富的传统建筑文化丛书。

陆元鼎

2015年1月10日

前言

安徽，钟灵毓秀、人文荟萃，地跨江淮的特殊地理环境，成为中国南北东西文化传播的汇聚点。它璀璨的建筑文化，在中国建筑中占有重要位置。

为了能使读者对安徽建筑的演进能够较为完整地把握，我们先史海钩沉，提要钩玄地勾勒出安徽建筑沿革的大致脉络。

20世纪80年代初，安徽和县龙潭洞发现直立人头盖骨化石，距今28万～24万年。这是中国长江流域首次发现完整的猿人头盖骨化石。几十万年前，江淮地区已有皖人生活了。安徽人的建筑营造活动，则可追溯到新石器时代。凌家滩聚落的祭坛，为中国迄今发现早期的三座大型祭祀遗迹之一。蒙家城县尉迟寺聚落，发掘出红烧土排房、广场、祭祀坑和墓葬，被誉为中国"原始聚落第一村"。值得注意的是繁昌县缪墩的干阑建筑遗址，它的发现证明了徽州早期有干阑建筑。总之，江淮地区新石器时代建筑，既表现较高层次，也展示出独特的文化面貌。

中国奴隶社会第一个王朝夏的建立，自禹开始。禹治水，曾过安徽省怀远县的涂山，结蒂涂山氏女，并在涂山会诸部落首领。"涂山之会"，标志着夏王朝的正式建立。后人为纪念禹的功绩，于涂山之巅立禹王宫祭奉，流传至今；汤推翻夏王朝，都城为亳。亳有三：偃师为西亳、谷熟为南亳、蒙为北亳。北亳地望在今安徽亳州市。今亳州的汤王陵，传为汤王衣冠冢，曾东有桐宫，西有桑林。桐官为宰相伊尹所居，桑林是成汤王祈雨之所。

春秋战国，附庸奴隶制的严格等级建城制度崩溃，接踵而至是城市和建筑规模的增益，这一态势持一直持续到秦汉。该期重要的城市有寿春城、临涣城、樵城、城父城、钟离城。寿春是大国楚的最后郢都，楚于此设都19年。寿春城方圆达20多平方公里，城北的宫殿遗址规模宏大，其中柏家台一座大型宫殿建筑，总建筑面积达3000多平方米，这在战国时期并不多见。

安徽的佛教建筑始于三国时期，当时已有佛寺20余座。其时频繁的战事，使得城墙、楼台、地道等功防类型建筑被摆到重要位置，较重要的遗址有合肥三国城，逍遥津古战场和教弩台，六安东古城，舒县城周瑜城及亳州古运兵道。

唐代起，建筑群体处理日渐成熟。宛陵府署的叠嶂楼，亦称北楼、谢公楼，与府署宛陵堂、双溪阁组团，形体呼应、配置默契，昔时著名于江东，古诗文中常见。泾县城西的天宫水西寺，"浮屠对峙，楼阁参差"。唐宋建筑技术的进步，突出表现在精湛的木构技术和砖瓦数量增多。唐贞元年间庐州城外加砖防护，为安徽最早的砖城。滁州的清流关，南唐时置关，券拱关口由巨石和大砖垒砌。皖南保留了相当数量明清祠堂、府邸，其木构用材硕大，有宋代建筑作法和遗风，在一定程度上反映了宋代木构建筑的面貌。

安徽现存的木构建筑，基本为明清时期。其中首推徽州建筑。歙县的宝纶阁、许国石坊、棠樾牌坊群、呈坎民宅、潜口民宅；绩溪胡氏宗祠、湖村门楼巷；黟县的西递、宏村、南屏，其中所谓"徽州建筑三绝"的祠堂、牌坊、宅邸，可以将我们带入明清的语境。而徽商漕运口岸渔梁、深渡，古商业街屯溪老街、歙县斗山街、竹山书院、余庆堂古戏台等，将触角直探入明清社会的深层。

中国建筑的显著特征，表现在其类型上。我还想从横向，对安徽类型特征作初步梳理：

中国封建社会中，帝王的宫殿、坛庙和陵墓，是最重要的一类建筑。安徽历史上有过两代淮南王刘长和刘安、魏太祖曹操、后梁太祖朱温、吴太祖杨行密、明太祖朱元璋等封建帝王。袁术在寿春城建过帝都，杨行密于合肥大蜀山建过行宫。但最具规模的，还是凤阳的明中都皇故城。今天仍可以从明中都皇故城、龙兴寺的断壁残垣，从浩然的明皇陵，体悟它昔日的辉煌。

宗教建筑在安徽古建筑中占有相当比重。早在晋隆安五年，天竺僧杯渡于九华山筑室为庵，开九华佛寺之先。高僧金乔觉本新罗国王子金氏近属，唐代九华笃修。因精研《地藏经》，僧徒传为地藏菩萨化身，尊为"金地藏"。从此，九华山寺庙都以供奉地藏菩萨为主，奠定了九华山作为佛教四大名山的基础。北周武帝灭佛时，禅宗二祖慧可与三祖僧璨秘密活动于安徽省岳西司空山、潜山一带。潜山的山谷寺，也称三祖寺，因禅宗三祖僧璨潜居时，选场建坛、扩建寺院，后又立化于寺前大树下，而名扬大江南北，朝香晋谒者不绝。安徽现存宋元佛塔20余座，塔细部处理极丰富细腻，兼有南北文化碰撞的信息，具有很高的建筑史学价值。

淮河流域是老庄道家的发源地，西汉又诞生了黄老道家集大成之作《淮南子》。因此，道教建筑有深厚的基础。老子故里亳州有"仙乡"之称。唐高宗李治尊老子为"太上玄元皇帝"，亳州的老子祠为全国道教祭祀中心，今亳州仍有老子祠"道德中宫"。皖南的齐云山，被列为道教四大名山。

江淮多英雄豪杰，一些历史杰出人物的祠庙，是安徽建筑之林又一道风景线。历来的统治者都很重视伦理道德建设，立祠堂祭千古英雄，达到倡导忠孝节义的伦理价值、规范人伦的目的。如颂扬禹绩的"禹王宫"、表彰管鲍之交的"管鲍祠"、西楚霸王项羽自刎处乌江的"霸王祠"、神医华陀故居"华祖庵"、诗文大家陶渊明种菊处的"陶公祠"、清官包拯的"包公祠"、米芾挥毫作画处"米公祠"等。值得注意的是一类纪念李白的建筑。诗人李白游踪遍及安徽，留下大量取材安徽景物的诗篇，唐宝应元年逝于安徽当涂县。此后，安徽各地竞相营造纪念李白的建筑，而成为安徽建筑史上的"李白现象"。

最后，我想谈谈安徽建筑的特点与价值。

首先，地跨江淮的特殊地理位置，使安徽成为中国北方与南方两大建筑体系及风格的交汇融和地带。江淮大地上很多古建筑，可以看到南北建筑的结构、构造及语汇融汇的现象。这是我们赏析安徽建筑时须留心体悟的。第二，安徽建筑表现出强烈的地域色彩。这里曾孕育和传播过老庄文化、楚文化、吴越文化、两淮文化、建安文化、桐城文化、徽商文化。作为这些文化载体之一的安徽建筑，怎么能不展示出色彩斑斓的画卷，不表现出自己的品格韵味呢。第三，安徽建筑能自成完整的序列。这既指各历史时期，安徽建筑无一缺环，显示出清晰的发展轨迹，也指它品类齐全，从帝王的宫殿、陵墓，儒释道的文庙佛寺道观，民间信仰的祠庙，到寻常百姓的宅第，应有尽有。这在中国其他省份并不多见。第四，安徽建筑遗产中，有一类军事用途的建筑"孤本"和"善本"，弥足珍稀。这是因为淮河、长江之间的特殊地理环境，使安徽历史上常处在对峙政权的交界线。频繁的战事，使得城墙、楼台、地道等攻防类型建筑，被摆到突出位置。建于南宋的寿县古城墙，是国内仅存的宋城。亳州古运兵道，传为曹操隐兵道。古地道是为出其不意运兵的军事构筑物，最早史籍见于《左传》，亳州古地道提供了难得的实物史料。合肥教弩台，始于曹魏筑台练强弩以御东吴水军，是罕见的军事用途高台建筑实物。

《安徽古建筑》，是"十二五"国家重点图书《中国古建筑丛书》中的安徽卷。遵照丛书的要求，本卷从中国建筑史专业的视角，介绍安徽古建筑的主要实例，揭示其地域特色，并力图以明晰的语言，图文并茂地展示安徽古建筑精粹。当然，这并不容易。

朱永春

2015年10月16日

目 录

总　序

前　言

第一章　安徽古代建筑发展脉络
第一节　新石器时代 ／ 〇〇二
一、凌家滩聚落遗址 ／ 〇〇二
二、尉迟寺聚落遗址 ／ 〇〇三
三、薛家岗文化建筑遗址 ／ 〇〇四
四、缪墩房屋遗址 ／ 〇〇五
五、侯家寨遗址 ／ 〇〇五
第二节　夏、商、西周时期 ／ 〇〇五
一、夏、商、西周时期的安徽 ／ 〇〇五
二、禹墟 ／ 〇〇七
三、"亳"与"相" ／ 〇〇八
四、夏、商、周聚落遗址 ／ 〇〇八
第三节　春秋战国、秦、汉时期 ／ 〇〇九
一、先秦城市与宫殿遗址 ／ 〇〇九
二、先秦和汉代陵墓 ／ 〇一二
三、形象资料中反映的汉晋建筑 ／ 〇一三
第四节　魏晋南北朝时期 ／ 〇一六
一、魏晋城池与军事建筑 ／ 〇一七
二、佛教建筑的滥觞 ／ 〇一七

第五节　隋、唐、五代时期 ／ 〇一九
一、隋唐城镇发展与形态变化 ／ 〇二〇
二、宗教的兴盛与宗教建筑 ／ 〇二一
三、建筑与诗赋 ／ 〇二二
第六节　宋元时期 ／ 〇二五
一、寿县古城墙与亳州古运兵道 ／ 〇二七
二、江淮宋塔 ／ 〇二七
三、书院盛行与书院建筑 ／ 〇二八
四、写意山水园 ／ 〇二八
第七节　明清时期 ／ 〇二九
一、恢宏壮丽的明中都与皇陵 ／ 〇三二
二、徽派建筑，古今奇观 ／ 〇三二
三、九华山间佛国城 ／ 〇三四
四、立祠庙，祭千古英雄 ／ 〇三四
五、徽派园林纵横 ／ 〇三五

第二章　城镇与村落
第一节　城邑 ／ 〇四一
一、城邑类型、特征与构成 ／ 〇四一
二、古城案例分析 ／ 〇四二
第二节　古镇 ／ 〇四九
一、古镇构成与形态 ／ 〇四九

二、古镇案例分析 / 〇五〇

第三节 村落 / 〇五二

一、安徽古村落类型与特征 / 〇五二

二、古村落案例分析 / 〇五三

第三章 儒学与礼教建筑

第一节 孔庙、学宫 / 〇六三

一、孔庙 / 〇六三

二、学宫 / 〇六五

三、孔庙、学宫案例分析 / 〇六六

第二节 先贤祠、乡贤祠 / 〇七一

一、先贤祠和乡贤祠的特征 / 〇七一

二、先贤祠、乡贤祠案例分析 / 〇七一

第三节 书院 / 〇七五

一、安徽书院的类型与特征 / 〇七五

二、书院案例分析 / 〇七六

第四节 祠堂 / 〇七八

一、安徽祠堂的类型与特征 / 〇七八

二、祠堂案例分析 / 〇七九

第五节 牌坊 / 〇八二

一、徽州牌坊的特征和分类 / 〇八二

二、徽州牌坊案例分析 / 〇八三

第四章 宗教建筑

第一节 佛教建筑 / 〇八九

一、安徽古代佛寺特征 / 〇八九

二、佛寺案例分析 / 〇九〇

三、佛塔 / 一〇二

第二节 道教宫观 / 一〇四

一、安徽道教建筑起源、发展与特征 / 一〇四

二、道教建筑案例分析 / 一〇八

第三节 伊斯兰教建筑 / 一一二

一、安徽伊斯兰礼拜寺的特征 / 一一二

二、礼拜寺案例分析 / 一一四

第五章 民间信仰建筑

第一节 民间信仰与民间信仰建筑 / 一二一

一、民间信仰 / 一二一

二、民间信仰建筑与宗教建筑区别与联系 / 一二一

三、民间信仰建筑基本组成元素 / 一二二

第二节 自然神祠庙 / 一二六

一、自然神崇拜及其祠庙的特征 / 一二六

二、自然神祠庙案例分析 / 一二六

第三节 乡贤庙 / 一二九

一、乡贤庙的发生——从乡贤的礼赞到神灵的拜谒 / 一二九

二、乡贤庙案例 / 一三〇
第四节　傩神庙 / 一三一
一、傩与傩舞、傩戏 / 一三一
二、傩与建筑 / 一三二

第六章　商业建筑
第一节　商业会馆 / 一三七
一、商业会馆与会馆建筑 / 一三七
二、商业会馆案例分析 / 一三八
第二节　店铺、牙行、钱庄、收租房 / 一四二
一、建筑类型与特征 / 一四二
二、案例分析 / 一四三

第七章　军事建筑
第一节　安徽古代军事与建筑 / 一五一
一、江淮之间军事对峙中的城池 / 一五一
二、山川形胜与军事建筑选址 / 一五二
三、观稼台与屯田制度 / 一五三
第二节　军事建筑案例分析 / 一五三
一、合肥教弩台与逍遥津古战场遗址 / 一五三
二、合肥三国新城遗址 / 一五四
三、亳州古运兵道 / 一五四

四、镇淮楼 / 一五六
五、白崖寨 / 一五七
六、颍州卫 / 一五七
七、四望堡 / 一五七
八、乐城堡 / 一五九

第八章　居住建筑
第一节　安徽古代居住建筑概况 / 一六三
第二节　皖南明清居住建筑 / 一六五
一、徽州居住建筑 / 一六五
二、皖南其他地区的居住建筑 / 一七二
第三节　淮北和皖中居住建筑 / 一七五

第九章　园林建筑
第一节　安徽古典园林类型及特征 / 一八三
第二节　城乡风景区和景点 / 一八七
一、马鞍山采石矶 / 一八七
二、琅琊山 / 一八九
三、颍州西湖 / 一九一
第三节　宅园与宅第庭园 / 一九二
一、坐隐园 / 一九二
二、西递西园 / 一九二

第四节　水口园林 / 一九四
一、水口与水口园林 / 一九四
二、水口园林建筑 / 一九四

第十章　建筑营造与装饰
第一节　大木结构 / 二〇〇
一、大木结构类型 / 二〇〇
第二节　斗栱 / 二〇五
一、安徽古建筑中斗栱的地域特征 / 二〇六
第三节　山墙与门罩 / 二一二
一、马头墙 / 二一二
二、门楼 / 二一四
第四节　小木作 / 二一六
一、隔扇 / 二一六
二、飞来椅 / 二一六
第五节　雕刻与彩绘 / 二一七
一、砖雕 / 二一七
二、木雕 / 二一八
三、石雕 / 二二〇
四、彩绘 / 二二三

安徽古建筑地点及年代索引 / 二二六

参考文献 / 二三二

后记 / 二三五

作者简介 / 二三六

安徽古建筑

第一章 安徽古代建筑发展脉络

1980年，安徽和县龙潭洞发现直立人头盖骨化石，距今28～24万年。这是中国长江流域首次发现完整的猿人头盖骨。虽然尚不能认定龙潭洞是和县人居住的遗址，但至少表明，几十万年前江淮地区已有人类生活。此后，巢县银山村人类枕骨化石的发现，进一步证实了这一点。地跨江淮的特殊地理位置，使安徽成为中国东西南北的汇聚点。这里有过璀璨的建筑文化，在中国传统建筑中占有重要位置。但缺憾的是，早期实物大多已不存。为了能对安徽古建筑有一个较为全面的了解，我们凭借还不能说很丰富的史料，史海钩沉，大致勾勒出安徽古代建筑发展的脉络。

第一节　新石器时代

安徽人的营造活动，可以追溯到新石器时代。安徽迄今发现的新石器时代的遗址大约400处，其中经过考古发掘的有50处左右。遗址大多坐落在低山区、丘陵或靠近河流与湖泊的台地上，淮北地区俗称为"孤堆"（或"固堆"），沿淮及淮河以南俗称"墩"、"城头"、"台"等。其中原始聚落和房屋遗址，主要有含山县凌家滩聚落遗址、蒙城县尉迟寺聚落遗址、繁昌县缪墩遗址和定远县侯家寨房屋遗址。

一、凌家滩聚落遗址

凌家滩聚落遗址，位于含山县凌家滩村，裕溪河北。半径约2公里的范围内分布着6处新石器时代遗址。经碳14年代测定，凌家滩遗址距今5500～5300年，是一处罕见的新石器时代晚期区域性中心聚落遗址，包括生活区、墓葬区以及3000平方米的红烧土建筑遗迹（图1-1-1）。遗址的四周，有大型围壕。各类遗存齐全，尤其出土精美玉器，文化内涵丰富，有玉人、玉龙、玉璜、玉璧、玉喇叭形饰、玉鹰、玉铲等。建筑遗址有祭坛、红陶土遗迹、地基、作坊、水井和墓葬44座。

祭坛位于聚落中心的最高处，呈长方圆角形，西高东低，面积约1200平方米。自下而上分为3层：底层为细腻的黄版土；中间层由较大石块和小石子铺设；上层为表层，由鹅卵石与黏土搅拌铺垫。上层发现3处矩形祭祀坑和4处积石圈，积石圈有圆形和长方形两种（图1-1-2、图1-1-3）。与红山文化祭坛、良渚文化祭坛相似，在祭坛周围有墓葬，陪葬大量玉器。这是表达对神灵的敬畏、崇拜。祭坛是神权和王权高度集中的体现，凌家滩出土玉器中，还有与祭祀相关的占卜工具玉龟和玉版（图1-1-4）。据载："伏羲于蔡水得龟，因画八卦之坛"[①]，这反映了龟和八卦与祭祀有一定的关联。玉版夹放在玉龟甲内，玉版刻有原始八卦图，与古籍所记载的"元龟负书出"[②]相符。

凌家滩聚落祭坛，为中国迄今发现早期的三座大型祭祀遗迹之一。其砌筑方法和形态具有明显的地域特征。

红陶土是房屋建筑遗址，分布在凌家滩自然村内，总面积约3000平方米，厚度1.5米。从其位置、尺度，初步判断为神庙或宫殿。红烧陶块，是一种经过800～1000摄氏度高温烧制而成的质地坚硬的

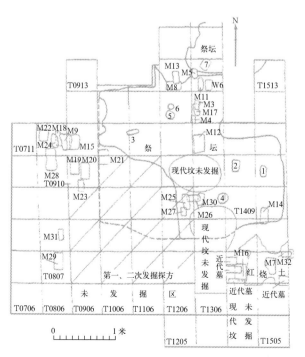

图1-1-1　凌家滩遗址第三次发掘探方平面

图1-1-2 祭坛上的积石圈

图1-1-3 祭坛局部（由东向西）

图1-1-4 凌家滩聚落遗址出土的玉龟和玉版

材料。如杨鸿勋指出：红陶块属人类有意识加工的建筑材料，是现今我们所用各类砖的祖先。在凌家滩红陶块遗迹中，还有一口上半部以红陶块圈井壁的水井，或为重要祭祀活动使用的"圣水"井。遗址中还有3组巨石建筑遗存，据当地村民回忆，20世纪70年代，尚有几十块大型巨石，长7～8米，宽约1米，有规律地竖放。凌家滩聚落遗址显示，安徽先民已进入文明社会。

二、尉迟寺聚落遗址

尉迟寺聚落遗址，位于淮北蒙城县许町镇毕集村。遗址南距北淝河约2公里。因遗址中央一处寺庙建筑遗址，传为纪念唐代将军尉迟敬德在此屯兵，得名"尉迟寺"。它实为新石器时代晚期以大汶口文化为主的大型围壕聚落遗址，下限到龙山文化，距今4800～4300年。遗址现为高出地面2～3米固堆状堆积，呈不规则方形，遗址总面积达0.1平方公里。现已发掘的建筑遗址有排房、广场、祭祀坑和墓葬、围沟。

遗址有区划布局。平面近椭圆形，南北轴约230米，东西轴约200米。遗址外围有环形壕沟，沟宽约20米，深4～9米（图1-1-5）。环形壕沟如此大，除界定范围，应当有防御功能，或某种观念形态驱使。遗址内的红烧土排房，呈西北—东南走向，排房门朝西南。规模最大的一排有13间，长达70余米。遗址中心区域，一排四间的排房前，有用于祭祀活动的广场。

尉迟寺遗址围壕内的红烧土排房，达十余排。墙体分为主墙与隔墙。主墙呈围合状，厚度约35厘米。先挖基槽、立柱、抹泥而成，并经烧烤形成坚硬的红烧土。隔墙为木骨涂泥。局部在内壁上涂有白灰面。门分单扇和双扇，两侧有门柱。平面除了另立门户的单间房，还发现了"套间房"现象。

中，七足镂孔罐形器和坐鸟神器，应当与原始宗教有一定的关系（图1-1-7）。

三、薛家岗文化建筑遗址

薛家岗文化早期处在母系氏族社会向父系氏族社会的转变时期，距今6000～5000年，分布于江淮之间的皖西、鄂东、赣北地区，1979年于安徽潜山薛家岗首次发现，因此定名"薛家岗文化"。这是首次以安徽地名来命名的考古学文化。在安徽境内皖水流域，已经发现的遗址还有：安庆夫子城、张四墩、沈店，潜山天宁寨，望江汪洋庙、太湖王家墩、何家凸，岳西祠堂岗，怀宁黄龙、杨家嘴，宿松黄鳝嘴和一天门等遗址。从1978年到2000年，薛家岗进行了6次考古发掘。揭露面2000多平方米，出土文物近3000件，主要是夹砂红陶和灰褐色泥质陶的鼎、鬶、壶、罐、盆、钵、碗、纺轮等。许多鼎足呈鸭嘴形或枫叶形，显示了独特的文化特征。建筑遗址有3座残房基址以及墓葬150座。

图1-1-5 尉迟寺聚落遗址

遗址中心区域，有两排分别为四间和三间，互成直角的红烧土排房。排房内有大量鼎、罐、尊、盆、碗等陶器，显示出在聚落中具有较高的等级。排房前，有大型活动的广场（图1-1-6），面积达1300多平方米，由人工加工过的红烧土粒铺垫而成，表面光滑、平整、坚硬。在场中心有直径4米的火烧堆痕迹，显示广场用于祭祀活动。出土器物

其中编号为F1的房屋遗址，为不规则长方形（图1-1-8），残长4.75米、残宽3.7米。房基是地面上建筑，地面铺垫一层厚约0.4米的红烧土块。根据残存红烧土块堆积推测，应是先用草拌泥将墙壁垒到一定高度，做好柱洞，将内壁抹平，然后用火烘

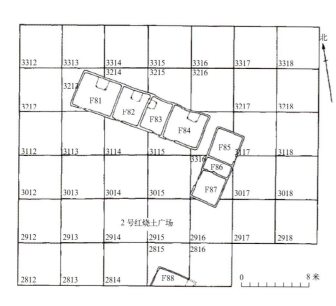

图1-1-6 尉迟寺遗址中部的红烧土排房和广场

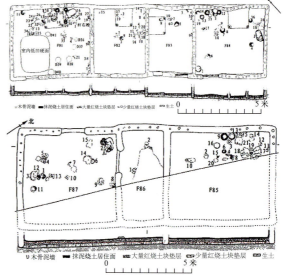

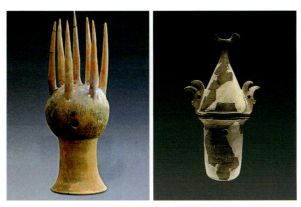

图1-1-7　尉迟寺遗址出土的七足镂孔罐形器和坐鸟神器

烤，地面与壁墙均被烧成十分坚硬的红烧土块，最后立柱架顶。房基西面有瓢形火膛，门向不清。

编号为F2的房屋遗址在西南角，居住面在生土层下0.5米，应当为半地穴式建筑（图1-1-9），残基长3.9、宽2.4米。由于破坏严重，房基全貌不明。在房基正中，有一残火膛及红烧土块等。火膛也呈瓢形，口大底小，口径长0.4米、底宽0.3米、深0.07米。火膛四周及底部残存有黑褐色的烧结面。房基地面铺一层厚6～7厘米的红烧土。在残墙基的东、北、西三壁各有一个不规则形的红烧土块残柱洞，洞口直径15～20厘米，门向不清。编号为F4的房屋遗址在东北角，由于被严重破坏，结构无法辨认。在残基内，出土有陶鼎、杯以及十五眼穿孔器等遗物。

四、缪墩房屋遗址

1988年发现的缪墩遗址，位于皖南繁昌县峨山缪家墩，居峨溪河东岸的冲积地带。该遗址是迄今皖南地区发现最早的新石器时代遗址之一，年代平行于河姆渡、马家滨遗址，发掘出了用于生产生活的陶器、石器和骨器，房屋遗址最具价值。房址出土成片的木桩，从排列方式和木桩砍削痕迹，可推测为干阑式建筑。缪墩离徽州不足100公里，与徽州同为丹阳山越属地。有古驿道，又有青弋江可舟楫，可视为徽州干阑式建筑的远源。

五、侯家寨遗址

位于定远县七里塘乡北3公里，为新石器时代台形遗址，面积30000余平方米。遗址发现的3座残房基，基址呈圆形和椭圆形，有柱洞。

第二节　夏、商、西周时期

一、夏、商、西周时期的安徽

中国奴隶社会第一个王朝“夏”的建立，自禹开始。禹善治水，安徽萧县汉墓出土的大禹画像（图1-2-1），头戴笠帽，手持耒锸，与《韩非

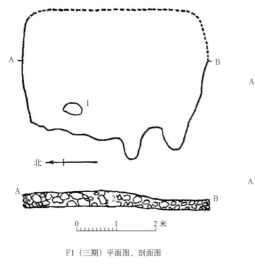

F1（三期）平面图、剖面图

1. 灶　2. 红烧土块层

图1-1-8　薛家岗文化F1房屋遗址

F2（三期）平面图、剖面图

1. 灶　2～4. 柱洞

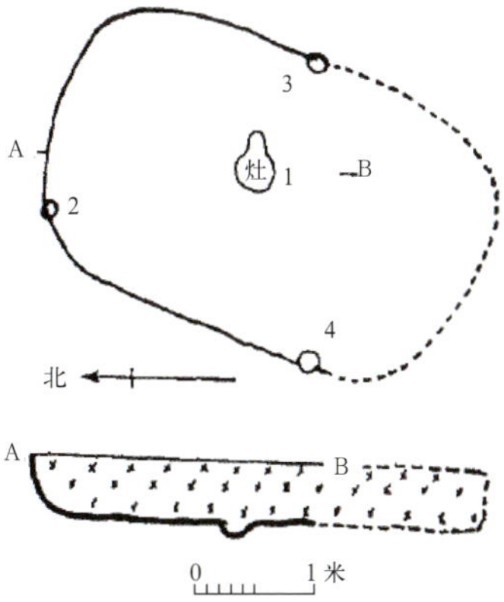

图1-1-9　薛家岗文化F2房屋遗址

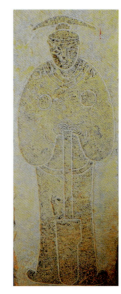

图1-2-1　萧县汉墓出土的大禹画像

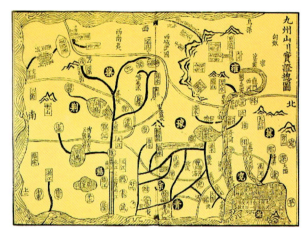

图1-2-2 （宋）禹贡山川地理图

子·五蠹》中"禹之王天下也，身执耒锸，以为民先"一致。禹治水，相传从淮河的发源地桐柏山，顺流到安徽的怀远县，劈山开辟河道，一劈为二的山即今天怀远的荆山和涂山。"荆、涂二山相连为一派，禹以桐柏之流泛滥为害，凿山为二以通之。"（《水经注》）。后人为了纪念禹的功绩，于涂山之巅立禹王宫祭奉，流传至今。禹还与涂山氏部落联姻，结蒂涂山氏女。禹因善于平治水土，博得众多氏族部落首领的拥护，取得了最高统治权。禹在涂山会诸部落首领，"涂山之会"，标志着夏王朝的正式建立，中国进入文明时代。

夏朝处在部落城邦联盟到奴隶制国家的过渡期，因此没有明确的国界。据司马迁《史记》记载，"夏"是以姒姓的"夏后氏"为首，有扈氏、有男氏、斟郭氏、彤城氏、褒氏、费氏、杞氏、缯氏、辛氏、冥氏、斟灌氏加入的氏族部落。建立夏朝后，夏后氏中央王室与夏领的姒姓部落，在血缘上有宗法关系，政治上有分封关系，经济上有贡赋关系，大致构成夏王朝的核心领土范围。世传夏将核心领土分为"九州"，其中的"徐州"包含了安徽的淮河以北地区，"扬州"则包含了安徽的淮河以南地区（图1-2-2）。

夏朝共传十四代，十七位后（夏朝统治者在位时称"后"，去世后称"帝"）。末代的后"夏桀"施行暴政，引起方国部落不满。约公元前1600年，商首领汤率领着方国部落伐桀，桀逃至南巢（今安徽巢县）之山并死于该处。可见，"安徽江淮地区在夏王朝时期应属于夏的控制区域，所以文化面貌受其影响较大，且由于大禹与涂山氏的特殊关系，夏与江淮的联系理应较为密切，否则，对夏桀在亡国之际奔南巢（今巢湖之滨）也就无法理解了。所以我们以为，古安徽江淮地区可能是夏王朝中心统治区的南界，曾建有若干个方国，长期保持着较密切的关系。"③

夏代没有直接文字传世，间接史料也匮乏。20世纪初的疑古派，曾一度否认夏代的存在。20世纪50年代，考古界提出了夏文化探索的课题。1959年夏，徐旭生率队在豫西进行"夏墟"调查时，发现了河南偃师二里头遗址，从此启始了包括建筑遗存在内的夏文化探索。二里头遗址共四期。一般认为，第一、二期或全期，是夏代都城的遗迹。遗址的中部发现有30多座夯土建筑基址，其中，最大的两座，平面略呈正方形，为宫殿建筑基址。安徽夏朝的建筑踪迹，主要见于禹会诸侯的"禹墟"。间接资料，还有一批包含年代相当于二里头遗址的文化遗存，如含山大城墩、寿县斗鸡台、青莲寺、六安西古城、霍邱洪墩寺、合肥武大城、吴大墩遗址。

汤推翻夏王朝，建立中国第二个奴隶制王朝，都于亳。亳的地望在河南商丘附近，与安徽亳州接境。安徽与河南毗邻的亳州等地，在商统治的中心范围内。商汤十三世孙河亶甲，"自嚣迁于相"，"相"即今淮北市。淮北处于京畿，取得了最高的建筑成就。今亳州市内的汤王陵（图1-2-3）传为汤王衣冠冢，曾东有桐宫，西有桑林。桐宫为宰相伊尹所居，桑林则是商王祈雨之高台建筑遗址。

商王国还通过在皖的方国建立联系。所谓"方国"④，是一种"部族"。商代卜辞中称之为"方"，晚清学者孙怡让称之为"方国"。此后，学术界沿

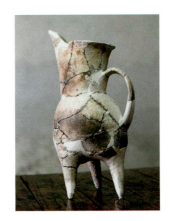

图1-2-3 亳州汤王陵　　　　　图1-2-4 禹墟出土的祭器　　　　　图1-2-5 禹墟出土的雕龙陶片

用了这一称谓。商王国时期的国家是一种"部族"与"部族"的联合体，皖臣属于商王国的方国，有皖西的英方、六方，皖中的虎方。

西周时期，除了居住淮河流域的淮夷，还有很多小的"方国"。如：

徐，故城在泗县西北；

萧，在今萧县西北；

许，由河南许昌迁徙至亳州城父集；

胡，在今阜阳市；

钟离，在今凤阳东北；

州来，在今凤台县；

蔡，由河南上蔡迁徙至凤台县；

六，偃姓，在今六安；

英，偃姓，在今金寨县东南；

舒，在今舒城县；

巢，故城在巢湖附近；

桐，在今桐城市北。

安徽方国，多属于淮夷集团。淮夷和江淮方国，与周王朝长期处在对立状态。

二、禹墟

安徽夏朝的建筑踪迹，主要见于"禹墟"。

涂山南麓的"禹会村"，相传为"禹会诸侯"的地方。"禹会"的村名早在《汉书》中就有记载，延续至今。禹会村的位置，与北魏郦道元《水经注》"禹墟在（涂）山西南"中的"禹墟"相吻合。并且，1981年发现禹会村有龙山时期的文化遗址，而龙山文化晚期，是夏王朝形成的关键时期。

遗址从淮河东岸大堤下一直延续到村中，分布范围在南北长约2公里，东西宽约300米的区域内。此后，又出土大量具有龙山文化典型特征的文物，并测出遗址北部一处夯土层面积达2000平方米以上的早期龙山文化大型建筑基址。2006~2010年，在中国社会科学院考古研究所主持下，对"禹墟"进行了4次考古发掘，发掘出大型祭祀台基和棚屋遗址。

祭祀台基平面呈"甲"字形，约2000平方米，分别用灰土、黄土、白土，采用槽式堆筑法自下而上堆筑而成，最后形成一个具有一定形状和范围的白色覆盖面。在白色堆筑面的北部中间，还有一处火烧面，应当用作"燎祭"。距祭祀台基不远的地方，存在着丰富的文化堆积，包括具有祭祀性质的器物坑（图1-2-4）。第三次考古发掘中，还发现一枚雕龙陶片（图1-2-5）。

在禹墟核心区夯土台西南百米处，发现多排柱洞痕迹和土墙的基槽。早在新石器时代，该地聚落居住建筑的墙体和地面，一般都经过夯筑。有的还用火烧烤，以增强墙体、地面的强度，有时墙面还抹以白灰装饰。但是禹墟发现的棚屋建筑遗迹，没有上述特征，如地面没有夯筑等处理痕迹，加之从排列方式、朝向、跨度，可判断为临时性棚屋遗迹。棚屋区的发现，是禹会诸侯历史的又一重要物证。

三、"亳"与"相"

"亳"是华夏文化的发祥地之一。上古时期，为传说中"三皇五帝"之一"帝喾"的国邑。帝喾，是上古时期著名的部落联盟盟主。以故地高辛（今河南商丘高辛镇）为都，故号高辛氏。帝喾还被尊为商人始祖神。甲骨卜辞记载的商人高祖"夒"，据王国维考定，"夒"为"帝喾"之名。因形讹而由夒神分化成喾、夋二神，并同见于《山海经》。

夏代，时亳州属豫州。商汤时，都城称亳，蒙为北亳，谷熟为南亳，偃师为西亳。亳时称蒙亳，亦曰景亳。蒙亳为汤受命之地，并一度都于亳。今亳州尚有汤王陵，为商汤王的衣冠冢。

亳的河流属淮河水系，涡河自谯城安溜镇入境，西淝河自谯城淝河镇入境。涡河流域是道家文化的发祥地。老子生于涡河流域的"亳"地，今亳州道德中宫，传为老子故里。宫前有"问礼巷"，为相传孔子到涡河之滨向老子请教"周礼之事"处。

相。地望在今安徽淮北市。公元前21世纪，商部落首领传位到契的孙子，商汤十一世祖相土。相土当部落首领时，趁夏王相失位，趁东方无力控制之机，迅速扩展了自己的势力。为进一步向东扩张，由河南商丘迁徙至相，作为别都。此后相的山即称为相山，城即为相城。

相土以商丘为中心，把势力伸张到黄河下游的广大地区，又在泰山附近建立了"东都"。其后裔在追颂相土的功绩时说："相土烈烈，海外有截"（《诗经·商颂长发》），可见相土的活动已到达黄海一带，并同"海外"有联系。

商汤伐桀，灭夏建商，商沿夏制，相城仍属徐州所辖。

四、夏、商、周聚落遗址

现已发现的安徽的夏、商和周聚落遗址，有含山大城墩、肥西大墩子、安庆三城寺墩、安庆沈店神墩商周遗址、南陵甘宁城遗址、马鞍山邓家山、桐城朱家墩、枞阳毛园神墩、枞阳金山大小神墩、广德下阳、绩溪胡家村、亳州大寺遗址上层、寿县斗鸡台、天长石梁土城遗址等。

综观该时期聚落遗址，主要特征为：第一，遗址通常位于台地上，附近有河流、湖泊，如沈店神墩遗址东临长枫港河，绩溪县胡家村遗址建在一座平台上，三面依水；第二，聚落形态主要有正方形、矩形、圆和椭圆；第三，遗址常有两三个墩组群，这应当是春秋战国时期互成犄角的城的渊源，如沈店神墩商周遗址，由大神墩、小神墩两个台形地组成小遗址群；第四，遗址多有红烧土，可见红烧土房已是较普遍的房屋形式。

以下我们以含山大城墩、安庆沈店神墩、安庆三城寺墩、南陵甘宁城遗址为例。

1. 含山县大城墩遗址

位于含山县城西北约15公里的仙踪镇境内，遗址为长方形台地，面积约为2万平方米。大城墩为新石器时代至商周时期的聚落遗址，遗址中还有古代的兵工场。遗址文化共分五期，其中第三期遗址文化的年代相当于二里头文化时期，第四期相当于商代，第五期相当于西周时期。出土文物主要有陶鼎、豆、碗、杯、石斧、卜骨、玉玦、炭化稻谷、冶炼坩埚。有大面积红烧土层。出土文物中的冶炼坩埚，是全国罕见完整的，为古代冶炼技术研究提供了极其宝贵的实物资料。出土的炭化稻谷显示，长江下游腹地是稻谷种植区，也是中华文明发源地。

2. 安庆沈店神墩商周遗址

位于郊区白泽湖乡，东临长枫港河，由大神墩、小神墩两个台形地组成小遗址群。大神墩长160米，宽100米，高2~4米；小神墩长75米，宽40米，高2~3米。在遗存的断面上发现有大量红烧土、鼎足、鬲足和各类陶片。出土大量器物，陶器有夹砂灰陶鼎、陶豆、灰陶碗、灰陶钵、陶 等；石器有石斧、石耜、石镞、石钻、石凿、石镰、砺石、石鏃等。陶 中还发现有谷物标本。

3. 安庆三城寺墩商周遗址

位于市郊十里铺乡苏岗村，东距石塘河3.5公里，由大寺墩、三城寺墩和小寺墩三个台形地组成小遗址群，呈弧形分布。大寺墩东西长47.6米，南北宽43.2米，高2～3米；三城寺墩为圆形台地，直径74米，高2～3米；小寺墩南北长45米，东西宽30米，高4米。遗址采集的标本有鼎足、鬲足及各类陶片等。

4. 南陵甘宁城商周遗址

位于南陵县城北3公里，俗称"甘罗墩"。遗址坐落在"孟塘湖"中的岛上，湖水与漳河相通。遗址由"大山墩"和"小山墩"两部分组成，两墩相距80米。大山墩平面呈椭圆形，南北长250米，东西宽200米。北面有一个与遗址面积相近的大广场，总面积约4万平方米。小山墩隐在大山墩后面，矩形平面，长120米，宽100米。遗址台状，高出水面8～9米，周围有残高约1米的城垣。据《南陵县志》记载："甘公城，（在）县城北七里，筑坚固，以障水。可容数千人，门址仿佛有焉。相传甘公庙基即筑城内，晋内史甘卓是也"。

第三节 春秋战国、秦、汉时期

春秋战国时期，确立了封建经济，解放了生产力。芍陂，又称安丰塘，位于今安徽寿县南，为春秋时代楚国相国孙叔敖主持修筑的大型水利工程。芍陂引淠入白芍亭东成湖，可灌田万顷，与都江堰、漳河渠、郑国渠并称为中国古代四大水利工程（图1-3-1）。随着奴隶制严格的等级制度的崩溃，接踵而至的是城市和建筑规模日益扩大，这一态势持续到秦汉。

一、先秦城市与宫殿遗址

先秦重要的城市有寿春城、城父城、临涣城、钟离城、谯城以及汉宛陵城。

1."下蔡"与"寿春"

寿县城位于淮河中游南岸，旧称寿春、寿阳等，古属淮夷部落。春秋时，蔡国曾迁都于此，称为"下蔡"。蔡国被楚国所灭后，其地属于楚邑。战国时，楚国于此设最后的国都"寿春"。秦，寿春邑为九江郡治。西汉为淮南王国都。隋、唐、宋均以此为州郡治所。

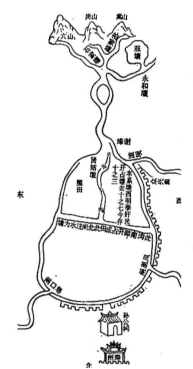

图1-3-1 春秋时期修筑的大型水利工程芍陂

（1）下蔡

蔡国是周代的封国，祖先是周武王弟叔姬度的后裔，为春秋十二大国之一。公元前1045年受封，都城"上蔡"，位于今河南省驻马店市的上蔡县。上蔡共历18个王，共514年。直到公元前531年，蔡灵王在位时被楚所灭。三年后（公元前528年），蔡平侯复国，迁都于吕亭，称"新蔡"。吕亭也得名"新蔡"，位于今河南省新蔡县，新蔡历36年。蔡昭侯二十六年（公元前493年），在楚国的逼迫下，蔡迁到当时属于吴的"州来"，称为"下蔡"。关于下蔡的位置，有凤台、寿县两说。凤台说尚未得到考古资料的支持，主要依据的文献资料，也有歧义。1955年，在寿县城西门内北侧，发现了一座王侯级的大型墓葬，经过发掘，比较一致的观点认为是蔡国君蔡昭侯之墓，后又被进一步证实。因此，下蔡城的位置，在今寿县县城及附近地区说，得到大多数人的认同。下蔡经历成侯、声侯、元侯、齐侯四世，共46年，公元前447年为楚所灭。

（2）寿春

寿春是战国时期大国楚的最后郢都。考烈王二十二年（公元前241年），"楚东徙都寿春，命曰郢。"（《史记·楚世家》）公元前223年，被秦所灭，楚于此设都19年。

楚都寿春遗址，位于城关寿春镇和城南九龙乡境内。城北傍淝水，东临东津渡，西至城西湖，南至十里头，面积约25平方公里，在战国都城中仅次于燕下都。遗址平面方整规矩。城东、西、北三面临水，南有西南小城。寿春筑城，始于楚迁都寿春之时。土城垣大多湮没于地下或被破坏。汉代以后，城址缩小至故城东北角，即今寿县城关一带。城北的宫殿遗址规模宏大，出土的大量砖、瓦当等建筑残件显示出很高的结构和工艺水平。特别是柏家台一座大型宫殿遗址，建筑面积达3000多平方米，出土有大型石柱础，长方形铺地灰砖和四叶纹、山字勾连纹槽形砖，凤鸟纹、树云纹圆瓦当等遗物（图1-3-2）。该遗址应当是楚郢都寿春城内宫殿建筑的一部分。发掘的重要墓葬有楚幽王墓。

2．城父城遗址

位于亳州市城东南35公里的城父乡，为春秋晚期城址。城父城平面方形，周长约8公里。夯土筑城，城垣残存最高处约1.8米。城东南角保存较好，从南墙剖面可见城垣夯土层，每层厚10多厘米。城垣上宽约30米，两边呈慢坡状。南城垣仍横亘于平原之上，北城垣与西墙已毁为平地。原有四门，今略可见东门痕迹。

3．临涣古城

位于淮北市西南40公里的临涣镇。南临涣水（今名浍河），得名。城垣近正方形，东西长1409米，南北宽1394米。每面各设一门，城外有护城河。临涣古城墙筑成于战国时期，夯土两次构筑，先构筑的土层，宽20~25米，高5~8米；在此基础

图1-3-2 楚都寿春宫殿遗址出土的凤鸟纹瓦当（上）、瓦（中）、砖（下）

图1-3-3 钟离故城遗迹

图1-3-4 卞庄1号墓出土的编钟编镈

上第二次构筑,又拓宽10～15米,加高5～7米,其夯层厚10厘米。北城垣保存较完整,城垣上部有烽火台遗迹9处,台高出城垣5米。

4. 钟离城遗址与双墩一号墓

钟离是商代钟离子国的封地,西周时期淮河流域的方国之一。战国时被楚灭后,成为楚邑。钟离氏祖先嬴姓,是较早融入华夏族的夷人,因为其较高的文明,不再被贬称"淮夷"。其地望在今凤阳县和舒城。钟离国的主要遗迹有钟离故城遗迹和双墩一号墓。

(1) 钟离故城遗迹

周景王七年(公元前538年),楚蒍尹宜咎筑此城。在今凤阳县临淮关东约2公里、濠水东岸、淮河南岸的高地上,是安徽现存最完整的春秋城邑遗址。钟离城平面近方形,南北长约380米,东西宽约360米。城墙由黄土夯土筑,城垣基部宽18米,顶宽6米,城垣残高3～5米,城四角高5米(图1-3-3)。东、南、西、北4个城门缺口和部分护城河依然可见。城墙为夯筑,厚30厘米,今已颓成土垅。

(2) 蚌埠双墩1号墓

2006年12月,由安徽省文物考古所在蚌埠市双墩和凤阳县卞庄发掘出了春秋时期大型土坑圆形墓葬。卞庄1号墓出土一套编钟、编镈,时代属于春秋中晚期(图1-3-4),有铭文的计5枚。据钟镈铭文,乐器为钟离国君所作。考古发掘对于研究钟离国史以及古钟离与徐、吴、楚诸国的关系,具有重要的价值。双墩1号墓位于蚌埠市淮上区双墩村,距钟离城约30公里,因村内有两座高9米以上的古墓葬封土堆而得名,由于无法继续进行原状保护,进行了抢救性发掘。发掘结果判定其为春秋时期的诸侯王级墓葬。蚌埠双墩1号墓和卞庄1号墓都采用了圆形墓坑结构,这在中国属首次发现。墓呈现出特殊的大型的有二层台的圆形土坑竖穴墓和阶梯式短墓道等结构形制。墓底埋葬布局为一个直径14米的圆形。墓口下2米处有二层台,二层台往下的墓壁微向内斜,直至墓底。墓坑中首次发现由填土构成的放射线遗迹。由深浅不同的土色构成放射线形,从中间向四周辐射,呈扇面形状,共有20条。在放射线遗迹填土层下,建有18个大小不同的馒头形状的土丘,同时在这层填土中放置有组群状态分布的土偶(图1-3-5)。在二层台一周内缘部,由3层土偶垒砌成墙体形状的内壁。土偶墙与墓壁之间用黄色泥沙填充,其上部平抹白泥层与上下墓壁白泥层连接成整体(图1-3-6)。蚌埠双墩1号墓

图1-3-5 蚌埠双墩1号墓土偶墙

图1-3-6 蚌埠双墩1号墓白泥层

图1-3-7 蔡昭侯墓出土的鼎和方壶

和凤阳县卞庄1号墓为研究春秋时期的墓葬形制结构、埋葬习俗以及淮河中游地域文化等提供了重要资料。

二、先秦和汉代陵墓

这一时期建筑实物仅有陵墓和墓地祠堂。重要墓葬主要有寿春发掘的蔡侯墓、楚幽王墓，双墩汉六安王墓，谯城的曹氏家族墓群。

1. 蔡侯墓

为春秋时期蔡国蔡昭侯墓。墓平面近似方形，长8.45、宽7.1米，为土坑竖穴墓，深3.35米，无墓道、台阶。发现的器物近600件，包括青铜器、玉器、金饰、漆器和骨器等（图1-3-7）。486件青铜器中，有铭文的近70件，文字最多的铜器达到90余字，是研究春秋晚期蔡、楚、吴三国关系的重要史料。铭文中有"蔡侯"字样。绝大多为礼乐器（图1-3-8），仅铜鼎就有升鼎、乔鼎、汤鼎等数种。蔡昭侯墓是早期发掘的王侯一级的春秋大墓，出土器物有很高的史学、艺术价值。

2. 楚幽王墓

发掘前称"李三孤堆"，封土高出地面2米以上，径约100余米。椁室有九，中央主室每边各有两厢，木棺置于中央主室。出土文物4000余件，其中青铜器1000余件，是目前中国发掘的楚墓中规模最大、出土文物最多的侯王墓葬。

3. 双墩汉六安王墓

2006年，合肥至武汉的高速铁路建设时，发现两座并列的西汉大墓。陵墓位于六安市三十铺双墩村境内，安徽省考古队对双墩一号汉墓进行抢救性发掘。通过对葬制和发掘的陪葬品考证，初步判断墓主为西汉六安国第一代诸侯王刘庆（共王）。汉代重厚葬，对于帝王一级陵墓更是如此。第一，它采用了耗费木材的"黄肠题凑"的葬式。所谓"黄肠"，指黄心的柏木段。将其端头皆指棺椁，垒筑成四壁称"题凑"。"黄肠题凑"是用柏木堆垒成的框形结构，后来逐渐发展成为木构地宫。第二，汉代沿用了秦代的封土陵台，汉称"方上"，坟丘上建寝殿供祭祀。第三，沿袭了秦代的陪葬葬式，有车马一类陪葬品。第四，设陵城，或迁富豪成陵邑，或设苑囿。

六安汉代王陵墓，陵区面积15平方公里。区内有双墩、马大墩、三星墩、高大墩四对八大墩墓冢，以及其他古墓葬共36座。所谓"墩"，即封土陵台。其中封土巨大的两个墩并列而置，被命名"双墩一号"和"双墩二号"。对"双墩一号"的墓冢进行抢救性发掘后显示，墓室为长方形，坐西朝东，全长达45米。其中墓坑长17米、宽12米，墓口距墓底深10米，墓室内为"黄肠题凑"木结构，保存较好（图1-3-9）。主墓室外围，还发现了一周用方木构成的储藏室，被分隔成不同的小区，用以放

图1-3-8 蔡昭侯墓出土的编钟

图1-3-9 双墩六安王墓墓室的"黄肠题凑"结构

置不同的陪葬品，内有约20件大型铜壶，这些铜壶采用了"错金银"等技术，并在其上刻有"共府第六"、"共府第十"等文字。同时还发掘出了木俑、木车、木马以及模印有"六安飤丞"字样的封泥等文物，确定其为西汉六安国王陵墓葬区，初步判定为六安国始封王刘庆（共王）的陵墓。双墩汉六安王墓的发掘，对研究六安国的历史和汉代的政治、经济、文化以及建筑技术、墓葬制度等都具有重要价值。

4. 曹氏家族墓群

曹氏家族墓群，是东汉后期魏武帝曹操的祖父曹腾家族的墓葬群（图1-3-10）。总数在50～60座，主要包括曹四孤堆（图1-3-11）、董园汉墓群、薛家孤堆、张园孤堆（图1-3-12）、马园汉墓群、袁牌坊汉墓群、刘园孤堆、观音山孤堆、元宝坑孤堆、姜家孤堆等，分布在约10平方公里范围内。从已发掘的墓葬看，曹氏宗祖墓群的形制基本相同，为砖石结构的多室墓，由前室、中室、后室以及数量不等的耳室或偏室组成。石结构墓如曹腾墓，冢封土呈覆斗状，冢残高7米，墓冢砌筑以青石护冢墙，甬道口有石雕吉羊头一对。墓为多室墓，墓门朝东由甬道、前室、中室、后室、南北耳室、东西偏室组成，整个墓室由长2米的青石砌筑而成。曹嵩墓，位于曹腾墓西北处。据《水经注·阴沟水》记载："（谯）城南有曹嵩冢"。曹嵩，字巨高，是曹腾的养子、曹操的父亲，袭费亭侯。墓前石碑、庙堂、石阙等建筑已毁。曹嵩墓为砖结构多室墓，由甬道、前室、中室、后室、南北两个偏室组成，墓门朝东，为石结构，门额、门框、门扇均饰有画像石刻。各墓室墙壁上绘有彩色壁画，券顶绘有天象图。张园汉墓为砖结构多室墓，由前室、中室、后室、耳室等11个墓室组成，全部用绳纹砖筑砌。墓门向东，为石结构，门额、门框、门扇均饰有画像石刻。门额镌刻避邪镇墓的龙虎图，门框南旁雕刻有拥慧侍者。

三、形象资料中反映的汉晋建筑

汉代建筑研究常借助明器、画像石、画像砖一类形象资料。所谓明器，亦称冥器，即随墓葬埋藏的器物。明器中有些是以建筑为蓝本的，如陶楼、陶塔、魂瓶上部的堆塑。汉代画像石、画像砖，主要出自墓室、墓地祠堂、石阙之上的装饰，可简称"汉画像"。

安徽的汉画像主要分布在淮河流域。如淮北的萧县、濉溪县、宿县、相山、亳州、定远县。它始于西汉，繁盛于东汉，待魏晋时已很稀罕了。这些明器、画像石、画像砖中不乏建筑形象，且大多具有准确纪年，又具有文字史料所无法达到的形态准确度。在安徽汉代建筑实物基本为空白的情况下，汉画像、明器等形象资料无疑是最可靠的史料。

绿釉陶戏楼（图1-3-13），1975年于涡阳县大王店

图1-3-10 曹氏家族墓群之曹腾墓

图1-3-11　曹氏家族墓群之曹四孤堆

图1-3-12　曹氏家族墓群之张园汉墓

图1-3-13　涡阳县出土的绿釉陶戏楼

图1-3-14　曹氏家族墓出土的釉陶圈

焦窑1号砖石墓出土，为东汉中晚期明器。陶楼分4层，上层为鼓楼，第二层是舞台。舞台三面封闭，分前台和后台，有上、下场门，前台有五个伎乐俑。当时伎乐是一种祭神活动，因此戏楼有一定宗教色彩。这揭示了魏晋以后"楼"演变成"楼阁式塔"的原委。

曹氏家族墓出土的釉陶圈（图1-3-14），一侧为底部架空的干阑结构，歇山屋顶，脊饰简洁，出檐深。另一侧的圈，以卧棂栏杆，显示出汉代建筑的朴拙。这种秦汉古风，不久就发生了很大变化，如繁昌县孙村梨山一座西晋砖墓中出土的魂瓶，瓶

图1-3-15 宿州画像石拓片中的建筑

萧县也是汉画像石刻的主要出土地,其中有相当数量的建筑画像。如萧县圣村出土的2方《宴居图》(图1-3-16、图1-3-17),一幅为殿堂,单檐也为四阿顶,屋脊、戗脊和屋檐亦均为直线。柱头由一斗两升斗栱支撑,柱间有卧棂勾栏。殿堂两翼各有一阙,均为重檐屋顶。另一幅刻画了2层楼阁,为单檐四阿顶,屋脊和戗脊均为直线,屋檐也平直无生起。下层柱头有一斗两升斗栱,上层柱头为两层托板,相当于栌枓。右端有楼梯。

肩和瓶口处的堆塑为一组建筑群。主体为坞堡,方形。前后各有一对阙,左右两侧为歇山式门楼,四隅为角楼,并由廊庑相连。坞堡内为一座4层的楼阁,它显示出魏晋成熟的木构技术和组群布局上的进步。同时,坞堡屋顶坡度增大,屋脊为曲线,屋角起翘,其圆熟的风格已远离秦汉的古朴。

宿州埇桥区褚兰镇,是安徽画像石墓主要出土处。1956年,在褚兰镇夏疃村墓山传说中的九女坟,出土了两座东汉晚期画像石墓。两座画像石墓均由地面的石祠、墓垣和地下的墓室组成。其中的汉画像,是安徽省迄今数量、品相之最的发现。褚兰汉画像中,不乏建筑形象,如第21石中的桥,桥面由立柱与栌斗支撑;第19石的背景,则是一组由楼、阁、阙、场等组成的建筑群(图1-3-15)。

第四节 魏晋南北朝时期

魏晋南北朝时期,安徽建筑表现出四个方面的变化。

第一,军事建筑得到发展。从东汉末年,经三国、两晋到南北朝,是中国历史上最长的封建割据时期。淮河、长江横贯其间的特殊地理环境,使安徽常常处于对峙政权的交界。如三国鼎立时期,淮北地区为曹魏属地,皖南归孙吴所有;南北朝时期,淮河以北先后又为北魏、东魏、北齐诸政权所据,淮河以南则基本上为迭更的南朝诸政权拥有。频繁的战事,使得城墙、楼台、地道等军事建筑被摆到重要位置。虽然战火水患使得该时期建筑实物已罕见,但从一些遗址残迹的分析中,还大致能勾

图1-3-16 《宴居图》中的殿堂和阙

图1-3-17 《宴居图》中的楼阁

勒出基本轮廓。

第二，魏晋南北朝是中国建筑风格的一次重要转折期。秦汉古朴凝重的风格，到魏晋变得圆润成熟。促成这一变化的一个基本因素，是建筑艺术内在的发展动力。当木构技术日臻完善，从粗放走向精巧，在风格上便很难留住质朴的古意。促成这一变化的另一基本因素是外来文化的影响。随着佛教的传播，印度建筑雕刻化的细部处理，逐渐被中国建筑吸收融合。从现有资料看，魏晋南北朝时期的安徽建筑，也完成了这一变化。

第三，宗教与民间信仰建筑滥觞。佛教建筑作为一种独立的建筑类型问世，在中国建筑史上产生了久远的影响。东汉时，中国虽已有佛寺，但主要是满足西域胡商的宗教信仰。法律不允许中国人出家，佛教建筑自然数量有限，安徽尚无该时期佛寺的记载。魏晋南北朝时期，佛教得到广泛的传播，随之出现了大量的寺院、石窟和佛塔。从现有资料看，安徽的佛教建筑始于三国时期，其时安徽境内有佛寺20多座。东晋隆安五年（公元401年），天竺僧杯渡于九华山筑室为庵，为佛教圣地九华山建筑之始。北周武帝（公元561～578年）灭佛时，禅宗二祖慧可与三祖僧璨秘密活动于安徽岳西司空山、潜山一带，扩大了佛教在皖的影响。

东吴赤乌二年（公元239年），芜湖首建城隍庙。城隍庙，起源于古代的庸（城）水（隍）的祭祀，后"城"和"隍"被神化为城市的守护神。

第四，魏晋南北朝是中国造园历史上一个重要的发展阶段，表现自然山水的园林已见雏形，从而奠定了中国山水园的基础。丹阳郡郡治宛陵（今宣州市），汉代便是皖南地区的工商业中心，六朝时为闽、浙、两粤至长江南岸的商运枢纽，商贾云集，侨居着很多名门士族，造园之风当很盛。姑孰（今当涂）与东晋、南朝都城建康，仅相距60多公里，为建康西南的重要屏障，也聚居了很多士族。东晋元兴初年（公元402年），桓玄擅政，兵驻姑孰。在广造宫室的同时，开池筑山，建造了奢华的园林。园中除馆阁台榭，还有假山、池塘、修竹、奇花，可谓山水园。淮北地区邻近北朝的造园中心洛阳，并有小黄（今亳州市）、寿阳（今寿县）、汝阴（今阜阳市）等重要城镇，造园活动之盛不亚于南朝。与北朝相去不远的唐代，汝阴西湖曾与杭州的西湖并称，据此推知北朝已积累了一定的造园经验。

一、魏晋城池与军事建筑

城池是中国古代最重要的一类军事建筑。魏晋南北朝时期，皖境筑城达到一个高潮。除了谯县、彭城、寿阳、汝阴、临涣、历城、宛陵等秦汉时期留下的重要城镇，加固后继续发挥作用，各地又广筑新城。

该时期新建城池的特点是：第一，城址选择时，政治和军事意义起了决定性作用。如东晋和南朝建都建康，临近的姑孰为其西南屏障，极具政治军事意义。晋元兴初年桓玄擅政，兵驻姑孰以就近控制朝廷，在姑孰始筑城墙。不久，姑孰这一长江南岸的小渡口，迅速成为皖南重镇。合肥三国新城，为曹魏抵抗孙吴军所筑，纯用于军事。东吴亡后，城逐渐被废弃。第二，城墙一般为夯土构筑而成。现存六朝新蔡郡遗址、合肥三国新城遗址（图1-4-1）、东汉末年周瑜城遗址、临涣古城遗址，均属于夯土构筑。第三，城具有固定的形制。一般为接近正方形的矩形平面。周围有护城河，城上设有望楼、角楼等。

虽然战火水患使得该期军事建筑实物已罕见，但从一些遗址残迹的分析中，还大致能勾勒出基本轮廓。其中较重要的遗址、遗迹有合肥三国时期新城遗址、逍遥津古战场遗址（图1-4-2）、合肥三国时期教弩台遗迹（图1-4-3）、亳州古运兵道。

二、佛教建筑的滥觞

安徽的佛教建筑起始于魏晋。从现有资料看，当时佛教在皖的传播还不及中原地区和东晋。但为佛教的发展打下了基础。九华山化城寺、潜山山谷寺、合肥明教寺、当涂化城寺、蒙城万佛塔等至

图1-4-1 合肥三国新城遗址

图1-4-2 合肥逍遥津古战场遗址

图1-4-3 合肥教弩台遗迹

今仍然有影响的佛寺佛塔,其始建期都可追溯到南朝。

由于这一时期没有留下可凭的实物资料,只能通过间接的文献分析见出一鳞半爪,尚无法了解佛教建筑的全貌。当时佛寺大体分为三类:民居类型、以佛塔为主型、以殿堂为主型。民居类型的佛寺,一般雇用当地工匠就地取材,采用当地传统的建筑形式和营造方法,或者直接由民宅改建。晋隆安五年(公元401年),天竺僧杯渡在九华山筑室为庵,推测为民居形式。最初僧人将佛寺建成民居形式,可能只是权宜之计,但这类佛寺因地制宜、就地取材、造价低廉,又植根于地域文化,和当地风土人情水乳交融,容易被居民接受。诸多优点,使其顽强生存下来。今天皖南佛教建筑多为民居形式,闻名遐迩的九华山地藏禅林、化城寺、百岁宫、慧居寺,均属此类。佛塔为主类型的佛寺,依循了西域佛教建筑的制式。围绕佛塔中心布局,塔为主要的拜谒对象,如与安徽萧县接境的徐州浮屠祠。潜山太平寺塔始建于东晋咸和年间(公元326~334年),据《潜山县志》记载:其时塔前为真武阁,塔后为玉皇阁和石华表,塔旁为太平寺。塔体内外小龛中镂有小佛像。可见此寺是以塔为中心。梁武帝时,高僧宝志于潜山开创山谷寺时建佛塔,应当也属塔为中心型。以殿堂为主型的佛寺沿袭中国传统的纵向序列布局方法,一般以主殿中的佛像为主要拜谒的对象,是佛教建筑中国化的结果。南朝梁武帝时（公元503~519年）于合肥教弩台上建的铁佛寺，属此类。当途化城寺，始建于三国时期。南朝宋孝武帝至此驻跸，扩建28院，亦属于以殿堂为主型。

第五节 隋、唐、五代时期

隋唐时期是中国封建社会鼎盛时期，也是中国古代建筑的成熟期。这为安徽建筑的发展带来了前所未有的机遇。安史之乱前的近两百年间，社会相对稳定，农业和手工业空前繁荣。对历史上饱受兵燹之祸的安徽，是少有的太平盛世，晚唐以后，藩镇割据，但社会经济仍曲折地发展。该期建筑主要有下列成就与特点。

第一，手工业的发展促进了建筑技术的进步，它突出表现在砖瓦数量增多及木构技术进展两方面。直至魏晋南北朝，地面建筑除少数砖塔，一般很少用砖，城池通常采用夯土、版筑。唐贞元（公元785~804年）年间，庐州刺史路应求在土城外加砖防护，为现知安徽最早的砖城。位于滁州市城西关山的清流关（图1-5-1），为南唐时所置，券拱关口由巨石和大砖垒砌。此外，亳州古运兵道中，也发现铺地用唐砖。现有史料显示，安徽唐宋的陶瓷生产规模大、分布范围广、技艺精湛，在全国居前列。据此推测，在砖瓦生产能力上可能也领先。建筑技术另一项重大进展，是解决了木建筑大体量、大面积的问题，并逐步定型化。安徽没有隋唐木构留传至今，仅皖南保留了相当数量明清祠堂、文庙。这些木构用材硕大（图1-5-2），有唐宋做法和遗风，一定程度上反映了唐代木构的面貌。

第二，建筑群体处理日渐成熟，直至宋代达到炉火纯青的地步。位于泾县西部的天宫水西寺，是在南齐始建的凌岩寺基础上扩建而成，形成了一组完美的建筑群。它"浮屠对峙，楼阁参差"，"廊庑皆阁道，泉流其下"。李白、杜牧等曾游憩于此。李白在《游水西简郑明府》一诗中描述了这一胜景："天宫水西寺，云锦照东郭。清湍鸣回溪，绿竹绕飞阁。"宛陵府署的叠嶂楼，是在南齐著名诗人谢朓任太守时始建的"高斋"基础上扩建。它与府署宛陵堂、双溪阁组团，形体呼应，配置默契，昔时著名于江东，在古诗文中常见。唐代滁州城有双重城垣，也反映出在城池型制上有所突破。

第三，宗教建筑达到鼎盛时期。佛教在魏晋传入安徽时，寺庵大都很简陋。唐代，随着佛教在皖广泛传播，各地广建庙宇，其中九华山化城寺、潜山三祖寺、敬亭山广教寺、黄山翠峰寺、泾县天宫水西寺、琅琊山开化寺已具相当规模。但晚唐武宗李炎在位的会昌年间（公元841~846年），灭佛法行道教，毁废佛寺、焚经毁像，史称"唐武法难"。李炎敕诸寺立期毁拆，四万所寺材以葺廨驿，金银像以付度支，铁像以铸农器，铜像钟磬以铸钱。僧尼归俗者26万。其时，安徽佛教建筑毁废殆尽，如

图1-5-1 滁州市清流关遗迹

图1-5-2 徽州明清祠堂中用材硕大

九华山唐代有大小佛寺13座，均被毁废。

唐高宗李治尊老子为"太上玄元皇帝"，相传老子故里的亳州，成为全国道教祭祀中心。根据仙道趣闻所建的宫观祠坛也遍及江淮。宣州城东的麻姑山，旧传麻姑在此修炼"得道"，有丹灶、仙坛、游仙亭。泾县陵阳山，相传为陵阳子明与琴高等古仙人"得道成仙"处，唐天宝年间（公元742～755年）建仙坛宫。相传死后成仙的晋人张宽，曾乘铁船至铜陵。唐时因其"阴有助战功"而封为灵佑王，在铜官山之阳立庙。

第四，唐代建筑具有气魄宏伟、雍容大度的品格，建筑结构与艺术加工达到高度的和谐统一。屋顶在中国建筑形象塑造上起着关键性作用，唐代屋顶高跨比约1∶5，显得沉稳舒展。屋脊曲线刚劲有力，屋脊的装饰比较简朴。斗栱硕大，柱间常常仅一组。唐风的生成固然以强盛的国力为基础，但也与建筑艺术自身从守拙到精丽这一美的历程息息相关。人们常常将古朴凝重的秦汉建筑类比希腊古风建筑，工整精丽的明清建筑与希腊化建筑类比，它反映了建筑艺术发展有自身的轨迹。

第五，风景园林得到全面发展。首先，很多城镇及近郊开辟了风景点，各州县都有自己的"四景"、"八景"之类，游览品鉴园景之风昌盛。滁州著名名胜琅琊山，系唐刺史李幼卿主持开发，据唐人独孤及《琅琊溪述》记载：陇西李幼卿，字长夫，以太子庶子刺滁州，在南山"凿石引泉，酾其流以为溪"，定名"琅琊溪"，在溪岸"建上下坊"，"作禅堂、琴台"。唐太和二年（公元828年），李绅任滁州刺史，曾于州署植果树，绿化庭院，有《滁阳春日怀果园闲宴》诗句："西园到日栽桃李，红白低枝拂酒杯"。唐开成元年（公元836年），名宦李德裕继任滁州刺史，又增建"怀嵩楼"，取身在江淮、心怀嵩洛之意。宣州署选址于城中陵阳第一峰下，傍双溪。其叠嶂楼、宛陵堂、双溪阁是一组优美的建筑群，叠嶂楼又称北楼，"北楼夜月"为宣城一景。历代诗人多至此登眺赋诗。李白也留下诗作多篇。其次，佛教的兴盛促进了寺庙园林的发展。佛寺大都选址在名山大川，具有良好的景观资源，只需稍事安排，便是上乘的园林。琅琊山琅琊寺、潜山三祖寺、褒禅山褒禅寺、九华山化城寺、水西山天宫水西寺、敬亭山广教寺等，唐宋起已是游人宴集之处。再次，皇家苑囿和离宫的兴作极盛。吴太祖杨行密是唐末乱世英雄，庐州合肥人。五代时曾于合肥大蜀山上兴建行宫。如今这些宫殿虽已无迹可寻，但清幽明净的蜀山溅水依在。

第六，出现大量纪念李白，或取材李白诗作的景园、建筑，呈现出安徽建筑史上让人惊叹的"李白现象"。唐代诗人李白，游踪遍及安徽，留下大量取材安徽景物的诗篇。宝应元年（公元762年），逝于当涂，时年62岁。此后，安徽各地竞相营造李白题材的建筑，有的根据李白的足迹：采石太白楼和捉月台、铜陵五松山太白书堂、歙县太白楼、岳西司空山太白书堂、九华山太白书堂、当涂县青山李白墓和李白祠、马鞍山市翠螺山李白衣冠冢；有的取李白诗句：砀山县燕喜台、泾县桃花潭畔的踏歌岸阁、贵池太白钓台、宣州敬亭山、当涂县石门。还有一些出于附会，史无确证。一位诗人，在建筑史造成如此大的影响，足以引起我们严肃地思考。

一、隋唐城镇发展与形态变化

隋唐时期，安徽社会相对安定，城镇格局与形态亦随之发生一些变化。首先，城市设置时除必须考虑的战略防御功能，经济发展的辐射作用也得到重视。宿城是彭城（今徐州市）的外围屏障，为战略要地，又因汴水故道流经城下，唐代借以通漕运，促进区域经济发展。唐元和四年（公元809年），特置宿州，领符离、蕲（今宿县境内）、临涣（今濉溪县）、虹（今泗县）四县，治于埇桥（今宿州市），并始筑宿城。丹阳郡郡治宛陵（今宣州市），为闽、浙、两粤至长江南岸商运的枢纽，六朝时已是江南商贾云集的城市，隋唐时发展成江南屈指可数的大城市，原有的城池得到拓展。据《宣城县志》："汉置丹阳郡治于宛陵时已有城，东晋桓彝增筑。隋开皇中，宣州刺史王选扩建城池，拓尽西北岗阜。"隋唐时期，安徽城镇分布更加均匀，城镇总数增加，大中城市数量亦有增加。其次，城镇形态的变化。魏晋南北朝，城池平面一般为比较规整的矩形。在经过隋唐拓展后，很少城镇形态保持原状。更有一些新筑城池，一改汉晋旧形态：歙州府城顺其地貌，依山临水布置，沿着山筑城墙。城的形状极不规则。再次，砖开始用于筑城。从夏商开始，中国筑城已有了夯土版筑技术，但直到唐代，才渐有少数砖包夯土墙。据考合肥城邑，"唐贞元（公元785~804年）中。刺史路应求以古城皆土筑，特加甓焉。"（清·顾禹祖《读史方舆纪要·合肥城邑考》），又："今南半城，名'金斗城'……盖汉城既坏，改筑土城于今所。至唐代宗时，庐州刺史路应（有称路应求）始加甓。"（清嘉庆《合肥县志》）"甓"，即砖，可见其时安徽已有砖城。时称合肥城"金斗城"，城的北门名金斗门，北郊古施水一段名金斗河。这不仅是安徽最早的砖城，在全国同期也是罕见的。南谯楼（图1-5-3）位于今歙县城内，始建于隋代末年。歙人汪华反隋，起兵于歙州，据宣、歙、杭、睦、婺、饶六州十余年，自称吴王。南谯楼原为汪华吴王府外子城的正门门楼。三重三开间，砖木结构悬山顶，高脊重檐，紫墙青瓦。该楼虽曾多次重修，但每次都按原样。因此，很大程度上保留了隋代建筑风貌，如屋顶坡度比较平缓，屋面和檐口平直。门阙内侧有26根木柱支撑，显得简朴、直率、凝重。隋代没有木构留传至今，即使是基本保存隋代风格的木构，也属罕见。因此，南谯楼具有较高的建筑史学价值。

二、宗教的兴盛与宗教建筑

隋、唐、五代，是安徽佛教建筑的鼎盛时期。它表现在：第一，佛教传播更为广泛，佛寺分布趋于均匀。淮北有相城显通寺、萧县瑞云寺、蒙城万佛塔；江淮之间有滁州宝应寺、合肥明教寺、寿县崇教禅院、潜山乾元寺、无为水心禅寺、全椒神山寺、宿松南台寺、广德开元寺、歙州岩寺、兴唐寺等，均在唐代始建或扩建。第二，佛教建筑进一步中国化。以殿堂为主的寺庙居多，佛塔退居次要地位。宣城广教寺建于唐大中年间，"唐大中己巳（公元849年）刺史裴休建佛殿，前有千佛阁，慈氏宝阁"（清·嘉庆《宁国府志》），无疑为殿堂为主的佛寺。直至北宋绍圣三年（1096年），广教寺才于寺前立双塔。而双塔本身显示塔已退出中心地位。现有文字史料显示，该期很多佛寺不设塔，即

图1-5-3　歙州南谯楼，始建于隋代末年

便立塔，也很少居中供膜拜，如芜湖广济寺塔位于中轴线末端。第三，佛寺规模增大，群体组合渐近成熟。唐代解决了大体量木构问题，能建造大中体量的佛殿。佛寺一般以佛殿为中心，配以山门、平台、莲池、庭院、佛阁、塔幢、廊庑、配殿等。

九华山佛教圣地形成。唐高僧金乔觉，本新罗国（今韩国）王子金氏近属，来九华山笃修。至德（公元756～757年）初，山民诸葛节见其居于石室，煮白土以为粮，于是建议为高僧建寺。"近山之人，闻者四集，伐木筑室，焕乎禅居。有上首僧胜瑜等，同建台殿……相水修潴为放生池，乃当殿设释迦之像，左右备饰。次立朱台，挂蒲牢于其中，立楼门以冠其寺。"（唐·费冠卿《九华山化城寺记》）。可见，当时化城寺是殿堂为中心的佛寺，已有佛殿、门楼、钟台、放生池等，已初具规模。唐建中（公元780～783年）初，德宗李适赐名"化城寺"。此后，寺僧日益增多。唐贞元十一年（公元795年），金乔觉99岁圆寂。因其生前精研《地藏经》，僧徒传为地藏菩萨化身，尊称"金地藏"。从此，九华山寺庙都以供奉地藏菩萨为主，奠定了九华山作为佛教四大名山的基础。唐代，九华山已有大小佛寺13座。

潜山的山谷寺，为南梁高僧宝志禅师创建。北周武帝禁断佛教，禅宗三祖璨潜居此，选场建坛，扩建寺院。隋大业二年（公元606年），三祖璨立化于寺前大树下，后人建立化亭。三祖璨著有《信心铭》，为佛教禅宗奠定了理论基础，北寺因此名扬大江南北，朝香晋谒者不绝，寺名也称"三祖寺"。宋代张同之曾提诗："禅林谁第一？此地冠南州。"山谷寺唐代又称乾元寺，已具相当规模。有乾元阁、大雄殿、宝公殿、观音阁、立化亭、三祖塔。寺东有宝公洞、卓锡泉、锡杖井。

当涂化城寺，三国时始建，南朝宋孝武帝至此驻跸，扩建了18院。唐代，寺僧清升又造舍利塔、大戒坛、清风亭。天宝元年（公元743年），李白游当涂化城寺清风亭，有诗句"化城若化出，金榜天宫开，疑是海上云，飞空结楼台。""闲居清风亭，左右清风来。当署阴广殿，太阳为徘徊。"从李白的题咏中可想象古寺宏阔。今寺中仍有李白所撰钟铭的铜钟。

宣州广教寺，唐大中三年（公元849年）刺史裴休督建。有山门、千佛阁、慈氏宝阁等旧有寺宇千间。北宋绍圣三年（1096年）建双塔至今尚存。

琅琊寺（图1-5-4），位于滁州城西南琅琊山中。唐李幼卿以太子庶子刺滁州时，令名僧法琛建造。代宗李豫赐名"宝应寺"。三进三重，周围楼台亭阁数十座，一度僧众达千人。宋时，自琅琊寺循古道而下，有山僧智仙所建亭，欧阳修命名"醉翁亭"，写下名篇《醉翁亭记》，琅琊山名声大振，寺亦改称山名。

淮河流域春秋战国时，是老庄道教发源地。唐皇因和道教鼻祖老子李耳同姓，推崇道教。老子故里亳州成为全国道教祭祀中心。据《亳州志》：州城中有寥阳万寿宫、玉清万寿宫，均祠老子。城西30里有挂杖沟，旧传"老子于此挂杖画沟"。《史记》称老子李耳为苦县厉乡曲仁里人。《旧唐书·地理志》：苦县，隋为谷阳县，唐乾封元年（公元666年）改名真源县，载初元年（公元689年）又改仙源县，神龙元年（公元705年）复名真源县。有老子祠，属亳州。真源县故城，在今亳州城西河南鹿邑县城东十里。唐高宗李治曾亲自"如亳州，祠老子，追号太上玄元皇帝"。后又册封老君妻为"先天太后"，命令百官王公皆习《老子》。唐玄宗李隆基"令士庶家藏《老子》一本"，开元二十九年（公元741年）在"两京及诸州各置老君庙一所"，并几次"亲祠玄元皇帝庙"。从现有史料看，安徽早期道教建筑一般也遵循传统的殿堂、楼阁、坛庙体制，但在内部环境处理上，融入道家倡导的阴阳五行、冶炼丹药、学仙成仙等思想。因为道教来源之一是中国的巫祝，既有厚重的迷信色彩，又有浓郁的乡土气息。

三、建筑与诗赋

中国建筑到了唐代，已经形成基本稳定的类型：殿、堂、楼、阁、亭、廊等。而各类建筑的形

图1-5-4 琅琊山的琅琊寺

象本身不具有表意功能，通常需要命名、赋诗、题记，给予它一定的意义。这样，诗文与建筑便结下不解的姻缘。其作用，有如雕塑对注重造型的西方建筑。唐代是诗的国度。诗歌是人们交流、表达思想的重要工具。从科举到交友，都以诗赋为主要工具。具有坚实群众基础的诗赋，对建筑有很强的渗透力。

唐代，著名诗人李白、韦应物、刘禹锡、白居易、杜牧、罗隐，先后寓居于皖，留下很多取材安徽风物的诗作，广为流传。一类表现诗人轶事、诗歌意境的建筑应运而生。无论是数量还是知名度，首推李白题材的建筑。谪仙楼位于马鞍山市采石矶，始建于唐元和年间（公元806~820年）。采石矶，原名牛渚矶，古津渡。东晋时便是江东胜地。李白自青年到暮年，多次游牛渚矶，留下很多诗篇。被注家以为作于此的《横江河六首》，其二云："海潮南去过寻阳，牛渚由来险马当，横江欲渡风浪恶，一水牵愁万里长。"开元二十七年（公元739年），李白自金陵西去巴陵，作《夜泊牛渚怀古》："牛渚西江夜，青天无片云。登舟望秋月，空忆谢将军。余亦能高咏，斯人不可闻。明朝洞庭去，枫叶落纷纷。"他触景生情，感慨袁宏舟中诵诗能得谢尚赏识，自己却怀才不遇："余亦能高咏，斯人不可闻。"诗仙李白亦被尊称谪仙人，建谪仙楼便为纪念这位诗人，"谪仙楼，即太白祠，始基于唐，复建于明。"（康熙《太平府志》）。谪仙楼曾为沿江著名古迹，与滕王阁、黄鹤楼、岳阳楼并称。谪仙楼宋、明、清数次维修重建后，已面目全非。先后易名太白祠，太白楼（图1-5-5）。现存的太白楼为清光绪三年（1877年）重建。采石矶上有"捉月台"，传李白醉酒后从此台跳江捉月。

北楼，亦称谢公楼，叠嶂楼，位于宣州城北。南齐著名诗人谢朓任宣州太守，曾于此建高斋，唐初为纪念谢朓而建此楼。因李白名诗《秋季登宣城谢朓北楼》诗句中的"谁念北楼上，临风怀谢公"得名"谢公楼"，唐咸通年（公元873年）重修

图1-5-5 采石太白楼

时,易名"叠嶂楼"。北楼与宛陵堂、双溪阁构成一组优美的建筑群。"北楼夜月"为宣城一景。登北楼,远望陵阳峰,俯视双溪水,这里是观景的极好场所。加之谢朓、李白两大诗人曾于此登临讽咏,昔时名扬江东。北楼屡经修葺重建,清光绪元年(1875年)最后一次重修后,已是飞檐翘角、精巧清秀的清代建筑风格。四壁上嵌有许多碑刻,除修葺碑记外,均为历代文人骚客诗赋。1937年秋北楼被日军飞机炸毁。

燕喜台,又称宴喜台,位于砀山县城郊。唐天宝三年(公元744年),李白与杜甫、高适同游大梁、宋中等地,曾至砀山县。邑令刘砀山于燕喜台设宴。李白写下《秋夜于刘砀山泛宴喜亭池》一诗:"明宰试舟楫,张灯宴华池。文招梁苑客,歌动郢中儿。月色望不尽,空天交相宜。令人欲泛海,只待长风吹。"梁苑客,指杜甫、高适等同游梁苑(今开封)的友人。燕喜台,"在旧城东里许,有台,又有亭池。台下有池名华池,唐李白与邑令刘砀山秋夜泛舟燕喜亭池,饮酒赋诗于此。"(《砀山县志》)。"华池邀月"是旧时砀山八景之一。宋政和三年(1113年),真州知府李釜书"宴嬉台",刻石于台侧。元延祐三年(1316年),燕喜台改建为谯楼,碑刻移至县治前。今台、池、亭均废,仅存碑刻。

踏歌岸阁,位于泾县西南45公里陈村桃花潭畔。据袁枚《随园诗话》记述轶闻,泾川豪士汪伦修书邀请李白来游,诡称:"先生好游乎?此地有十里桃花。先生好饮乎?此地有万家酒店。"李白欣然而至,汪伦据实相告:"桃花者,潭水名也,并无桃花;万家者,店主人姓万也,并无万家酒店。"李白大笑不已。汪伦"款留数日",李白以《过汪氏别业二首》答谢。临行时,汪伦送至桃花潭,李白即兴赋诗《赠汪伦》:"李白乘舟将欲行,忽闻岸上踏歌声。桃花潭水深千尺,不及汪伦送我情。"这首绝句情真意切,脍炙人口。从此,桃花潭驰名于世。后人根据李白的诗句建踏歌岸阁、万家酒店等。现存阁始建于明代，清乾隆年间（1736~1795年）重建。

司空山，又名司空原，位于岳西县城西60公里店前乡，相传东周"淳于司空居此，因名"。晋以后在此建道观。唐至德二年（公元757年），李白因参与永王李璘右东征而获罪，避难于此，作诗《避地司空原言怀》。诗中写道："倾家事金鼎，年貌可长新。所愿得此道，终然保清真。"反映了李白心绪忧郁，意欲避世，过"炼丹保清真"的道家生活的愿望。后人在此建"太白书堂"，并将诗镌刻于堂壁。

李白曾热衷于炼丹学道。他的诗歌不少与道教建筑、景物有关。如《登敬亭山南望怀古》就是李白由宣州麻姑山仙坛怀想古仙人。麻姑山有丹灶、仙坛、仙游亭、剑池等道教景物。《寄何判官昌浩》为李白泛舟泾溪，深爱蓝山落星潭景物，想到"所期俱卜筑，结茅炼金丹"。据《泾县志》，为纪念李白，大蓝山下活泼滩易名"李白滩"。

李白墓，位于当涂县东西青山。宝应元年（公元762年），李白逝于当涂，初葬于龙山东麓。与龙山隔河相望的青山，为南齐诗人谢朓寓居处，后世因名谢公山，有谢公宅、谢公池等古迹。李白追慕前贤，又爱青山幽邃，遂有"终焉之志"。元和十二年（公元817年）正月改葬于青山之阳，宣歙观察使范传正立墓碑记其事。墓旁建有太白祠。南宋乾道六年（1170年），陆游谒李白墓后，在《入蜀记》中记：太白祠堂在青山之西北，距山尚十五里，太白墓在祠后，有小冈起伏。

陋室（图1-5-6），位于和县城内。唐代刘禹锡谪任和州刺史时始建。刘禹锡撰名篇《陋室铭》，柳公权书碑，置于室前。铭曰："山不在高，有仙则名，水不在深，有龙则灵。斯是陋室，唯吾德馨，苔痕上阶绿，草色入帘青。谈笑有鸿儒，往来无白丁。可以调素琴，阅金经。无丝竹之乱耳，无案牍之劳形。南阳诸葛庐，西蜀子云亭，孔子云：何陋之有？"唐陋室与碑因年久俱毁。现存为清乾隆年间（1736~1795年）重建。

杏花村，位于贵池市西郊。旧时遍植杏林，连绵十里，杏花飞雨。有酒肆，佳酿香醇。今杏花村古井，传为黄公酿酒之泉，有"十里杏花，十里酒肆"之誉。唐会昌四年（公元844年），诗人杜牧由黄州迁任池州刺史，有十言绝句《清明》："清明时节雨纷纷，路上行人欲断魂。借问酒家何处有？牧童遥指杏花村。"此后，杏花村成为千古名村。

第六节 宋元时期

北宋统一了黄河以南地区，结束了唐末江淮藩镇割据的局面。随着农业生产的恢复和发展，工商业也空前地繁荣。这种繁荣状况虽因金人入侵一定程度上受到影响，但偏安江南的南宋经济仍然相当发达，社会经济的发展推动了建筑业的进步。首先，大量小商人、手工业者被吸收到城镇，城市结构与形态发生了深刻的变化。江淮之间的寿春、庐州、历阳，作为经济中心和军事据点得到拓展。一批小城镇也迅速成长，如地处漕运枢纽的贵池池口镇、天长石城镇，因手工业和矿产而开发的宣州符里窑、寿州开顺场。宋室南渡后，政治中心南移。徽州人口急速增加，歙县迅速崛起。第二，手工业工艺水平的提高促进了建筑装修的成熟。安徽省虽然没有宋代木构留传至今，但我们仍能从一些宋代仿木砖塔上推测其建筑装修精湛的技艺。在皖南一些明代祠堂、住宅中，较多地保留了宋式做法，它们无疑是在宋代建筑基础上发展起来的，我们也可

图1-5-6 刘禹锡谪任和州刺史时陋室

以从这些明代木构上寻到宋代的踪影。第三，砖石构筑水平提高，砖石建筑数量增加。该期除大量砖石建筑见于史籍，还有相当数量的实物留传至今，如宣州广教寺双塔和蒙城万佛塔等近20座砖石塔、青阳龙溪桥、亳州古地下道，以及石基砖壁的寿县古城墙。第四，随着封建经济的发展，造园之风兴盛。一方面，原有的园林得到扩展。如汝阴（今阜阳市）西湖（图1-6-1），湖长5公里，广1.5公里。园中建有会老堂、清涟阁、画舫斋、湖心亭、宜远桥等十余处建筑。菱荷十里，杨柳盈岸，与扬州、杭州西湖并称。北宋皇祐元年（1049年），欧阳修由扬州移知颍州（州治今阜阳市）时，有诗赞曰："菡萏香清画舸浮，使君不复忆扬州；却将二十四桥月，换得西湖十顷秋"。另一方面，新建的园林趋于小型化而更普遍。州县公署内设立园圃成为一种时尚，私家园林更遍布江淮。在造园活动中，文人的参与和品鉴促成了自然山水园向写意山水园的转变。

宋元统治阶级推崇儒学，各县相继建起文庙。见于史籍的颇多，如始建于北宋的旌德文庙、萧县文庙、芜湖夫子庙、望江文庙，南宋的歙县文庙，元代的蒙城文庙、六安文庙等。但这些文庙俱屡经毁兴，已非原状。书院是中国古代私人或官府所立讲学治学的场所，以宣讲、研习儒家经典为主。宋代，皖书院盛兴。据《安徽通志》载，仅徽州六县就有12所。相应的便涌现很多书院建筑。

两宋时期，"唐武法难"中毁废的佛教建筑得以恢复，并略有扩展。两宋时期，除先后修复了唐代寺庵外，新建了净居寺、圣泉寺等，使九华山寺庙增至25座。安徽省于宋代始建的佛寺还有安庆万佛寺、铜陵大明寺、萧县瑞云寺、太湖海会寺、阜阳资福寺等。但屡经修整重建后，这些佛寺今均非原貌，惟一些砖塔保存至今。

两宋时期，安徽道教发展缓慢，且当时道士多

图1-6-1　汝阴（今阜阳市）西湖遗迹

隐居深山，居所自然较简陋，甚至居天然洞穴。贵池齐山、黄山炼丹峰、岳西司空山等，宋代都有道士结庐修炼。齐云山宋祥符元年（1008年）建密多院，宣庆丙戌年（1226年）又建真武祠，算是较大的道教祠观。

一、寿县古城墙与亳州古运兵道

历史文化名城寿县，战国时称寿春，为楚国最后一个都城，历时19年。秦灭楚后，寿春邑为九江郡治。西汉为淮南王国都，隋置寿州。唐寿春郡、宋寿春府，均以此为治所。

现存寿县城墙（图1-6-2）为南宋宁宗嘉定十二年（1219年）建康都统许俊督筑。寿县城为中原通往江南的交通要冲，是重要的军事要地。它处颍河下游，傍八公山之阳，临淮水之阴。形势险要，为兵家必争之地。城平面略呈方形，墙体以土夯筑，砖壁石基。四方各设一门，每门都有护门瓮城。城东、南为壕，北依淝水，西连城西湖。四隅有河，东北、西北隅有涵。城的地势低洼，时有水灾。古城筑造时综合考虑了军事防御与防洪双重功能，设有防卫的马面、敌台，也有排水的涵洞。

亳州古运兵道又称亳州古地下道，位于历史文化名城亳州市内，传为曹操隐兵道，为1927年首次发现，以后陆续又有新发现。其较大一次是在1969年，于城内南北、东西两条主要大街两侧挖出近2000米。其分布是市内大隅首为中心，向四方放射。主干道为平行双道。两道留有双洞孔，可相互通话。支道纵横交错。地道砌筑用的砖，多为宋砖，仅铺地用唐砖及汉砖，道内文物亦宋代居多。因地道为唐、宋、元几个时代的遗构，其上限可能上溯到三国时期，主要完成于宋代。

二、江淮宋塔

安徽现存宋塔19座。其中分布皖南14座：歙县长庆寺塔和新州石塔、祁门伟溪佛塔、宣城广教寺双塔和景德寺塔、泾县大观塔和小方塔、广德天寿寺塔、宁国仙人塔、当涂黄山塔、芜湖广济寺塔和行廊塔、青阳净居寺塔；皖中4座：无为黄金塔、

图1-6-2 寿县城墙

六安多宝庵塔和望江寺塔、潜山太平塔；淮北只有蒙城万佛塔1座。元塔仅嘉山法华禅庵塔孤例。

综观宋元安徽佛塔，有三个特征：第一，它上承魏唐、下启明清，形成一组较完整的序列。如青阳净居寺塔、宣城广教寺双塔、泾县小方塔（图1-6-3）、景德寺塔在一定程度上保留了唐代遗风和做法。而宁国仙人塔、潜山太平塔，在构造上显示出唐塔向宋塔过渡的迹象。第二，安徽江淮之间的特殊地理环境，使之成为中国佛塔北方与南方两大体系的交汇和融合的地带。从蒙城万佛塔（图1-6-4）、歙县长庆寺塔、泾县大观塔、小方塔等许多古塔上，我们都可以找到南北结构、构造及语汇融合的做法。第三，皖地的人文地理环境极为复杂，作为一种地域文化的积淀物，安徽宋元古塔在形式、风格上更具多样性，细部处理更丰富，有浓郁的乡土气息，很难找到两座雷同的塔。

三、书院盛行与书院建筑

书院的名称起源于唐代，但早期的书院主要用于收藏、校刊古今经籍，以供皇帝了解经典史籍，兼荐举贤才等。如唐玄宗开元六年（公元718年）以乾元院为丽正书院。唐末至五代，连年战乱，学校废毁。学者多选择名山胜地建立书院，用以研究学术和聚徒讲授。宋代，这种研究讲学的书院盛行，皖地的书院也随之兴起，约南宋时达鼎盛时期。见于文字记载的，以淳熙年间（1174~1189年）戴季仁建绩溪"槐溪书院"为先；淳祐五年（1245年）徽州太守韩璞建"紫阳书院"，并奏请理宗赐额；淳祐六年（1246年）当涂县守臣陈恺建"天门书院"；淳祐八年（1248年）贵池县提举周必正建"八桂书院"；景定五年（1264年）建黄池镇"丹阳书院"。还有一些书院建置年代不详，如休宁"西山书院"，为程大昌讲学处；黟县"石鼓书院"，为南宋丞相江万里读书处；"柳溪书院"，为汪叔耕讲学处；歙县"西畴书院"，为鲍寿孙讲学处……但这些书院均毁。

今天，宋代书院虽无实物可证，但仍能依据丰富的史籍，去勾勒出大致轮廓。书院大都选择山林，布局比较自由，建筑功能大体包括讲学、藏书、供祀、库房等。如天门书院，生员50人为额，藏书有库，储粟有仓，设山长、堂长、直学、堂差、司计各1员，四斋长、谕各1员。山长为掌教者，亦称山主和洞主。院内有庭园绿化，如贵池八桂书院，便以庭植八棵桂树得名。

四、写意山水园

宋代，封建经济的繁荣和社会秩序相对安定，为士大夫提供了享乐条件。滥筋于魏晋南北朝的山水园，也发展到极盛时期。同时，由于大量文人的参与，以自然山水摹仿为主的山水园，完成了向表现情趣意境为主的写意山水园的过渡。

封建文人将园林当作一种出仕与隐退的中介、陶情冶性的理想场所。苏轼在《灵璧张氏园亭记》中，有一段极透彻的文字。张氏园旧址在今灵璧北凤凰山南，故汴河北岸，为张殿中兄弟建园。苏轼游此园时，园已传张殿中侄张硕。应张硕之求，苏轼写了这篇记。苏轼写道："张氏之先君，所以为其子孙之计虑者远且周，是故筑室艺园于汴、泗之间，舟车冠盖之冲……使其子孙，开门而出仕，则跬步市朝之上；闭门而归隐，则俯仰山林之下，于以养生治性，行义求志，无适而不可。"很显然，士大夫阶层看到的是：园林既可闭门归隐，逃避腐浊的市朝政治生活；又可"养生治性，行义求志"，"身寄江湖，心存魏阙"，等待和寻找出仕的机会。因此，他们的园林审美理想并非单纯客观地摹仿自然山水，而是表现出文人雅士的"清高"、"风雅"，他们不止希冀园林有娱乐功能，还要求它能有陶情冶性的社会功能。于是，一些写意山水园便应运而生。培筠园，位于黟县碧山乡碧西村，为南宋汪勃建，面积约2000平方米。园中有竹林、池塘、古木、叠石（图1-6-5）。汪勃，字彦及，南宋绍兴二年（1152年）进士，官至签书枢院兼权参知政事，赐龙图阁学士。屡遭秦桧排挤，辞官回乡，建"培筠园"以颐养天年。筠，竹之皮。古将筠作为

图1-6-3 泾县小方塔

图1-6-4 蒙城万佛塔

图1-6-5 培筼园叠石

小竹的别称。"培筼"反映了汪勃的人格和理想。

镜湖，位于今芜湖市中心。南宋诗人张孝祥捐田百亩，汇而成湖。湖呈圆形，清澈透明如镜，故名。湖中养莲，环植杨柳，为"邑中风景最佳处"。园林的立意、造景、植物配置，均表现了文人清高、风雅的情趣。六亩田，位于无为县城西北隅，为宋书画大家米芾知无为军时所建。相传米芾在县境择荒田六亩，掘池建亭，在此吟诗作画，修身养性，故称六亩田。内有宝晋斋、墨池、投砚亭、拜石等。宝晋斋为米芾收藏晋人墨迹之所。斋前凿有墨池，池中有小亭，传米芾曾挥毫于亭内。拜石为一尊状貌奇特的太湖石，原在黄洛河边。米芾见之大喜，移之，每日抱笏对石揖拜。米芾还提出"瘦、皱、漏、透"的相石标准，久为后人推崇。

第七节 明清时期

明代开国皇帝朱元璋建都南京，毗邻的皖地为南京的天然屏障，凤阳又是他的桑梓之地，便将安徽划入直隶，直接由京师管辖，成为明初的政治腹心地区和建设中心。洪武二年（1369年）将凤阳定为中都，集中全国的人力、物力规范营建。历时六年，除宫殿、城池、钟鼓楼等基本完成外，中书省、大都督府、御史台、园丘、方丘、日月坛、社稷坛、国子监等，也接近完成。于凤阳西南十五里，扩建朱元璋父母陵墓。建成一组规模宏大的陵墓建筑群。初荐号英陵，后改为皇陵。朱元璋还为开国功臣立功臣庙，建府第，并效仿西汉初年徙天下富豪充实关中的做法，将大批江南富豪迁往凤阳。一时，凤阳成为繁荣壮观的都市。洪武八年（1375年）停建中都后，朱元璋并没放弃从政治上充实、强化中都，在此设一个留守司的军事建制。在整个直隶地区，其驻扎的兵力数量仅次于京师。

芜湖是沟通安徽南北及长江上下游的港口城市。元代时，已是千帆林立，八方商贾云集，商业很繁荣。明代中期，成为全国印染中心，其印染业与松江棉纺织业、苏杭丝织业、铅山造纸业、景德镇制瓷业并称全国五大手工业专业区域，元代统治者严禁汉人使用铁器，芜湖炼钢业被迫停顿。明代，手工炼钢得到恢复和迅速发展，成为闻名全国的钢铁中心。这些，使得芜湖一跃成为长江巨埠、全国屈指可数的工商业城市。昔时，芜湖染坊、钢坊林立；十里长街，店肆鳞次栉比。

徽商，指的是徽州府所辖歙县、黟县、休宁、绩溪、祁门、婺源（今属江西省）六县的商人。徽商成长于唐宋，明中叶达鼎盛时期而"雄飞中国商界"。徽人文化层次高，又精明守信。明清两代成为控制中国经济命脉的商帮。依旧时风俗，入仕荣归故里、经商告老还乡，总要"盛馆舍广招宾客，扩祠宇敬宗睦族，立牌坊传世显荣"。因此，徽商不惜巨金，在家乡大建宅第、祠社、牌坊、路桥、亭塔、园林等。这些建筑具有鲜明的地域特征，形成了冠于全国的徽派建筑。

明清两代统治者都很重视倡言孝道，规范人伦。力图移孝为忠。明清村落多以血缘为基础家族聚居，宗法制度起着重要的作用，每一族都设祠堂。此外，一些历史杰出人物的乡贤祠得到整修、重建。其中有包孝肃公祠，为纪念北宋清官包拯；管鲍祠，是祭祀春秋齐国政治家管仲和鲍叔牙的合祠；霸王祠，供奉西楚霸王项羽；华祖庵，敬奉东汉名医华佗；陶公祠，敬奉晋代诗人陶渊明；米公祠，纪念宋代书画家米芾；刘公祠，纪念南宋抗金名将刘琦。这些建筑的营造和装修标准较高，能及时修葺，大多保存下来。

明清两代，安徽文风昌盛。徽州素有"东南邹鲁"之誉。桐城派领衔清代文坛。倡讲学、办书院、结文社之风兴盛，促进了文庙、学馆、书院一类建筑的发展。其中保存至今的有桐城文庙、寿州文庙、旌德文庙、太和文庙、霍山文庙、六安文庙、蒙城文庙、望江文庙、萧县文庙、泗县文庙，以及青阳太平山房、歙县紫阳书院、竹山书院、望江县雷阳书院、泾县文昌阁等。

明清宗教建筑也有一定的发展。凤阳龙兴寺，为明太祖朱元璋早年出家的皇觉寺。洪武十六年（1383年）拆迁中都宫室名材，建龙兴寺殿宇。寺初建时，极宏丽，但明清两代四度焚毁、修缮，今规模已非昔比。岳西司空山上的二祖禅刹，为纪念禅宗二祖慧可（公元487~593年）。位于潜山野寨乡凤凰山的山谷寺，纪念禅宗三祖僧璨（？~606年）。史载，北周武帝灭佛时，二祖慧可与三祖僧璨往来于舒州（今安徽潜山）司空山，十余年无人知者，作佛宗圣地，二祖禅刹和山谷寺明代都有增建。明万历四十七年（1619年）建的永昌禅寺，位于安庆府东江滨。明光宗御题"护国永昌禅寺"，清顺治七年（1650年）易名"迎江寺"。清乾隆帝赐"善狮子吼"额，光绪年间慈禧赐"妙明圆镜"额。经明、清两代扩建整修，迎江寺规模日趋宏大，成为长江流域名刹。此外，阜阳资福寺、合肥明教寺、淮北相山显通寺、滁州琅琊寺，经扩建整修后，也具一定规模。明清佛教建筑最突出的还是九华山诸寺庵的兴建，仅明代就建造30多所寺庵，修建了化城寺，清康熙帝、乾隆帝屡次巡游江南，派官员专程向地藏致祭，赐重金修缮化城寺，钦赐御笔匾额，使九华山成为佛国城，香火愈加兴盛。

明代，嘉靖帝世宗亲笔题"齐云山"匾额，御赐"玄天太素宫"，道教圣地齐云山便名扬于世，有道观130余座。淮河流域是老庄道教发源地，老子李耳的故里亳州又有"仙乡"之称。据载，唐高宗李治尊老子为"太上玄元皇帝"，亳州就有了老子祠，并成为全国道教祭祀中心。明万历中知州马呈鼎在老子祠（又名道德中宫，图1-7-1）内创修著经堂，石刻《道德经》64块，并建春登台。乾隆十三年（1748年）、道光十六年（1836年）均有修葺。亳州北关的大关帝庙为一道观，建于清顺治十三年（1656年），坐北面南、高大雄伟，由门坊、戏楼、钟楼、鼓楼、东西看楼、大殿、东西院落组成（图1-7-2）。其中戏楼俗称"花戏楼"，遍布取材于戏文

图1-7-1　亳州道德中宫

图1-7-2　亳州北关的大关帝庙

的砖雕、木雕、彩绘，精雕细镂、彩绘鲜丽。

唐开元年间（公元713~714年），淮河流域已有伊斯兰教徒活动。明代，伊斯兰教得到保护和发展。寿县清真寺，为明天启年（1621~1627年）建，清道光年和光绪年重修。安庆关南清真寺，始建于明成化初，原名清真堂，清咸丰三年遭兵燹，清光绪二年（1876年）扩建。这些清真寺，除因伊斯兰教反对偶像崇拜而不设圣坛外，布局及建筑形式均采用中国式。

综观明清安徽建筑，有四个特点：

第一，砖普遍用于建筑。宋元之前，虽有砖塔、砖墓、砖砌运兵道，但木架建筑均以土墙为主。明代开始，普遍使用砖墙。在安徽明清建筑中，我们不仅可以举出明中都皇故城、和县镇淮楼、太湖安城堡一类大型的砖石建筑，祠堂、庙宇、楼阁，直至宅第，都普遍使用砖墙。在皖南一些明清古村中，整个村落宅第用砖墙的比比皆是。砖的质量和加工技术都有提高，徽州的砖雕令人叹为观止。在泾县，明清时盛产一种烧制过程中产生黑青相间的自然纹理的砖。砖的普及，使建筑从根本上摆脱了茅茨土阶的原始状态。

第二，手工业工艺水平提高，徽州工匠把雕刻、绘画揉入建筑，创造了极富特色的徽派建筑。所谓徽派建筑中的三雕，即木雕、砖雕、石雕，精雕细镂、形态生动、婉约秀丽，不仅极大地丰富了建筑装饰美的内容，本身也具有一定的审美价值。

第三，宗教建筑世俗化。安徽明清古塔中，绝大多数为风水塔，还有一些航标塔。风水塔，用于祈福禳灾装点环境，已远离塔的佛学意义。如黄山市岩寺的水口塔，始建于明嘉靖二十三年（1544年），造塔目的只是以塔象征笔，与塔东的凤山示砚呼应，以乞求本地文风昌盛。安庆迎江寺振风塔，建于明隆庆四年（1570年）。传说安庆地形像一帆船，振风塔是船桅。寺门左右置一对重约两吨的大铁锚镇固，以免土地陵江东去。可见，虽为佛寺佛塔，却已世俗化了。特别是振风塔各层均设灯龛，成为长江下游重要的航标塔。世俗化也表现在道观中。亳州大关帝庙，又称山陕会馆。兼有娱乐、祭神、商务三种用途。建筑具有浓郁的山西乡土气息。庙中戏楼，更极铺陈雕绘之能事，故俗称

"花戏楼"。

第四，随着社会经济的发展，特别是晚清洋务实业带来的若干近代工业的社会气息，新的建筑功能与传统建筑形式愈加不协调，蕴蓄着一场变革。1861年安庆内军械所创建，制造轮船、蒸汽机及近代军械炮药，为中国近代第一家军工企业；1877年创办的池州煤矿，为安徽第一家近代民族资本企业；1883年，芜湖开办电报局；1896年清廷决定国家统办邮政事业，芜湖立即设立邮政局；1898年创办的银圆铸造局，为安徽第一个近代铸币厂；1889年芜湖泰昌轮船公司，拥有小轮20余艘。这些使安为之一振的近代工矿、公司、邮电局、海关、税卡却令人尴尬，套着古建筑外壳。

一、恢宏壮丽的明中都与皇陵

明中都故城城址，位于今凤阳西北隅，占地面积约50平方公里。明洪武二年（1369年），太祖朱元璋下诏以凤阳为中都，集全国工匠、军士、民夫近百万人，历时六年。至洪武八年（1375年）"罢中都役作"时，已初具都城的格局与型制。明中都城分内、中、外三道城，平面均略呈方形。中都城外，圜丘和山川坛、朝日坛和夕月坛东西对称。明中都罢建以后，屡遭兵燹毁坏。今仅存皇城午门、西华门、大殿残迹，以及一段1公里长城墙（图1-7-3）。

明皇陵在凤阳城西南7.5公里处，为明太祖朱元璋父母的陵墓，先于元至正四年（1344年）葬于此。朱元璋登基后，议改葬未果，决定原地扩建。明洪武二年（1369年）动工，洪武十六年竣工。皇陵原有三重城垣，里为皇城，周长251米，四门红土泥饰；中为砖城，周长约3公里；外为土城，周长约14公里。城内有正殿、金门、皇觉桥、下马碑和石人石兽等石像生（图1-7-4），仅供祭陵官吏往歇房屋就达数百间。其刻工技艺精湛，为明代石刻艺术精品。明皇陵的建成，奠定了其后明代诸陵的基本格局。

二、徽派建筑，古今奇观

今天所说的徽州，就行政辖区看，包括歙县、绩溪、黟县、休宁、祁门、婺源六县，就文化圈说，还包括周边的县。自宋代起，至明清数百年间，在中国东南隅崛起了光彩夺目的地域文化，诸如新安理学、新安画派、歙派篆刻、黟山派篆刻、徽派书版、新安医学、徽剧等，均高度繁荣，被誉为"东南邹鲁"。徽派建筑冠于全国自然不足为奇。

分析徽派建筑的成因，清晰地显示出三个关键要素：一为自然地理环境孕育。这里"山逼水激"，黄山山脉亘延全境，新安江横贯其间。亚热带湿润季风气候，使得山清水秀，四季分明，诗人李白在此留下"人行明镜中，鸟度屏风里"的赞叹。典型的环境容易生成特色显著的文化。群山形成的天然屏障，减少了兵燹，一定程度上起了保护作用。二为始于汉末，终于南宋的中原地区向徽州的大规模

图1-7-3 明中都城城墙残迹

图1-7-4 凤阳明皇陵

图1-7-5　歙县棠樾鲍氏支祠

图1-7-6　黟县宏村牌坊

移民。徽州原为古越人聚居地，大规模移民不仅改变了徽州的人口数量与结构，也带来中原巨大的财富和深广的文化。中原文明在吸收古越文化的某些因素后便落地生根。今天，我们在徽派建筑解析时，常常看到两种文化联姻媾和的结果。三为徽商的崛起，注入了雄厚的财力。徽州地狭人稠，促使更多人远涉他乡经商，徽人文化层次高，又精明守信，明中叶至清中叶达鼎盛时期，成为控制中国经济命脉的商帮，"雄区中国商界"形成"无徽不成镇"的局面。富而好儒，仕而护贾，生成一种官商学一体的文化形态。徽派建筑——祠堂（图1-7-5）、宅第、牌坊（图1-7-6）、路桥、亭阁、塔楼、园林，都是徽商不惜巨金兴建的。

三、九华山间佛国城

明清两代是九华山佛教寺庙的鼎盛时期。明洪武二十四年（1391年）朝廷赐金修建化城寺。明万历十一年（1583年）、万历三十一年（1603年）又屡次赐金修葺主刹化城寺和肉身殿。明代，九华山建造的佛寺还有天台寺、招隐庵、德云庵、真如庵、摘星庵（即百岁宫）、华云庵等30余所。这些寺庵，连同茅棚、精舍，总数已达百余所。常住山上的僧众日益增多，朝拜九华山佛徒岁无虚日，使之成了一座佛国城。

四、立祠庙，祭千古英雄

明清两代统治者很重视封建伦理道德建设。一些历史杰出人物的祠庙，得到扩建与整修，试图以表彰千古英雄的业绩，达到倡导忠孝节义等封建伦理价值、规范人伦的目的。但这些祠庙大都沿袭明清当地祠社建筑的定式常法，建筑形象与英雄所处的时代、业绩并无瓜葛，削弱了建筑的纪念性。建筑的表意，常只能依赖匾额、楹联、碑记等。

管鲍祠，为纪念春秋时期齐国政治家管仲和鲍叔牙的合祠，位于颍上县城北郊。初名管子祠，明万历六年（1578年）重建时，增祀鲍叔牙，易为今名。管仲、鲍叔牙传为颍上人，鲍先仕于齐。齐桓公即位时，鲍辞相位，主动让贤，力荐管仲任相，盛誉千古。霸王祠，位于和县乌江镇凤凰山。相传楚霸王兵败自刎于此，立祠以奉祀西楚霸王项羽。祠后有霸王墓，为衣冠冢（图1-7-7）。陵体呈椭圆形，砌以青石。墓前有明万历和州知州谭之凤题"西楚霸王之墓"碑。华祖庵（图1-7-8），为敬奉东汉名医华佗所建，位于华佗祖籍亳州，始建年代无考。据光绪《亳州志》载，清康熙二年（1663年）重修，乾隆、嘉庆、同治年间多次修缮。安徽巡抚朱主题"燮理通微"匾额和联语"五戏转灵枢道本皇轩仙位业，四轮消劫运功参帝释佛菩提"。陶公祠，也称"陶靖节祠"，位于东至县东流镇南牛头山。为敬奉晋代诗人陶渊明而建。晋时，东流为彭泽属地。据载，陶渊明任彭泽令时曾种菊于此。陶公祠始建年代无考，明弘治三年（1490年）重建，清顺治二年（1645年）移建今址。包公祠，全称"包孝肃公祠"，位于合肥市包河公园香花墩，为纪念北宋清官包拯而立，始建于明弘治年间（1488～1505年），清毁于兵燹，光绪八年（1882年）李鸿章捐银2800两重建。米公祠，原名宝晋斋，位于无为城关西北隅，为北宋著名书画家米芾知无为军时所建。后历经修整，现存建筑为清末遗

图1-7-7　和县乌江镇西楚霸王项羽衣冠冢

图1-7-8　亳州华祖庵

图1-7-9 版画《环翠堂园景图》中的明代戏曲家汪廷讷在休宁县的宅园环翠堂（局部）

构。米芾崇尚晋人书法，宝晋斋即为收藏晋人墨宝之所。后人为纪念这位书画大家，易名米公祠。祠内投砚亭、墨池、拜石等，传神地展示了这位书画家的品性，为明清祠堂中上乘之作。

五、徽派园林纵横

徽州古典园林从宋代起，历经数百年的发展，明清达到鼎盛时期。它主要表现在：第一，造园活动更为普遍。不仅宅第庭院中筑园的风气大盛，在村口水街，居民们在溪边植树搭桥，建路亭、石阶、楼阁、牌坊，用以休息纳凉、邻里交流。可以说，园林已渗入到日常起居生活。第二，随着园林艺术水平的提高，将园林创作推向一个新的高度，精巧细致、婉约秀丽、静谧淡雅的徽派园林风格形成，出现歙县潜口水香园、唐模小西湖、坊溪，以及黟县西递村西园等名园。第三，园林类型丰富多样，除了私家园林、寺庙园林、宅第庭院，还出现了公园性质的水口园林。第四，文人参与造园活动。如明代版画长卷《环翠堂园景图》（图1-7-9），描绘的就是戏曲家汪廷讷在家乡休宁筑的宅园环翠堂。

水口园林，是徽派园林中最值得重视的一类。它于中国园林中独树一帜，又开创了民办公共性质的园林。所谓"水口"，是风水术中指一个理想聚居地水流出入口的区域。风水中称入水口为"天

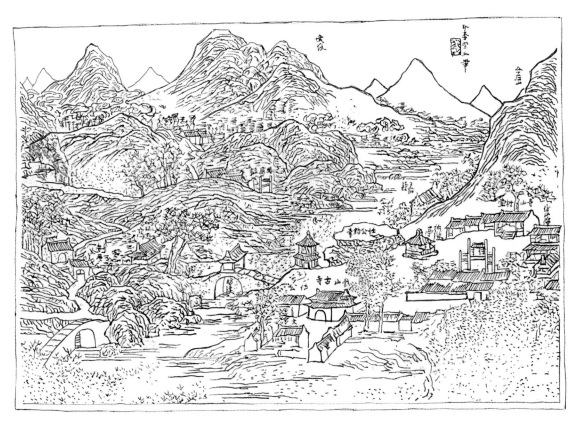

图1-7-10 歙县坊溪水口园林

门"，出水口为"地户"。徽州古村落大多背山面水，入水口处在较安全的背部，且多在山上，不须多关照。而出水口，常常又是聚落的主要入口，需特别处理。这一点也反映在风水说辞："凡水来处谓之天门（乾位），若来不见源流谓之天门开；水去处谓之地户（巽位），不见水去谓之地户闭。夫水本主财，门开则财来，户闭财用之不竭。"（《入地眼图说》卷七）在实地考察中，仅绩溪县冯村在上水口架安仁桥，并在桥上方围墙设"天门"。水口园林，主要指出水口处的园林。理想的水口有双峦夹持对峙。徽乡在水口处，常广植林木，筑堤、修桥、建亭榭、堆石，又建以廊桥、文峯塔、文昌阁、魁星楼、牌坊、书院等儒教建筑，以及佛宗道家与民间信仰建筑的观音阁、雷祖殿等，使水口区成为可游憩的园林。水口园林为村落中同宗族人共有，某种意义上具有"公园"的性质。尽管国内其他地也可找到水口园林，并且显示出相同的构成特征，但徽州得天独厚的自然景观、强有力的宗族结构，还是使徽州水口园林显示出独具的风貌和魅力。水口园林在徽州极普遍，典型的如歙县昉溪（图1-7-10）、唐模（图1-7-11）、潜口的水香园（图1-7-12）、岩镇的水口园，祁门六都、张村，休宁五城富溪，绩溪冯村、黟县南屏、屏山的水口园，也很有特色。

宅第庭院是徽派园林的精华。这些庭院一般都很小，又受到居住者实际生活方方面面的制约。徽派园林长于在一个极有限的空间中经营布置，突破空间局限，别开生面地创造一个深邃丰富、意趣盎然的环境。徽派庭院风格是自然、淡雅、静谧的，但在一种自然清淡之后，却隐含着颇多匠心。一座假山、一鉴鱼池、一扇漏窗、一种植物的选取，都能细玩品味。坐落在黟县西递村的"西园"，建于清道光年间（1821~1950年）。狭长的庭园，被分割成前园、中园、后园，以券拱门联系，嵌以长方形大漏窗分割。园中精巧地安排着假山、花台、鱼池、盆景，栽以花卉翠柏（图1-7-13）。其"松石"、"竹梅"漏窗，构图大胆、气韵生动、刻工精湛。庭院给人以幽深、精巧的美感。黟县南屏村的西园，建于清乾隆五十六年（1791年）。园林用于儿童读书、文人雅士聚会吟诗作画，为一座典型的文化园。中国封建社会士大夫阶层，很重视园林陶冶情操的作用。西园依山临溪，以园中四个庭院——牡丹园、梅竹园、山水园、松柏园作为中心，分置着书房、官厅、厢房、亭台、迴廊等。雕花隔扇门使室内光线充足。桐城派文人姚鼐应园主之邀，写了《西园记》。

明清两代，徽州私家园林也达到盛期。位于黄

图1-7-11　歙县唐模水口园林

图1-7-12　歙县潜口水香园址

图1-7-13 黟县西递村西园

山市徽州区唐模村的檀干园,建于清初,乾隆年间修葺。今基本保存完好。园址曾为该村许氏文会馆,是富商许氏依杭州西湖模式营建的,亦名"小西湖"。园内原有灵宫桥、蜈蚣桥、白堤、桃花林、湖心亭、响松亭、三潭印月等胜景。今尚存玉带桥、灵宫桥、镜亭等景点。虽为仿效西湖,但小巧紧凑,更有徽派园林的韵味。歙县西边的徐氏"就园",于平地建假山复壁。园林用借景的方法,使园外"田塍相错,烟墟远树,历历如画",周围百余里中名山奇峰,"浮青散紫,皆在几席"。清桐城文人王灼,曾写下文《游歙西徐氏园记》。徽州潜口水香园,建于康熙年间,为汪沆的别业。今园旧址改为明代民居博物馆。水香园曾以夏日池塘的红白荷花、寒冬的梅香闻名。园名取自"梅花虽落流水犹香"。今仍有清代吴逸、梅翀所作《水香园图》两幅传世。

注释

① (宋)乐史撰.太平寰宇记.卷十.光绪八年金陵书局底本.

② (汉)郑玄注.(清)袁钧辑.尚书中侯注.

③ 张海鹏.安徽文化史(上).南京:南京大学出版社,2000:41.

④ 商王国时期的国家是一种"部族"与"部族"的联合体。商代卜辞中称之为"方",晚清学者孙怡让称之为"方国"。此后,学术界沿用了这一称谓。

安徽古建筑

第二章 城镇与村落

安徽城镇与村落分布图

（地图引自：中华人民共和国民政部编.中华人民共和国行政区划简册2014.北京：中国地图出版社，2014.）

- ❶ 亳州古城
- ❷ 寿县古城
- ❸ 歙县古城
- ❹ 绩溪古城
- ❺ 明中都皇故城
- ❻ 三河古镇
- ❼ 岩寺镇
- ❽ 渔梁镇
- ❾ 万安镇
- ❿ 西递村
- ⓫ 宏村
- ⓬ 呈坎村
- ⓭ 南屏村
- ⓮ 查济村

在分类讨论安徽古代建筑之前，本章将视线放在较为宏观的古聚落——城邑、集镇、村落。《汉书·沟洫志》云："或久无害，稍筑室宅，遂成聚落"，即聚落是人类聚居和生活的场所，其关注的焦点是"室宅"的"聚"的方式，即布置、组群。就聚落尺度而言，大的城邑为国家或一个地区的政治、经济中心；小的是以自然村为基础的村落，是中国封建经济的细胞；集镇，则是城邑与村落间的枢纽。

安徽的淮北是华夏文明的发祥地之一。皖南则在魏晋以后，随着北方仕族的迁入和开发，经济迅速增长，形成徽州府治歙州辖歙、黟、绩溪、休宁、祁门、婺源六县的格局。明清徽商的崛起，出现了特色显著的徽州城镇、村落，这从以下的古城歙县，古镇渔梁、万安，古村呈坎、棠樾、西递、宏村、南屏等，可窥其一豹。

第一节　城邑

一、城邑类型、特征与构成

中国古代城市，盖可分为中央的都城与地方城邑。安徽古代都城，有商汤时的亳州、楚国的最后郢都（寿春）。明代，开国皇帝朱元璋一度在其桑梓之地凤阳，营建中都皇故城。地方城邑，为地方政治、经济和文化中心。明清以后一般可分府、州、县，依其行政建制管辖一定的地区。府、州管辖县。府虽与州同级，但管辖范围和地位都要高于州。清康熙六年（1667年）设"安徽"省，就取安庆府之"安"和徽州府之"徽"。

纵览安徽城市发展，可见如下特征：首先，城市的布局与选址主要取决于政治、军事因素。姑孰（今当涂县）与六朝都城建康相距仅60多公里，成为建康西南的重要屏障。宋代设太平州治，明代设太平府治。凤阳是明代开国皇帝朱元璋的故里，明初曾在这片贫瘠之地上营建中都。后虽罢建改为凤阳府，仍直属中书省。第二，城镇群网络，与水系的分布有较高的相关系数。这是因为水路交通是中国古代主要的物流方式，因此常常于漕运集散地设市镇。如歙县与浙江接境，有新安江的支流练江可漕运，为皖南重要的物资集散地。唐代起设州治。凭借临新安江上游支流横江，万安古镇得以发展。第三，防御是城市的重要功能，城市一般都要筑城以保卫戍守。地处江淮的特殊地理环境常常使安徽成为古战场，筑城首当其冲。唐以前的城均为夯土，唐代开始砖筑[①]。第四，城市的布局，儒家的礼制秩序起了主导。相比之下，诸如佛教、道教一类的宗教因素，对城市的格局几乎没有发生影响。第五，市场未得到应有的重视，常处在城市的边缘地带。这和中国古代重农轻商有关。在中国古代社会阶层分为士、农、工、商，所谓"四民社会"中，商处在最下层，甚至视为"末业"。

中国古代地方城邑，虽然就行政建制看，有府、州、县，但城市构成元素大体一致。我们不妨以亳州城为例（图2-1-1），考察地方城邑的构成。亳州城的平面约略为方形，两条轴线交会区域为中心，有中心是中国古代城邑的特点，如徽州的绩溪县治，宋代营建时，首先确定中心，然后向四方延伸筑城。并在中心处建楼阁，今绩溪县仍保留着明代于中心重建的过街楼，名"中正坊"（图2-1-2）。须注意，中国古代城邑不仅有中心，还有向背。城邑被理解成有"气"的生命体，自然有向背。一般面对南向，所谓"坐北面南"，并且以其左面尊于右面。以下我们以亳州为例，进一步分析城邑的构成元素。

1. 官署

县衙、州署一类官署，位于城邑中心区中轴线左侧，以彰显其至尊，如亳州州署位于城中心区南北中轴线左边的位置。

2. 文庙、学宫

孔庙、学宫与官署并列，在城邑中心区中轴线右侧，如亳州文庙和学宫位于城中心区南北中轴线右边的位置。

3. 乡贤祠

在儒学渗透到社会基层的明清社会，立祠祭祀乡贤是明清城镇的重要内容。乡贤祠一般立于乡贤

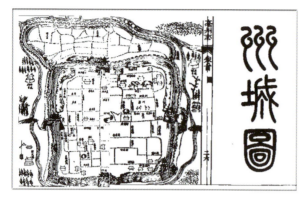

图2-1-1 亳州州城图

图2-1-2 绩溪城中心的中正坊

图2-1-3 亳州西观稼台

故里。以亳州城看,道德中宫、华祖庵,都是立于传说中的乡贤故里。

4. 宗教与民间信仰祠庙

佛寺、道观以及城隍、财神、关帝一类民间信仰祠庙,也是城邑不可或缺的精神支撑。一般根据神祇的性质,或其所属信众的阶层等因素,布置在城内非中心区,如山陕商人信奉关帝,亳州大关帝庙位于城东北商业区。

5. 书院

择址考虑到景观和静僻,多位于城邑边缘,如亳州城的南湖书院,位于城东南角。

6. 城邑风景点

"八景"、"十景"一类的城邑风景点,有时也位于城内。

7. 其他地方祭祀祠庙

如亳州城东、西各设观稼台。观稼台是曹操当年在推行屯田制时所建的遗迹,传曹操曾在观稼台上亲自督耕观种。从于城东、西对称布置,推断其是仪式性的构筑。宋以前两台上均建有祠庙(图2-1-3)。

二、古城案例分析

1. 亳州古城

亳州是华夏文化的发祥地之一。夏代曾是帝喾(高辛氏)的国邑。商代一度都于亳,称为蒙亳。今尚有汤王陵,为商汤王的衣冠冢。春秋时,陈国于此建焦城,后楚灭陈,筑谯城,秦时置谯县,唐代更名亳州,为著名州府之一。

亳州城的平面呈方形(图2-1-1),这是中国古代城邑理想的形态,在北方早期城邑建设中非常明显。随着城市扩大,受地形地貌限制,会做些变通。城的四面辟门(图2-1-4)。从东门至西门,南门至北门,形成了两条轴线。其中南北轴线尤为重要。在轴线中心左右布置着官署、学宫。城东南角和城北各有一书院。市肆位于城东北。城外,城东、西各设观稼台。

亳州河流属淮河水系,涡河自谯城安溜镇入境,西淝河自谯城淝河镇入境。涡河流域是道家文

图2-1-4　亳州北门

图2-1-5　亳州道德中宫

图2-1-6　张园汉墓

图2-1-7　华祖庵

化的发祥地。老子生于涡河流域的"亳"地，今亳州道德中宫（图2-1-5），传为老子故里。孔子到涡河之滨，向老子请教"周礼之事"，今宫前有"问礼巷"。汉魏时期，亳州是费廷侯曹腾的封邑。曹腾，字季兴，东汉的宦官，曹操的祖父。汉魏时期，曹操父子和围绕其周围的文士，开启一代新风的建安文学。今亳州市魏武大道两侧的曹氏家族墓群，规模宏大。在约10平方公里内，分布墓葬50余座，主要包括董园汉墓群、曹四孤堆、张园汉墓（图2-1-6）、薛家孤堆、马园汉墓群、观音山孤堆、姜家孤堆等。

亳州有水路和陆路交通之便，唐代起就成为著名的商业"望郡"。亳州以药材商为最。从自东汉末年，神医华佗在其住处（图2-1-7）开辟第一块"药圃"开始，种植和经营药材之风经久不衰。明清时成为中药材集散地。今存的主要商业建筑遗存有山陕会馆（俗称"花戏楼"）、江宁会馆（图2-1-8）、南京巷钱庄。

亳州位于中原战略要地，素有"南北通衢，中州锁钥"之称，历来是重要商埠和兵家必争之地。军事建筑，除了城墙，尚有古运兵道。亳州古运兵道亦称"曹操运兵道"，始建于东汉末年，是魏武王曹操修筑的运送士兵的地道，故名。唐宋时期多次修葺，仍作为军事战道使用。

2. 寿县古城

寿县城位于淮河中游南岸，旧称寿春、寿阳，

图2-1-8 江宁会馆

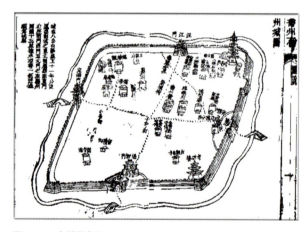

图2-1-9 寿州州城图

古属淮夷部落。春秋时，曾为蔡国都城"下蔡"。战国时，楚灭蔡。楚国于此设最后的国都寿春。秦，寿春邑为九江郡治，西汉为淮南王国都，隋唐宋均以此为州郡治所。

楚都寿春遗址，位于城关寿春镇和城南九龙乡境内。遗址平面方整规矩，总面积26.3平方公里。城东、西、北三面临水，南有西南小城。发掘的重要墓葬有楚幽王墓、蔡侯墓等。

现存寿州城墙为南宋宁宗嘉定十二年（1219年）重筑。城的平面约略为方形（图2-1-9）。城垣周长6650.8米，垛墙下墙体高7.7米，底宽18～22米，顶宽4～10米。墙体以土夯筑，砖壁石基。四方各设一门，每门都有护门瓮城（图2-1-10）。城东南为濠，北依淝水，西连城西湖。四隅有河，东北、西北隅有涵。寿州城为中原通往江南的要冲。它处颍河下游，傍八公山之阳，临淮水之阴。形势险要，为兵家必争之地。城的地势低洼，时有水灾。筑城时，综合考虑了军事防御与防洪双重功能，设有防卫的马面、敌台，也有排水涵洞。地势低的东、西、北三门，瓮门的门洞与城门偏心，这对军事防卫和缓解洪峰都十分有利（图2-1-11）反映了我国古代工匠不凡的技艺与智慧。700多年中，古城墙经受了战火与洪水的考验。寿州古城墙为国内现存唯一的宋代古城墙，具有很高的建筑史学价值。

寿州学宫始建于唐代，当时位于城东南隅。显然这不符合宋以后崇教尊儒的意识形态，元代移建于城内中心处的西大街（图2-1-9）。寿州学宫为

图2-1-10　寿州城城门

图2-1-11　寿州城瓮门的门洞与城门偏心

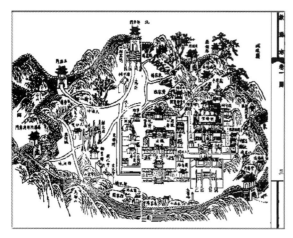
图2-1-12 歙县城邑图

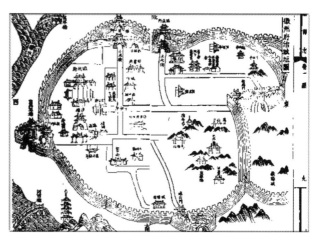
图2-1-13 徽州府城

安徽保存较为完整的学宫（参见第三章）。

明代《寿州志》列有"寿阳八景"，其中的"寿阳烟雨"、"西湖晚照"、"东津晓月"三景，位于寿州城。

3. 歙县古城

歙县位于皖南，城南有水口歙浦，县名之"歙"，出自歙浦。[②] 歙县古城由府城、县城壁联而成（图2-1-12）。唐大历四年（公元769年）形成徽州一府六县建置后[③]，一直是徽州府治所在地，徽州文化的中心。

徽州府城（图2-1-13）始筑于隋末，约公元617年。唐中和二年（公元882年）扩建，宋元两代几经维修。现存东、南两谯楼，府衙，西门月城，城墙残垣约1500米。南谯楼，始建于隋末，为吴王汪华的王府外子城的正门门楼，北宋末年整修。门楼三重三开间，宽15米、进深10米、高20余米，砖木结构。下为门阙，宽4.5米。唐以前城台均为夯土，常以斜倚墙的柱以加固，南谯楼木构城门洞是宋以前的旧制，仍保留了隋唐斜柱倚墙的古法。左右各13根柱斜倚墙壁，成10度角（图2-1-14）。宋《营造法式》称之为"排义柱"，极罕见，有很高的建筑史学价值。屋顶平脊重檐，悬山。紫墙青瓦。该楼虽多次维修，但均按原样整修，因此保留了隋唐做法和遗风：阙的形态、檐柱有生起。东谯楼，又名阳和门（图2-1-15），始建于南宋绍二十年（1150年），现存为清代同治末年大修后的式样。飞檐翘角，屋顶坡度陡峻，有浓郁的清式建筑风格。徽州府衙，位于阳和门旁，仅存残迹。

城中的斗山街、大北街、中山巷，为明清古街巷。斗山街，因依斗山而得名。街为南北向，全长500米。两侧多为徽商、仕官的府第，如杨家大厅、许家厅、汪中怡宅、潘婉香宅等。另有两座门坊：叶氏贞节门坊，立于明洪武二十四年（1391年），为木门坊；董氏孝烈坊，立于清顺治七年（1650年）。斗山街临街面多为山墙，石板路、精致的门罩、高低错落的马头墙，保留了古徽州街巷深沉优雅的风貌。

城西南练江之滨的西干山麓（图2-1-16），唐代已是享有盛名的城邑风景区。文人墨客，常在此为宴饮、题诗讽咏。西干山麓有披云亭、昌公祠、放生池等景观建筑，有沿江分布的"西干十寺"：兴唐寺、等觉寺、经藏寺、五明寺、如意寺、福圣寺、长庆寺、净明寺、妙法寺、应梦罗汉院。其中兴唐寺，已"别院二十有四"。今存的长庆寺塔，以长庆寺得名，建于北宋，为七层楼阁式，保留了唐塔四边形平面。飞檐翼角，风铎声清脆悦耳。今存的太白楼（图2-1-17）、披云亭，为清代遗筑。五明寺遗址后，有渐江墓。渐江，明代画家、新安画派开山祖。生前酷爱梅花，号"梅花古衲"，墓

图2-1-14　歙县南谯楼倚墙壁斜柱

图2-1-15　歙县阳和门

图2-1-16　歙县练江之滨的西干山麓

图2-1-17　歙县太白楼

地广植梅树，时称梅花古衲墓。

歙州还有许国石坊等16座牌坊、古紫阳书院遗迹等（参见第三章）。

4. 绩溪古城

位于皖南的绩溪城，始建于唐永泰二年（公元766年），为徽州六县之一。黄山余脉自西南至东，蜿蜒伸展，将绩溪分成岭南、岭北。境内河流交错萦洄。据《元和郡县志》："此县北有乳溪，与徽溪相去一里并流，离而复合，有如绩焉，因以为名。"即因河流"交流如绩"而名绩溪。

中国古代城市选址和布局，除了要符合儒家礼制，也考虑到风水格局。特别是江南有山水的地理环境。绩溪古城选址和布局，即把儒家礼制和风水术熔为一炉。

一方面，城邑枕山、环水、面屏，有十景：大会晴峰——城西众峰环峙，有粹白道人题"大会山"石碑；鄣山叠翠——城东峰峦重叠，周百五十里。有百丈岩，缘岩而上，环谷叠翠；石镜清辉——城东五里，山中有石镜方广二丈，光可鉴物。旁有石门对峙，又有白泉、石照亭、普照寺（图2-1-18）；翠眉春色——城西一里翠眉墩，宋元丰八年，县令苏辙命名，并筑有亭；石印回

图2-1-18 绩溪十景之石镜清辉（乾隆《绩溪县志》卷一）

澜——城南五里灵山西麓，扬子河心有石印潭。潭中巨石方如印，河水流此绕石回澜；苍龙瀑布——城东北十五里，扬溪镇西南有苍龙洞，瀑泻如帘；飞云天池——城东大屏山北，石如飞云。有庵，庵有"天池"；大屏积雪——城东有山方列如屏，名大屏山。冬日积雪，宛若玉屏；文峰雅会——城东梓潼山腰白石坪，有文昌阁、魁星楼，士子多会读于此；祥云洞天——城西十里祥云镇的水口砂上有上下两洞，盘曲相通。洞前有"祥云洞天坊"。

另一方面，有中心、南北轴线。南门外至徽溪桥，有明清建石牌坊十余座，依次为：三进士坊、尚书坊、科第传芳坊、登俊坊、大司空坊、绣衣坊、世登科第坊、进士坊、达尊坊、都宪坊、少保坊、诰封坊、恩隆节钺坊、大夫坊、节孝坊等，构成石牌坊群。特别是在城中心立"中正坊"予以强调（图2-1-2）。在中心区设县衙、学宫。今城内仍完好地保存着孔庙、明伦堂考棚、周家祠堂、五教堂、中正坊等明清古建筑。

5. 明中都皇故城

明中都皇故城，位于今凤阳县西北隅。明太祖朱元璋建都南京，毗邻的安徽划入直隶，成为明初政治腹心地区和建设中心。洪武二年（1369年）下诏以桑梓之地凤阳为中都，始建。历时六年，至洪武八年"罢中都役作"时，已初具都城格局。

明中都有宫城、皇城、外城三道，平面均略呈方形。内为宫城，周长3702米，砖筑，设有四门；中为皇城，周长7670米，砖石修筑，亦设有四门；外城周长约30公里，大部分为土垣，无濠。原设十二门，罢建中都后革去三门。规划上以宫城为中心，南北中轴线纵贯全城。正殿居中轴线中心，沿中轴线两侧，对称布置着中书省、大都督府、太庙、社稷坛、文华殿、武英殿等官署与礼制建筑；城南云济街上，东西对称分列着国子监、功臣庙、钟楼、鼓楼等。明中都罢建以后，屡遭兵燹、毁坏。今仅存午门、西华门、大殿残迹，以及一段1公里长的城墙（图2-1-19）。

明皇陵（图2-1-20）位于凤阳县城西7.5公里处，为明太祖朱元璋父母的陵墓，其先于元至正四年（1344年）葬于此。朱元璋登基后，议改葬，未果，决定原地扩建。明洪武二年（1369年）动工，洪武十六年（1383年）竣工。初号英陵，后改为皇陵。原有三道陵垣。里为皇城，周长251米，四门红土泥饰；中为砖城，周长约3公里；外为土城，周长约14公里。墓体为高10米的平顶覆斗式土堆，植以

图2-1-19 午门残迹

图2-1-20　明皇陵

松柏。陵内有享殿、金门、红门、御桥、碑亭、神厨、宰牲厨、祠祭署等祭祀建筑。砖城北门内神道两侧，东西对立着32对华表及石像生，刻工技艺精湛。神道南端左右碑亭分立朱元璋撰的"皇陵碑"和"无字碑"。皇陵在中都的南面，因此陵墓、殿宇、门楼等都北向中都城，以北为正门，斜向东北。这在陵墓规划中是很特殊的。明皇陵的型制，奠定了其后明代诸陵的基本格局。明皇陵的殿宇门楼在明末农民起义时被焚毁，仅存石像生和碑刻。

明中都的建设，显示出中国城市规划思想历经千载摸索，已是深思熟虑。它还为其后的明北京的改建、扩建提供了蓝本。现存宫阙残迹反映出，中国古建筑木作、瓦作、石作、雕作等技艺，到明代都达到了炉火纯青地步。

第二节　古镇

一、古镇构成与形态

自宋代起，将略小于县的商业聚落称为"镇"。

首先，中国是以宗法制度为基础的封建社会，以县衙直接对宗族进行管辖。因此，非县治所在地的镇，是非建制的，或说并不存在"镇衙"行政机构。我们知道，中国封建社会中的行政中心，与区域的形态中心有很高的重合度。这种无衙门的镇，其形态构成上，或失去中心、轴线一类与礼制秩序相关的元素，或被弱化。

第二，镇以商业活动为基础，它的选址与形态、与货物的集散有很高的相关系数。自然经济为主的中国传统市场，以农林产品、手工业制品为大宗。镇，作为城邑通向广袤乡村的节点，往往处在某些商品物流的交会点上。又因漕运是安徽古代的主要货运方式，镇往往选址于水路码头。我们以下讨论的古镇，如三河、岩寺、渔梁、万安，莫不有津渡可舟楫。

第三，"集"常常和"镇"，并称为"集镇"。墟集是中国古代最基础的物流方式，"镇"作为一种常设的"集"，商业街是其核心要素。我们看到，平行于河流设长长的商业街，是镇常见的一种形态，如歙县渔梁镇，1公里长的商业街铸就了带状的核心区，又如三河镇的河流蜿蜒曲折，其商业街也顺其走向蜿蜒。

第四，镇没有固定的规模限定，镇的发达与中落，取决于商业活动的活跃度。中国古代规模超过县治的镇，并不鲜见。安徽亦然，如徽州休宁县的万安镇，因超过县治休宁，有"小小休宁城，大大万安镇"之说。

第五，文化活动也是镇不可或缺的。书院、学馆、文昌阁一类的儒学建筑，从及佛寺、道观是古镇的重要组成元素，也包括一些有特色的民俗活动与民间信仰。

二、古镇案例分析

1. 肥西三河古镇

三河镇位于肥西县南端，为肥西、舒城、庐江三县交界处。三河古称"鹊渚"、"鹊岸"，因丰乐河、杭埠河、小南河流贯其间，而得名（图2-2-1）。它原是巢湖中的洲，因泥沙淤积，渐成陆地。唐宋以后，三河周围的河湖滩地逐渐圩田，绵延数十里，成为鱼米之乡。三河镇因有漕运之便，成为以米市为主，兼顺杭埠河而下的舒城西山林产山货、来自下江的日杂百货的商埠。"三河为三邑犬牙之地，米谷廪聚，汇舒、庐、六诸水为河者三，河流宽阔，枝津回互，万艘可藏"（清嘉庆《合肥县志》）。"三河镇百货交通，为庐郡南一大都会"（清光绪《舒城县志》）。

三河镇作为水路的咽喉，也是兵家必争之地。春秋时，吴、楚间有"鹊岸之战"（《左传·昭公五年》）。明末，农民起义军张献忠攻下三河，建立了水军。清咸丰年间，太平军在三河筑大城，环以九垒，屯储粮草军火，接济天京。英王陈玉成在此全歼湘军李续宾部，史称"三河大捷"。

三河镇的形态，"外环两岸，中峙三洲，而三水贯其间，以桥梁相沟通"（清《安徽通志》）。河流两岸有长约3公里的街道，顺河流走向延伸。街心铺青石板，民居粉墙青瓦、店铺雕花彩绘，黑

图2-2-1 三河因丰乐河、杭埠河、小南河流贯其间，而得名

漆镏金的匾额赫然，保留了晚清建筑群的风貌（图2-2-2）。除古街，还有太平军城墙遗址、城隍庙、古碑、三县桥等古迹。

2. 歙县岩寺镇

岩寺，古称岩镇，位于歙县丰乐河畔（今属黄山市徽州区）。据乾隆刻本《岩镇志草》载，丰乐河南五里处的山坡上有前贤开凿的岩洞近10处。人称小岩寺、古岩寺。唐代宗大历元年（公元766年），唐朝名僧山蕴禅师奉代宗手诏，集四方参学者于此，始创三摩圣地，建有东西序寺庙，殿堂鳞次错落其间。因寺庙建在石壁岩洞前，故唐王赐"岩寺"为名。南宋高宗绍兴二年（1132年）诏命建永昌乡。明太祖洪武二十四年（1391年），改为永丰乡清泰里，延至嘉、隆，徽商崛起。岩寺周边盛产茶叶、木料、粮食及其他山货土产，岩寺商人便在丰乐河上做起了盐商木客。岩寺遂成为皖南主要的物流枢纽，成为"鳞次万家，规方十里，商贾云集"的繁华重镇。

明代汪道昆的《太函副墨》中有"岩镇什七贾

图2-2-2 三河镇古街

而什三儒"之说。徽商作为儒商，精明守信，重视教育。这也表现在集镇建设上对文化的重视。昔时岩镇的自然人文景观被概括为十景："一台文几翠中天，二庙忠烈上九源。三摩圣地古岩寺，四贤集燕娑罗园。五显灵官大桥上，六逸娘娘小西天。七层宝塔保水口，八柱牌楼在路边。九洞桥接黄山水，十里长街万万年。"其中"一台文几翠中天"指坐落在岩镇水口文几山麓的"凤山台"，台上有楼阁三间，上题匾额"中天积翠"。它和"文峰塔"一起，象征笔和砚（图2-2-3、图2-2-4）。"二庙忠烈上九源"，指始建于南宋的"双烈庙"，祭祀唐朝御使中丞张巡、睢阳太守许远二公。安史之乱时，张巡、许远率部坚守睢阳，终因粮尽援绝而殉国。传说二公殉难的日子是正月初九，故岩镇一带举办"上九"庙会来祀之。"三摩圣地古岩寺"，指唐朝名僧山蕴禅师始创三摩圣地。"四贤集燕娑罗园"，指暹罗国（今泰国）王子曾慕名出访徽州岩镇，并下榻在娑罗园，亲自种了一棵娑罗树。"六逸娘娘小西天"，指小西天坐落在古岩寺（小岩村）附近，是通往古岩寺的必经之路，此处原有"孝思庵"，供奉慈航大士塑象，倾圮重修，改名"小西天"。"七层宝塔保水口"，指位于水口企盼文风昌盛的文峰塔。

3. 歙县渔梁镇

渔梁镇位于歙县城南门外，练江边。练江为新安江支流，渔梁码头是歙县重要的物资集散地，十分繁华。

渔梁街，俗称梁下。街道沿练江，长约1000米，沿街店面基本保持了晚清风格（图2-2-5）。古建筑有白云禅院、忠护庙、狮子桥、巴慰祖故居、龙船埠、望仙桥等。

渔梁坝是练江中的滚水石坝，始建于唐，宋嘉定辛巳年至绍定己丑年（1221~1229年）重筑。元末明初，坝崩坍，明弘治辛酉年（1501年）重修，此后历代均作维修。坝长138米、宽27米，用条石垒砌而成（图2-2-6）。它的砌筑法很巧妙：上下层之间用竖石墩插钉，每层条石间用石锁连锁。中南段开三道泄水门，北段无水漫泻时可供游人徜徉。

4. 休宁县万安镇

万安镇是徽州休宁县的古镇，以镇东的万安山而得名。镇位于县城以东3公里。六朝时，万安曾为休宁县县治，隋大业十二年，歙人汪华起兵，辖歙、宣、杭、睦、婺、饶六州，称"吴王"，驻万安山，万安作为治所。

明清时期，随着徽商的崛起，万安作为水运码头而繁盛（图2-2-7）。其时，万安有长达2.5公里的商业街（图2-2-8），列为休宁九大街市之首。万安手工业也有一定的规模，以罗盘和"松萝茶"制作而名。手工制作罗盘的技艺传承至今。昔时万

图2-2-3 岩镇文峰塔与凤山台

图2-2-4 《古歙山川图》中的岩镇

图2-2-5 渔梁街

图2-2-6 渔梁坝

图2-2-7 明清时期，万安作为水运码头而繁盛

图2-2-8 万安古街

安镇规模超出了县治。有"小小休宁城，大大万安街"之说。现存古街建筑多为清末民国的遗筑，古街、古桥、古民居保留了明清徽州古商业街的风貌。

第三节 村落

一、安徽古村落类型与特征

中国古村落的形态，很大程度取决于其自然地理环境。安徽淮北地处平原，地形平坦规整，多采用四合院式民居结村。皖南、皖西为山区，依山就势的山地建筑为大宗。以徽州村落采用天井式民居，依山傍水结村为代表。江淮之间的丘陵地带，为两类的混合。

安徽古村落的特征：

第一，聚族而居，体现一种宗法秩序。明清古村落的精神向度是儒家伦理道德秩序，是君、臣、父、子的封建关系。安徽很多望族的谱牒中，都有类似这样一种记叙：

家乡故旧，自唐宋来数百年世系比比皆是。重宗义，讲世好，上下六亲之施，无不秩然有序。

所在村落，家构祠宇，岁时俎豆。其间小民，亦安土怀生。即贫者不至卖鬻子女。婚配论门第，

治袿裳装具，量家以为厚薄。其主仆名分尤极严肃而分别之。④

康熙《徽州府志》于此条后附注："此俗至今犹然。脱有稍紊主仆之分，则一人争之，一家争之，一族争之，并通国之人争之，不直不已。"⑤显然这种"不直不已"维护的正是这种封建秩序。它被物化后凝固于古村落的建筑，如祠社沿袭庙制、宅第"前堂后室"等。其主要表现形式可概括为：

1. 森严的宗祠、支祠、家祠系统（图1-7-5）。

2. 在祠社、宅第的厅堂中强化中轴线和前后、上下、左右既定的位置，如"前堂后室"，"左昭右穆"等。

3. 建筑等级化。

4. 直接由匾额、楹联表意，强调伦理秩序。歙县呈坎村罗东舒祠的匾额"彝伦攸叙"、黟县南屏叶氏宗祠的"叙秩堂"，都具强烈的震撼力。棠樾鲍集成宅的"五世同堂"匾为清仁宗赐，这种"纶音"更显出其份量。

5. 立牌坊表征封建伦理秩序。

第二，在以农为本的同时，尊儒重教。以业商者为巨的徽州为例，务农仍视为第一等生业，同时重视科举教育，展现一种"耕读文化"。徽商有"先贾后儒"、"左儒右贾"的传统，有了资本积累之后，就投入文会、书院（图2-3-1）、精舍等家乡公益性文教建筑，如文风昌盛的文昌阁、魁星楼、文昌阁、风水塔。徽商还与文人结盟，这反映到宅第装饰陈设，有很浓书卷气（图2-3-2）。

第三，自然地理环境与风水格局。将淮北与皖南村落比较，明显地存在差异：淮北自然生态环境恶劣。这里很难找到理想风水格局的村址。故多以"镇煞"等补风水措施。宅第以建筑本身造型为表现手段，很少依赖山水环境。用地较皖南宽裕，以院落而不用天井。北方气候寒冷，建筑墙体较厚，显得敦厚拘谨，少有皖南建筑的山水灵气。皖南建筑，离不开山水。清人赵吉士说："江南之奇，信在黄山；黄山之奇，信在诸峰；诸峰之奇，信在松石；松石之奇，信在拙古。"⑥如果接着说，徽州建筑，信在拙古，也是基本不错的。可见，徽州建筑与皖南山水，有很高的相关系数。得天独厚的自然景观，既为村落园林化铺垫了基础，也是吸纳士族迁徙的重要原因。皖南徽州，素以奇峰、怪石、清溪、流泉、飞瀑古树、云雾称绝。自然环境决定了徽州建筑基本属"山地建筑"，更慷慨赐予徽州以他地难以企及的景观。中国风水术中的理想村落环境模式，所谓"风水宝地"，是不易求得的，徽州却比比皆是。"山水奇秀，称于天下"⑦（图2-3-3）。一方面，为徽州村落园林化铺设了基础。徽州很多村落，只是在自然景观基础上稍事修整，便达到"全村同在画中居"。

二、古村落案例分析

1. 西递村

西递村位于黟县东隅东源乡，该村建于北宋皇祐年间（1049～1053年），鼎盛于清中叶。因村中溪水向西流，原名西溪、西川，后村中设驿站"递铺"，易名西递。

村中尚存追慕堂、迪吉堂、辉公祠等古祠，明

图2-3-1 徽州黟县宏村南湖书院

图2-3-2 徽商汪廷讷的坐隐园

图2-3-3 徽州黟县山水之间的木村

图2-3-4 西递村水口处胡文光刺史坊

代宅第1座，清代宅第100余座，以及胡文光刺史坊。村落整体以"龙船"形态布局。胡文光刺史坊（图2-3-4），是位于村落水口处原13座石坊唯一"幸存者"，建于明万历六年（1578年），三间四柱五楼仿木结构，通体用质地坚腻的石料"黟县青"，雕饰采用高浮雕配以漏窗，层次丰富。居村首的"走马楼"隐喻龙船的"眺台"，实为用于登临观景的阁道式楼阁（图2-3-5）。它是清道光年间（1821~1850年）为武英殿大学士、太子太傅曹振镛到西递会亲而赶建的。民居均为砖木结构楼房。马头墙、小青瓦，门楼多雕有八仙、寿星、财神、松鹤、花卉一类砖雕，具有浓郁的乡土气息。屋前或屋后多有小庭院，鹅卵石铺地，筑以假山、鱼池和花台。形态各异的漏窗丰富了景观。其中，大夫第，建于清康熙三十年（1691年），正厅为合院二楼结构，厅左利用空隙地建有临街彩楼，飞檐翘角，窗扇栏杆玲珑剔透（图2-3-6）。履福堂，建于清康熙年间（1662~1722年），宅第陈设典雅，四壁楹联、画轴，透出浓浓的书卷气。桃李园，建于清咸丰年间（1851~1861年），为秀才胡允明教书授业的私塾，三间二进二楼。敬爱堂，是保存完整的古祠堂，始建于明万历年间（1573~1619年），清代重建。西园（图2-3-7），知府胡文照的宅第，精巧幽深，为徽派园林经典。

西递村从多角度展示了徽商鼎盛的康雍乾嘉时期，徽州村落的特征和风貌，有"清代中叶民居博物馆"之誉。

2. 宏村

宏村位于黟县城北的际联乡，南宋绍熙年间（1190~1194年）建村，鼎盛于明清。

宏村称绝之处，首推其牛形村落的规划。过去这一规划附会于风水术，今天又有人热衷于"仿生学"的包装，究竟其中有多少科学道理，还有待于探讨。但它完善的人工水系却是不争的事实。全村以正街为中心，北围名"月沼"的半圆形堰月塘，南附南湖（图2-3-8）。一条近一米宽的清澈水渠流经各户，使得"浣汲未妨溪路边，家家门前有清

图2-3-5 西递村走马楼

图2-3-6 大夫第临街彩楼

图2-3-7 西园

图2-3-8 宏村月沼

泉"。水系为生活用水提供了方便，调节了气温，也极大地美化了环境。从作为景观要素的月沼、南湖，到村民家中鱼池、庭院，都得益于这一水系，它使宏村变得灵秀。

村中尚存明代建筑1幢，清代建筑132幢。其中，承志堂（图2-3-9），建于清咸丰年间（1851~1861年），是清末盐商汪定贵的府第，它围绕9个天井，布置了厅堂、书房、厢房、回廊等，建筑面积达3000平方米。承志堂的木雕，代表作有"宴官图"（图2-3-10）、"渔樵耕读"、"百子闹元宵"、"三国演义"，生活气息浓郁，是以龙凤为主题的宫廷雕刻所缺少的。它雕工细腻流畅，显示了清代木雕工艺精湛。此外，南湖书院（图2-3-11）、桃源居景观楼、树人堂、德义堂、碧园等建筑，也各具特色。

3. 呈坎村

呈坎村位于歙县北部。据该村《罗氏族谱》记载，罗氏始祖避唐末之乱，自江西迁此。据此可知已有千年以上的历史。

呈坎是徽州典型的文化村落。南宋时，因出罗汝楫、罗愿父子，被宋代理学家朱熹赞为"呈坎双贤里，江南第一村"。呈坎村选址布局时，糅合了《易经》中阴（坎）阳（呈）二气统一，天人合一的思想。依山傍水，形成二圳五街。村口水口处老树苍郁，桥亭翼然（图2-3-12）。村中长街短巷，纵横交错。高墙低檐，穿插揖让。自然亲切，古韵依然。

图2-3-9 承志堂

图2-3-10 承志堂的木雕"宴官图"

图2-3-11 南湖书院

图2-3-12 呈坎村口

图2-3-13 呈坎长春社

目前，村中仍保留明代建筑20余座，清代建筑100多座。其中"宝纶阁"（见第三章第四节）是用以珍藏皇帝赐罗氏家族的诰命诏书等恩旨纶音。罗来龙宅，建于明嘉靖年间（1522~1566年），结构具有明中叶民居的许多特点。长春社（图2-3-13），为祭祀土地的社屋，始建于元代，明清虽屡经修葺，仍保留了若干宋元做法：梭柱、月梁用料硕大，雕饰古朴。罗光荣宅，为明代宅第，它的雕花替木、芦苇墙、云头霸王拳等细部处理很有特色。

4．南屏村

南屏村，位于黟县西武乡，始建于宋，鼎盛于清中叶。曾名叶村，后因村背倚南屏山易名"南屏"至今。

南屏村现存古祠堂、宅第300余幢，大多建于清代。叶奎光堂，为叶氏支祠（图2-3-14），始建于明弘治年间（1488~1505年），清雍正十年（1732年）改建门楼。叙秩堂、叶氏宗祠，始建于明成化年间（1465~1487年），清嘉庆三年（1798年）重修。两祠宏阔，结构相近，有多种装饰性栱。慎思堂，清代府第，木雕精美，室内陈设雅

图2-3-14 南屏村叶氏支祠

图2-3-15 南屏村孝思楼

图2-3-16 德公堂及门坊

图2-3-17 奇节性成坊（局部）

致。孝思楼（图2-3-15），清末宅第，吸收西方文艺复兴府邸的建筑语言，立面构图由一系列小拱窗和窗楣山花控制，是清末西方建筑东渐的实例。

5. 查济村

查济村坐落于皖南泾县西部。南连黄山市，北邻九华山，属古徽州文化圈外围。隋大业三年（公元607年）由山东济阳县迁居此。村名中"查"字，取自查姓，"济"字，取自查氏宋族原聚居地山东济阳。

查济古建筑群上下绵延2公里，基本保持了明清村落的风貌。现存明代建筑20余处，清代建筑100多处。主要建筑有：德公堂及门坊，现存厅堂部分面阔三间，有月梁、梭柱等宋式建筑做法，斗栱也具有宋式的外观特征。雀替雕镂，华栱作云栱状。门坊为三间四柱五楼式，砖石质，仿木结构形象，高浮雕，形态生动，有多种斗栱（图2-3-16）。残存的鱼龙浮雕和纹饰形态生动，扶脊兽呈明初特征。奇节性成坊，为节孝门坊（图2-3-17），两柱单间三楼式，清末民国建。除上述两门坊外，有8座石坊毁于"文革"。今瑞凝午道上，尚存基座。溜公祠，建于明代，月梁、驼峰、斗栱等有宋代建筑做法（图2-3-18），重点部位雕刻，质朴洗练。宝公祠，建于清代，三进，后进为两层（图2-3-19）。内设石池，跨以石桥。该祠用料硕大，圆柱直径0.5米，木雕"天官赐福"、"双龙聚珠"等。洪公祠，建于清代，享堂依坡地而建。二甲祠，建于清代，五凤楼式门厅。诵清堂，为明代监生查玉衡的府第，斗栱为宋式，昂形耍头。爱日堂，建于清代，前后三进，一正四厢楼阁式，为该村现存最大的宅第。进士门，宅第，建于清代，雕刻精美。

查济村的村落形态很有特点，它以群山为屏障，成一座天然城堡，仅设四门为入村关卡：钟秀门（图2-3-20）、平顶门、上荇石门、下荇石门。除四门以外，如松、苓山、巴山三塔鼎足于村周边山巅，呈等边三角形之势，原用于镇风水，丰富了村落景观生态。村内岑水、许溪、石河三溪于村中萦回辗转，然后汇聚穿村而过。祠堂、宅第、店铺、作坊，鳞次栉比。桥多是查济村又一特色。现存明清古桥30余座，密集处，间隔仅20余米。有平式、拱式两类。沿河上下，平行桥、石拱桥、凉亭，错落有致。于古道，河边曾建有很多亭和凉棚，用于郡里间交流、赶路人歇脚，如沙埂亭、沙洲亭、济阳亭、倚松亭、荥阳亭。

注释

① 据清嘉庆《合肥县志》："今南半城，名'金斗城'……盖汉城既坏，改筑土城于今所。至唐代宗时，庐州刺史路应（有称路应求）始加甓。"，"甓"即砖。
② 刘昫纂《旧唐书》："县南有歙浦，因为名。"（卷44《地理志》）乐史纂《太平寰宇记》："有水口名曰歙浦，或云歙者翕也，谓山水翕聚也"。罗愿纂《新安志·方舆纪要》："歙南有歙浦，因以得名。"
③ 时称歙州，六县为歙县、绩溪、黟县、休宁、祁门、婺源。婺源县今属江西。
④《徽州府志》风俗。转引自《明清徽商资料选编》第29页，黄山书社。
⑤ 同④
⑥ 赵吉士.寄园寄所寄.康熙刊本.
⑦（弘治）徽州府志.卷十一.

图2-3-18 溜公祠梁架

图2-3-19 宝公祠

图2-3-20 钟秀门

安徽古建筑

第三章 儒学与礼教建筑

安徽儒学与礼教建筑分布图

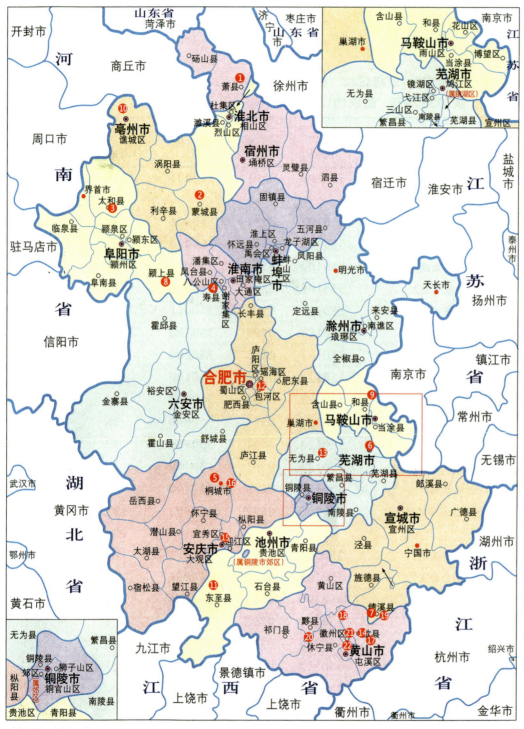

(地图引自：中华人民共和国民政部编. 中华人民共和国行政区划简册2014. 北京：中国地图出版社，2014.)

- ❶ 萧县文庙
- ❷ 蒙城文庙
- ❸ 太和文庙
- ❹ 寿州孔庙、学宫
- ❺ 桐城文庙
- ❻ 芜湖文庙
- ❼ 绩溪文庙、明伦堂考棚
- ❽ 管鲍祠
- ❾ 霸王祠
- ❿ 华祖庵
- ⓫ 陶公祠
- ⓬ 包公祠
- ⓭ 米公祠
- ⓮ 紫阳书院、许国石坊
- ⓯ 敬敷书院
- ⓰ 桐乡书院
- ⓱ 竹山书院
- ⓲ 罗东舒先生祠（宝纶阁）
- ⓳ 绩溪龙川胡氏宗祠、奕世尚书坊
- ⓴ 南屏祠堂群
- ㉑ 棠樾石牌坊群、清懿堂
- ㉒ 忠烈祠坊、贞白里坊

中国古代是一个崇儒重道的国度。自汉代起约两千的封建社会中，儒学被尊为"先王之教"。儒学以孔子为先师，以祀孔子、圣贤、祖先的仪式，通过"有教无类"的教育，倡导王道德治和规范封建伦理秩序，特别是在宋元及之后，随着儒学中程朱理学进行全民教化，形成品类完整的儒学与礼教建筑。

本章讨论儒学与礼教建筑，它主要包括五类：祭祀孔子的孔庙，祭祀乡贤的乡贤祠，以祭祖先为主的祠堂，兴教育的学宫、书院，宣明政教的构筑物牌坊，其中作为礼教建筑的孔庙多与地方官学结合，形成所谓"庙学制"的县学、府学，因此一并分析。

第一节　孔庙、学宫

一、孔庙

孔庙，亦称文庙、至圣庙等，是祭祀儒学先师孔子的庙宇。由于汉代以后封建王朝奉行"以儒治世"政策，对孔子尊崇备至，从而把修庙祀孔作为经国大业。明、清时期，安徽府、州、县治所在地，都有孔庙。今尚有遗存的如寿州孔庙（图3-1-1）、桐城文庙、绩溪文庙、旌德文庙、芜湖文庙（图3-1-2）、霍山文庙、太和文庙、阜阳文庙、蒙城文庙（图3-1-3）、泗县文庙、肖县文庙（图3-1-4）等。

从安徽孔庙资料，可见如下特点：

第一，州县孔庙的规模和殿堂制式、体量，均超过州县衙署。如芜湖县学文庙大殿、桐城文庙大成殿，均为面阔五间，重檐歇山顶，这是县邑中建筑所能达到的最高等级。第二，形成固定的格局和形制：沿南北中轴线布置着万仞宫墙、棂星门、泮宫、大成门、大成殿等（图3-1-1~图3-1-4），连称谓也是固定的。其中："万仞宫墙"，以围墙高万仞，用以称颂孔子学识渊博高深；棂星即天田星，西汉时祭祀天田星以祭天。宋代起儒家把孔子与天

图3-1-1　寿州孔庙泮宫

图3-1-2 芜湖文庙大成殿

图3-1-3 蒙城文庙大成殿

图3-1-4 肖县文庙大成殿

相配，把祭祀孔子当作祭天，得名"棂星门"（图3-1-5）。"泮宫"，亦称"泮池"，是位于大成门正前方的半月形水池（图3-1-5），古代"诸侯不得观四方，故缺东以南，半天子之学，故曰泮宫"（《五经通义》）。主殿均称"大成殿"。"大成"二字出自《孟子》："孔子之谓集大成"，孔子又被奉为"大成至圣先师"。第三，中国地方建文庙，有强烈企盼当地文风昌盛的愿望和目的，文庙是被认为与当地的文运相联的，常在孔庙旁建"文昌阁"、"魁星楼"一类建筑（图3-1-6）。第四，因为儒教之"教"，不是宗教，而是教化。这使得孔庙不同于一般宗教或民间信仰建筑，没有宗教建筑那种神秘、压抑之感，有的是森严的秩序。第五，朱熹祖籍为徽州府婺源县（今属江西省），徽州孔庙常于大成殿之东路设朱子祠，附祭这位同乡大儒（图3-1-7）。第六，中国封建社会崇儒重道的传统，对其物化象征的孔庙备受尊重。文武官员至孔庙前，必须下马下轿。即便遇灾害兵燹中损毁，也能及时得到修缮，如桐城文庙明清两代曾经19次修葺，均基本按照原样修复。

图3-1-5 蒙城文庙"棂星门"和"泮池"

图3-1-6 寿州孔庙文昌阁

二、学宫

学宫是以科举为主要目的官办地方学校。依其隶属关系，有府学、州学、县学。

学宫常伴随孔庙组群，形成所谓"庙学"。学宫与孔庙的位置关系，以左设孔庙、右设学宫的"左庙右学"最常见。其源于周礼中尚左之制，这是明清地方庙学定型以后的正规布局。如徽州府学，左为孔庙、右为学宫（图3-1-7）。此外，亦有"前庙后学"、"左学右庙"和"中庙旁学"，如合肥县学宫，即采用前庙后学的布局方式（图3-1-8）。

学宫的布局：以正殿明伦堂居中，前部左右设东厢和西厢房。周围布置的辅助建筑还有尊经阁、敬一亭、教谕廨、儒学署、教授厅、斋舍、儒学门等。"明伦堂"的"明伦"二字，出自《孟子·滕文公上》中的"明人伦"，用于讲学、弘道、读书、研究的场所，是学宫的主体建筑。"尊经阁"用以贮藏儒家经籍著述的藏书楼。"敬一亭"的名称"敬一"，出自《敬一箴》，为明代世宗朱厚为教化

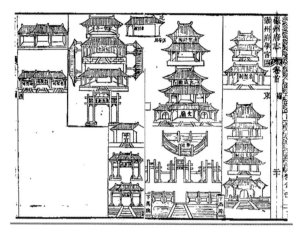

图3-1-7 徽州府学（左为孔庙右为学宫，并在大成殿之东路设朱子祠，附祭这位同乡大儒）

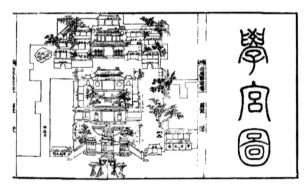

图3-1-8 合肥县学宫，采用前庙后学的布局方式

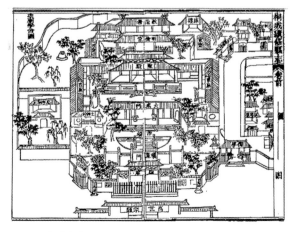

图3-1-9 桐城文庙

天下，宣扬儒学而作。《敬一箴》作为道统的象征颁行各地，并于学宫立敬一亭。"教谕廨"和"儒学署"均为学宫的官署。"教谕"本义为教导训诫，明清两代于府学和县学设教谕一人，主管祭祀和教化生员，并设训导数人作辅助教谕的助手。

三、孔庙、学宫案例分析

1. 桐城文庙

桐城文庙，坐落于桐城县（今桐城市）城中心，始建于元延祐初年（约1314年），元末毁于兵燹。明洪武初年，易今址重建。现存为清同治三年至五年（1864～1866年）整修。原为庙学合一，前庙后学制式（图3-1-9），但学宫部分今俱毁。

文庙坐北朝南，沿中轴线前为文庙门楼，中为大成门，后为大成殿。以大成门为界，前后两进院落。

前院为引导部分，依次建有门楼、棂星门、泮池和泮桥。文庙门楼，为三开间楼阁式建筑（图3-1-10），砖木构架。过门楼即棂星门和泮池（图3-1-11），坊门为汉白玉砌筑，三间四柱三楼。半月形泮池上有砖石拱桥，池桥皆以汉白玉石雕栏杆护配。明清两代近千的硕儒名臣，成名前从桥上步入大成殿祭孔，如左光斗、张英、张廷玉、戴名世、方苞、刘大櫆、姚鼐，石拱桥因此得名"状元桥"。

后院为文庙主体。有大成门、大成殿，分建于东西两侧的崇圣祠、土神祠和檐廊围绕的长庑，且四周筑有"万仞宫墙"。大成门，面阔三间，硬山顶。中门立一对石狮，两边侧门石鼓相依。主体建筑大成殿（图3-1-12），立于环以汉白玉雕花栏杆的月台上。殿面阔五间，进深三间，重檐歇山顶，为抬梁式大木构架。檐下斗栱有辽金遗风，明间二朵，次间、梢间一朵。单挑华栱象鼻形，双挑华栱呈蝙蝠状，直接承托挑檐檩。柱头铺作五铺作，偷心，补间铺作五铺作，仅有45度斜栱，无华栱（图3-1-13）。

桐城文庙体量宏阔，雕饰精美，其墀头饰以砖雕，斜撑、额枋、梁枋有木雕彩绘，其内容有儒教题材，如"入平仲学"、"侍席鲁君"、"可坛礼乐"、"周敦颐爱莲"、"文王访贤"等，亦有民间广泛流

图3-1-10 桐城文庙门楼

图3-1-11 桐城文庙棂星门和泮池

图3-1-12 桐城文庙大成殿

传的祈福题材，如"渔樵耕读"、"天宫赐福"、"魁星点斗"之类。但桐城文庙最值得称道的，是其"桐城派"背景。中国建地方文庙，有强烈的企盼当地文风昌盛的愿望和目的，文庙是被认为与当地文运相联的。在桐城文庙建成后，清代文坛出现了影响深广的"桐城派"古文，雄踞清代文坛执牛耳200余年，被今天的研究者称为"桐城文化"现象，而桐城文化本质上又属于正统的儒家文化。这些，使桐城文庙增加了一层特殊意义。现存府县文庙固然很多，但一个地方的文庙能牵系到中国文坛，却是罕见的。

2. 寿州学宫

寿州学宫，位于城内西大街。唐代始建时，位于城东南隅，元代移建于此。自元泰定元年（1324年）至清光绪六年（1880年），先后维修和扩建42次。

学宫坐北向南，前庙后学（图3-1-14）。原引导部分依次为照壁（名"万仞宫墙"）、文明坊、文笔亭，今悉毁。沿轴线自南向北有四进院落，第一进主要建筑为："泮宫"、"快睹"、"仰高"三坊、棂星门、泮池；第二进为主体，有戟门、大成殿、名宦祠、乡贤祠、东西庑；第三进起为学宫，有敷教坊；第四进有明伦堂。另西面院落，有晚晴楼、耆英楼。东面有奎光阁。

今存主要建筑有："泮宫"、"快睹"、"仰高"坊（图3-1-15），三坊实为门楼，均为三间四柱三楼式，砖木结构。斗栱为六铺作计心造，并带有斜栱。门楼一字形排开，之间由带漏窗的砖墙连接，气宇轩昂。泮池为清代遗筑。大成殿（图3-1-16）是孔庙的主体建筑，明天启七年（1627年）重修，清乾隆二年（1737年）毁圮，现存大成殿为嘉庆十七年（1812年）重建。立于月台上，殿面阔五间，进深三间，单檐歇山顶。檐下斗栱均为六铺作计心，三下昂均为假昂（图3-1-17）。殿内为抬梁式大木结构（图3-1-18）。奎光阁，又名魁星楼、奎光楼，位于棂星门东侧，其址为清康熙间教谕丁济美所建之"奎神阁"。乾隆丁酉年（1777年），知州张佩芳在祠基上建楼三层，匾曰"奎光"。

寿州学宫为安徽保留较为完整的学宫，有较高的建筑史学价值。

3. 绩溪文庙与明伦堂考棚

绩溪文庙坐落在绩溪县城内北大街西侧，始建于北宋庆历四年（1044年），现存文庙格局约形成于明代正德年间（1506年~1521年），现存建筑泮池、泮桥、大成殿、东西两庑等为乾隆年间遗筑。

图3-1-13 桐城文庙挑檐铺作

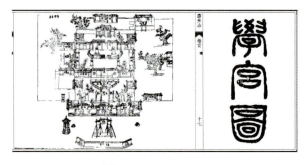

图3-1-14 《寿州志》中的学宫图

图3-1-15 "泮宫"、"快睹"、"仰高"三坊

图3-1-16 大成殿

图3-1-17 大成殿檐下的斗栱

图3-1-18 大成殿梁架

文庙坐北面南，沿南北中轴线对称布局。依次是庙门（图3-1-19）、棂星门、泮宫坊、泮池与泮桥、大成门、东西两庑、大成殿。大成殿面阔三间，重檐歇山顶，正脊为三路花砖砌筑，两端饰以鳌鱼吻兽，脊中置宝顶。抬梁结构，斗栱挑檐，高悬"万世师表"巨匾（图3-1-20），天花藻井遍饰彩绘。东西两庑为单坡式屋顶。

明伦堂考棚约建于清初。明伦堂多为学宫的正

图3-1-19 绩溪文庙庙门

图3-1-20 绩溪文庙大成殿

殿，用于是弘道、讲学、读书。考棚为学宫一部分，原有头厅、候考厅、东西考棚、明伦堂、魁星阁、藏经楼，今仅存头厅、候考厅。头厅面阔五间，进深一间（图3-1-21）。候考厅面阔五间，进深二间，有三山屏风式封火山墙（图3-1-22）。

4. 太和文庙

太和文庙位于太和县城关镇黉学街，始建于元大德年间年（1297~1307年），明洪武五年（1372年）重建，后多次整修。最后一次较大整修于清宣统三年（1911年）。

太和文庙循庙学合一的形制，由万仞宫墙、棂星门、泮池（图3-1-23）、泮桥、大成殿、明伦堂、尊经阁等组成。今仅存主体建筑大成殿。大成殿立于方形台基上，殿前有月台（图3-1-24）。大殿通面阔五间，通进深三间，单檐歇山顶，略有收山，覆以黄色琉璃瓦，翼角平缓。斗栱为单翘重昂七踩式。昂嘴雕以菊花状，耍头也雕以异形纹。内部为彻上明造，坐斗、驼峰、丁头栱等有纹饰，但梁身未作雕饰，仅端部雕以三福云。

安徽省地处中国南北两种建筑风格的交汇地区，这使得太和文庙大成殿既有北方建筑的敦厚、沉稳和凝重，细部装饰又不失南方建筑的精丽。

图3-1-21 绩溪明伦堂考棚头厅

图3-1-22 绩溪明伦堂候考厅

图3-1-23 太和文庙泮池

图3-1-24（a） 太和文庙大成殿

图3-1-24（b） 太和文庙大成殿斗栱

第二节 先贤祠、乡贤祠

先贤祠和乡贤祠，都是祭祀先贤的场所。"先贤"之"先"，指已故。"贤"则指学识或品行受人尊敬的人。乡贤即出生在当地的先贤。

在周朝时，已经有在学校中祭祀先贤的行为。《周官·春伯》："有道有德者使教焉，死则以为乐祖，祭于瞽宗。"瞽宗是以乐教为主的大学。通过祭祀前代先哲，弘扬先贤事迹。宋代之后，先贤祠渐渐与孔庙官学结合，成为庙学建筑群的一部分。宋代地方先贤祠祭祀对象，并不一定为本籍。明清两代，随着儒学在社会基层的渗透，先贤祠、乡贤祠也遍布乡里。明洪武年间（1368～1399年），朝廷诏令各级学校设祭祀场所，正殿祭孔子，正殿两侧分设乡贤祠和名宦祠（图3-1-14）。此后，祭祀乡贤的制度得到进一步的完善，出现祭祀先贤、乡贤的独立祠庙。先贤被神话后，演变成神灵，先贤祠又可转变成先贤庙，使其成为民间信仰建筑。（参见第五章）

一、先贤祠和乡贤祠的特征

先贤祠，是中国祭祀建筑的一种类型。典型的先贤祠，一般采用三进，实际上是延续了祠堂的型制。我们知道，中国的宗祠制式，可以上溯到周原的岐山凤雏村宗庙遗址，它的制式是三进合院式：第一进为仪门；第二进为享堂，是祭祀的主殿；第三进为后寝（后室）。其中，享堂最为宏阔，而后室供奉神主，光线幽暗。这种所谓前堂后室的制式，从西周的宗庙延续到明清祠堂。先贤祠承袭了祠堂的型制，其空间性态有如下特点：

1. 由矩形的静态空间组合；
2. 对外封闭，而内部空间中前后堂都是敞开的，由天井或庭院调节光影；
3. 先贤祠目的是追思先贤，弘扬正气，所以建筑宏阔，天井较大，少有神秘气氛；
4. 后室作用被弱化，不同于一般的祠堂，一般不设神主牌位，少有那种昏暗的空间，尺度和天井比一般的祠堂高大；
5. 具有儒家礼仪空间对称、左昭右穆等秩序。

先贤的不同性格、品行、情操，也会影响到先贤祠的布局、形象、空间组织。这在以下的霸王祠、华祖庵、陶公祠、米公祠中，可见一斑。

二、先贤祠、乡贤祠案例分析

1. 管鲍祠

管鲍祠位于颍上县城北，是纪念春秋时齐国政治家管仲和鲍叔牙的合祠。初名管子祠，始建年代不详。明万历六年（1578年）重建时，增祀鲍叔牙，易今名。明清两代曾多次修葺。

管仲、鲍叔牙均为颍上县人。鲍先仕于齐。齐桓公即位时，鲍辞相位，主动让贤。力荐管仲任相。管仲任相后施政有方，齐国日益昌盛。管仲曰："生我者父母，知我者鲍子。"于是有"管鲍之交"、"鲍子知我"的典故。

管鲍祠现占地面积2600平方米，建筑面积1200平方米（图3-2-1）。山门面阔三间，硬山顶，青砖灰瓦，匾额镌刻"管鲍祠"金色大字。循石阶而上，迎面是主体建筑殿堂。它面阔三间，筒瓦覆盖，花砖作脊，两端饰以吻。殿内供管、鲍牌位。柱书"佐霸肇开新政局，分金饶见故人情"楹联，

图3-2-1（a） 管鲍祠全景

图3-2-1（b） 管鲍祠山门

图3-2-1（c） 管鲍墓

正中高悬"挚交万古"匾额（图3-2-2）。大殿配房东西通到各修园门，名"荐贤门"和"分金园"。

2. 霸王祠

霸王祠，俗称霸王庙、项羽庙，是西楚霸王项羽的灵祠，坐落于和县乌江镇凤凰山。相传西楚霸王项羽兵败后自刎于此，立祠以奉祀。祠始建年代不详，但从唐少监李阳冰题写"西楚霸王灵祠"匾额，推测至迟唐代已有此祠。唐以后多次修葺与扩建。

传霸王祠殿堂最多时达99间半。帝王可建百间，项羽虽成过霸业但未成帝业，故少半间。建筑群由一组祭祀建筑和陵墓两部分组成。前者以正殿为核心（图3-2-3），正殿前立有狮、鼎，殿内有项羽、虞姬、范增、龙且等塑像（图3-2-4）。正殿周围有水龙宫、行宫等。殿后霸王墓为衣冠冢。陵体呈椭圆形，砌以青石。墓前有明万历和州知州谭之凤题"西楚霸王之墓"碑。"文革"中，霸王祠仅存正殿三间，清碑两方。

3. 华祖庵

华祖庵坐落在亳州市永安街，为祭祀东汉杰出医学家华佗（公元？~208年）的祠庵，俗称华佗祠、华佗庵。庵后曾为华佗故居，祠始建年代不详，清康熙二年（1663年）重修，乾隆、嘉庆、同治年间均有修整。

华祖庵由祠、故居、古药园三个院落组成（图3-2-5），祠庙大殿系纪念华佗的主体建筑，立于台阶上，面阔三间，通进深二间。歇山顶，前有檐廊。殿内立华佗塑像（图3-2-6），穿过祠堂，为华佗故居遗址。今有元化草堂（图3-2-7），东厢名"益寿轩"，西厢名"存珍斋"。院落环回廊，古药园内洗芝池传为华佗淘洗药物之地。今"至善水榭"和曲桥玉立其间。一片竹篱柴扉间，满植芍药、牡丹、白菊、曼陀罗等中药草及花卉。

华祖庵立意上准确地把握了华佗一生不慕仕途、刻苦精研岐黄的品格。一式平房，青砖小瓦，极少装饰，朴实无华。

4. 陶公祠

陶公祠，也称"陶靖节祠"，为祭祀晋代诗人陶渊明而建，故名。祠位于东至县东流镇南牛头山。晋时，东流镇为彭泽属地。陶渊明任彭泽令时曾种菊于此。祠始建年代无考，明弘治三年（1490年）重建，万历元年（1573年）复建，清顺治二年（1646年）移至今址。

陶公祠前有院落，鹅卵石道引导入院门（图3-2-8），门前植五棵柳树，因陶渊明归隐时，宅前曾植五棵柳树，称"五柳先生"。祠宇三间，中为厅堂，两侧为厢房。一式平房，青砖小瓦。大厅内立陶渊明塑像，上悬"松菊犹存"匾额。

陶公祠以准确的建筑语言，表现了诗人的人

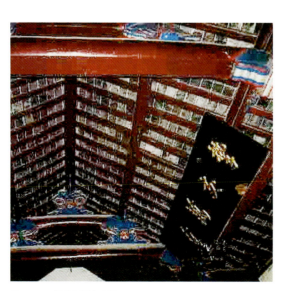

图3-2-2　管鲍祠殿堂内景

图3-2-3　霸王祠正殿

图3-2-4 霸王祠正殿内景

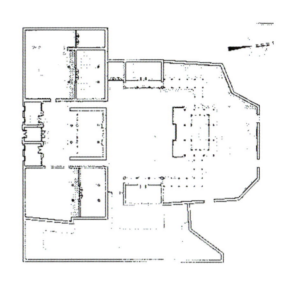

图3-2-5 华祖庵总平面

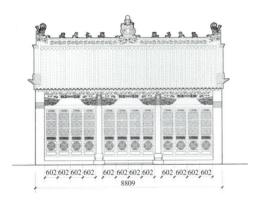

图3-2-6 华祖庵正殿

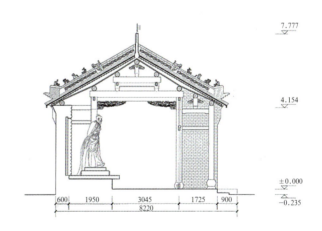

格、情操。它没有惊人的尺度，没有繁缛的雕饰。祠宇以一种近于"白描"的手法，粉墙黛瓦，在一片翠竹掩映下，显得亲切朴实。环境上，着力于清新、幽静、淡雅的氛围。在建筑性格的把握和环境设计上，都颇见功力。

5. 包公祠

包公祠，全称"包孝肃公祠"，纪念北宋合肥籍清官包拯（公元999～1062年），位于今合肥市包河公园香花墩。北宋治平三年（1066年）合肥即于城内立包公祠祭祀，以后屡毁屡建。明弘治年间（1488～1505年）于现址建包公书院，与城内包公祠并存。清初，城内祠毁，书院改为包公祠。现存包公祠为清光绪八年（1882年）重建。

包公祠设照壁、山门、祠堂。祠堂为四合院，正殿五间（图3-2-9），两厢值房各三间，屋后有回廊相连。大殿正中设包拯坐像，梁悬"节亮风清"、"色正芒寒"、"庐阳正气"匾额。右墙内壁砌有包公石像一方。1973年从包公家族墓葬出土的文物陈列祠内，另陈列有包公支谱、包公家训和墨迹。包公墓园在包公祠东侧，全称"包孝肃公墓园"。

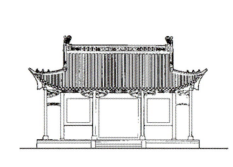

图3-2-7 元化草堂

图3-2-8 陶公祠

6. 米公祠

米公祠，位于无为县城西北隅，始建于宋崇宁三年（1104年），名宝晋斋，为北宋著名书画家米芾知无为军时，收藏晋人墨迹之所。后人为纪念米芾而易名米公祠。后历经修葺，现存建筑为清末遗构。

祠前凿有墨池，池中投砚亭，传米芾每于政暇之际挥毫于亭上（图3-2-10）。池北有拜石一尊，为石灰岩质太湖石，状貌奇特。米芾将石移至官署，每日抱笏对石揖拜，得名"拜石"。米芾嗜石，有很高的鉴赏力。他对奇石所定的"瘦、漏、皱、

图3-2-9 合肥包公祠

图3-2-10 米公祠墨池和投砚亭

透"的品评标准，为后人所沿用。祠内收藏有晋唐以来的名家碑帖刻石150方，经整理编撰，多卷的《宝晋斋碑帖选》已正式出版。

第三节 书院

书院是中国古代一种地方教育机构。用于聚徒授业、学术探究、藏书、校勘、刻书和祭典。偶有全省性的书院方具官办性质，如安庆府的培原书院，初为私学，雍正十一年（1733年）奉旨改为官办。大多书院属于私学。

书院滥觞于宋代，随理学发展而中兴。北宋景德四年（1007年），绩溪建"桂枝书院"。①皇祐元年（1049年），欧阳修知颍州，"爱西湖之胜，乃建书院于湖之南"。②桂枝书院、西湖书院，是安徽可考的最早书院。南宋，朱熹于淳熙三年（1176年）、庆元二年（1196年），两次回婺源省墓和讲学乡里之后，文人创办书院的风气盛行开来。宋代安徽有西湖、龙眠、八桂、紫阳等著名书院。明代，安徽省内新建书院数量激增，书院设置达到高潮。一时之间，出现了阳明、甘泉、程朱三足鼎立的局面。"心学"和程朱理学在安徽的门户对立，不但促进了学术文化繁荣局面的形成，同时对安徽书院的发展起了重大的推动作用。建置有时段可考的书院达115所。③清代，是书院发展的鼎盛时期，先后新建和修复前朝书院共188所。安徽全省各州县，无一不设书院。但从书院的具体分布看，各府州之间存在着明显的地域分布差异。④

一、安徽书院的类型与特征

据叶显恩对徽州书院的分析，可将其分为三类：第一类是生员和士绅际会读书之所，其中以歙县的紫阳书院最为知名。紫阳为朱熹的别号。"每年正、八、九月，衣冠毕集，自当事以暨齐民，群然听讲。"徽州六县许多士子来此学习。第二类着重选拔"乡之俊秀者"，聘请名师加以教诲。第三类书院和宗族组织密切结合，专收族中子弟。⑤也就是可以分为跨乡、乡内、宗族内三类。这一分析也基本适用全省。但从个体的书院来看，有时性质更为复杂，如婺源考川书院，建于元至大三年（1310年），是乡人为其远祖明经进士胡昌翼建，故名"明经书院"，书院有很强的祭祖和祭乡贤性质。但从其由知州来聘名师为山长，朝赐"明经"额匾，"四方学者云集"，"历十年，学者至盈千人"来看，当属第一类书院。再如婺源许村山屋书院，为南宋许月卿藏书处，虽冠以"书院"之称，主要为藏书、读书场所。从规模看，第一类较大，辐射范围可从州、府到全省。第二类和第三类都具启蒙教育性质，规模较小。

考察安徽书院，可以看出如下特征：

1. 中国古代书院是学宫的补充，与府学、县

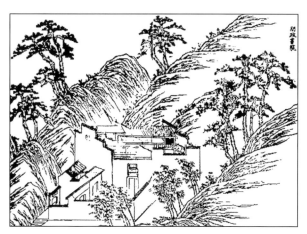

图3-3-1　歙县问政书院

图3-3-2　正德十四年别建紫阳山之紫阳书院

学宫和孔庙一起组群，以显示出在中心和正统的位置不同。书院一般处在州县边缘位置地带。

2．书院不同于学宫，不以科举为主要目的。除极少数官办性质的书院，一般没有考棚一类的建筑。

3．书院常择址山林村野（图3-3-1），所以书院的教长称"山长"。一方面是由于中国古代观念中认为这里"钟灵毓秀"；另一方面，书院为私学性质，需要自行筹款，书院多有田产，靠近于村野山林，以利置学田收租充经费。

4．书院固然也是以儒学为宗，但允许不同的学术派别自由探究。在书院中，礼仪祭祀功能弱化。书院布局较自由，不重视轴线。

5．建筑多采用当地民居形式，如歙县问政书院（图3-3-1），依山就势而建，天井、门罩、马头墙，有浓郁的徽州民居风格。

二、书院案例分析

1．紫阳书院

书院始建于南宋理宗淳祐六年（1246年），朱熹淳熙、庆元年间两次回婺源省墓和讲学之后，由理宗赐额"紫阳书院"。初建在徽州府南门外紫阳山麓，元末毁于兵燹。明洪武初，重建于歙县县学右之射圃。正德七年（1512年）郡守熊桂重修紫阳书院，并亲自主教。正德十四年郡守张芹，建书院于紫阳山中（图3-3-2）。此时，歙县有两个紫阳书院，讲学之风称盛一时。咸丰，同治年间，两书院均遭兵毁。今存遗迹的紫阳书院，为同治年间重修的古紫阳书院（图3-3-3）。书院与祭祀朱子之祠堂合为一体。现存有"古紫阳书院"坊和学舍遗存。

宋代理学家朱熹别号"紫阳先生"，常将以祭祀朱熹、宣扬朱熹理学思想为主旨的书院取名为"紫阳书院"。朱熹祖籍南宋江南东路徽州府婺源县，作为徽州首府歙县的紫阳书院，自然成为全国著名书院。这是一座特殊的书院。自宋理宗赐额后，又有康熙帝赐额"学达性天"和乾隆帝赐额"道脉薪传"。在选址上，它能位于县学之右，显示其仅次于孔庙的地位。它对称布局，采用等级化官式建筑。总之，它不同于一般的书院，具有较强的礼仪祭祀功能。

2．敬敷书院

位于安庆城内（今安庆师范学院内），清顺治

图3-3-3　同治年间重修的古紫阳书院

九年（1652年）由巡抚李日芃创建，初名"培原书院"，原址在安庆府儒学内。雍正十一年（1733年）拨款增修，乾隆初改名"敬敷书院"。"敬敷"语出《尚书·舜典》，为恭敬地布施教化之义。道光二年（1822年）巡抚陶澍曾率属捐廉，置崇文洲官产一半为书院学田，岁课银为学生膏火费，并倡捐书籍。光绪二十三年（1897年）改为"求是学堂"，后又改称安徽大学堂、安徽高等学堂。

敬敷书院尚存门坊（图3-3-4）、考棚（图3-3-5）、长廊等清代建筑遗存，考棚三进六栋，每栋考棚面阔六间，硬山顶，前后廊，抬梁式结构。青砖灰瓦、木格窗棂。小庭院内，绿树浓荫，亭、台、桥、榭，散落其间。

敬敷书院属于官办书院，其历任山长由巡抚亲自聘定，巡抚多任书院主讲，故称俗称省学。其生员有两类，一是已通过"院试"的秀才，为进取考举人而入院进修。另一类是"童试"及格者或"民间俊秀及官员子弟年十五以上已读孔孟四书者"，可见敬敷书院具有学宫的一种补充功能。另一方面，书院有学宫所没有的自由的讲学氛围。在书院两百余年的办学中，全祖望、刘大櫆、姚鼐、王宽吾、汪宗沂等诸多著名学者担任过山长或主讲。

3. 桐乡书院

桐乡书院位于桐城县治东三十里孔城镇中街，因汉属桐乡而得名。清道光二十年（1840年），由戴钧衡等人倡议筹建。咸丰三年（1853年）书院遭兵燹。同治六年（1867年）改建。桐乡书院初建时，设有朝阳楼、漱芳精舍、讲堂、内堂、后堂、课堂、仓房、账房等，辟有旷怀园，现仅存朝阳楼和桐乡书院记碑（图3-3-6）。

桐乡书院是一个很有特色的书院。戴钧衡在《桐乡书院四议》里阐述四条要略：择山长要共议产生；祀乡贤以正德教；课经学，格物穷理；藏书籍，俾单寒之士有可读之书。戴钧衡认为："训诂、章句、名物、典章者，治经之舟车也；治经而不求得圣人之心，亦何异飘摇转徙于天地哉。"这篇著名的《桐乡书院四议》，清廷曾谕令全国效法，并载入《皇朝正典类纂》。其时"府州厅县，盖莫不有书院矣。课士者，但以时文帖体诗赋，而以经史课者，百不二三见焉。课经史者，又第搜罗笺注，否藏人物，求能与诸生讲明圣贤之道，考镜治乱之本，实践返己之修，以务成明体达用之学，则千不二三见焉。"①经过近十年的经营，桐乡书院声名鹊起。

4. 竹山书院

竹山书院，坐落在歙县城南6公里的雄村，建于清乾隆二十至二十四年（1755~1759年）。书院位于雄村水口区渐江畔的桃花坝，作为"朝山"的竹山成为对景。相邻的建筑，还有社屋、武帝行宫等。书院主要由文昌阁、清旷轩、百花头上楼、北楼、牡丹圃等组成。清旷轩又称桂花厅，因轩前庭

图3-3-4 敬敷书院门坊

图3-3-5 敬敷书院考棚

门坊　　　　　　　　朝阳楼　　　　　　　　账房

图3-3-6　桐乡书院

院植20余株桂花树。文昌阁（图3-3-7），八边形平面，俗称"八角楼"。三层楼阁，砖木结构。锡制宝顶，飞檐翘角。

园林化是竹山书院最突显的艺术特征。第一，书院选址于景观优美的水口区，有了充分的借景条件。竹山书院在建造过程中，曾接受文人袁枚的建议，放低院墙，以便尽收园外之景。从现有文献看，徽州很多书院都择址于水口区，尤其是中小型书院，如休宁万安的还古书院、黟县南屏的南阳书院。这些书院多已倾圮，竹山书院则提供了难得的水口环境书院的感性资料。第二，竹山书院布局巧而得体，使得在很小的地块上，做到曲折幽深，趣味盎然。还须注意，竹山书院组群时，多取直线，却丝毫不显得僵硬呆板。这正是徽州园林得意之笔。

第四节　祠堂

一、安徽祠堂的类型与特征

祠堂是中国古村落中最具规模的建筑。在重视宗族血缘关系的社会，无不以建宗祠修宗谱为急，不惜巨资。如果说，聚族而居是宗族血缘关系的表现形式，那么，祠堂就是这种关系的物化象征了。

儒学对明清乡村社会的影响，首推规范了一套礼制系统和秩序。而这套礼制系统和秩序，又聚焦于祠堂。于是，以宗祠最为宏丽。它用材硕大，雕饰精美，常冠以民间最高等级屋顶——五凤楼式或歇山式。祠堂最为庄重森严，常常有局部的轴线，堂前有较充裕的场地。"邑俗旧重宗法，姓各有祠，支分派别，复为支祠。"（民国《歙县志》卷一·风俗）典型的宗族结构是全族设一族长，族下按血缘亲疏分为若干分房，设房长，分房领有数个至数十个家庭。而明清祠堂，几乎为家族结构的对应物。一姓设有宗祠（总祠），下设若干支祠，支祠领有家祠。家祠通常并非每个家庭独立设祠，而是在宅第前厅堂正中隔断，垂祖先容像，作为常年祭祀和

图3-3-7　竹山书院文昌阁

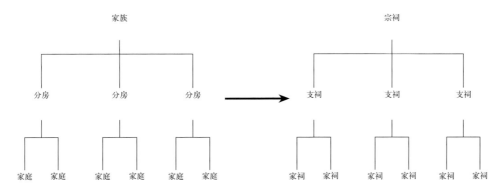

图3-4-1　宗族结构与祠堂的对应关系

礼仪场所。家祠的存在，将徽人日常行为规范以儒学的礼俗，也使宅第这类数量上占有绝对多数的建筑类型，纳入礼制系统。宗祠、支祠、家祠，内部布局恪守"长幼有序，男女有别"的礼制格局，形态尺度也有等级秩序（图3-4-1）。

安徽祠堂之冠，要算徽州。明清两代徽商崛起。首先，徽州贾以振兴宗族视为重中之重，这当然主要因受程朱理学教化，徽商以儒商为主流，"贾而好儒"。其次，这也有种族传承的因素，无论南徙的北方士族，还是土著山越，都将宗族的发展和血缘关系的巩固，视作第一等大事。此外，还有一个现实因素应当强调，徽商在激烈的商业竞争中，为战胜竞争对手常借助宗族同乡的力量结成商帮。即使在他乡的经商活动中，不仅未脱离宗族联系，甚至还有所加强了。试举两例：

> 章必泰，一名善津，字体舒，号苏桥，一号南峰。性嗜学，喜吟咏，隐于贾，往来吴越间。……尝因收族访谱，遇福建浦城宗人名汉者于吴门，道及南峰宗祐重建事，于是相与刊发知单，遍告四方诸族。⑦

> 吾汪氏支派，散衍天下，其由歙侨于扬，业鹾两淮者则尤甚焉。居扬族人，不能岁返故里，以修祀之典，于是建有公祠。凡值春露秋霜之候，令族姓陈俎豆、荐时食，而又每岁分派族人专司其事。数十年来，任务既盛，而礼文器具未尝稍弛。⑧

正是商务活动中，徽商切实感受出依托宗族血缘纽带的紧迫，省悟宗族的力量和所带来的实际利益。徽商资金投入祠堂，是以振兴家族为主要目的。

二、祠堂案例分析

1. 罗东舒先生祠（宝纶阁）

罗东舒先生祠位于歙县呈坎村，始建于明嘉靖年间（约1542年），全称"贞静罗东舒先生祠"。后堂扩建于明万历三十九至四十五年（1611~1617年）。主持续建的罗应鹤，曾任监察御史和大理寺丞等职，深得明神宗宠信。"盖之以阁用藏历代恩纶"，即是说盖楼阁珍藏历代皇帝赐罗氏家族的诰命、诏书等恩旨纶音，故名"宝纶阁"。后约定俗成，用以称整座祠堂。

古祠占地3300平方米。前后三进，层层升高。气势宏阔，超出民间祠宇的规格。它由照壁、棂星门、左右碑亭、正门、两庑、露台、享堂、寝殿组群、附女祠等组成。寝殿"宝纶阁"是该祠的精华，它立于1.3米高的台基上，歇山顶，面阔九楹，外加楼梯间二楹，计十一楹（图3-4-2）。台阶、勾栏的望柱的头上均雕以石狮，台阶上10根微微向内凹的石柱立于前沿，72根梭柱架起纵横交错的月梁、阑额（图3-4-3）。阁前高悬明代孝子吴士鸿手书的"宝纶阁"巨幅匾额。

这是一座极不寻常的祠堂。本来祠堂作为封建宗法制度下同族人祭祀祖先的场所，适应一定的祭祀仪式，显示宗法的森严，是首先要考虑的。但这在宝纶阁中却退居第二位。罗氏家族有过显赫的地位，深得皇帝的宠信，得到过御赐朱批玉札褒奖。建楼阁收藏

图3-4-2 宝纶阁

图3-4-3 宝纶阁纵横交错的月梁、阑额

这些"宝纶"的用心,是借建筑这种无声的语言表达显贵,使之流芳百世。宝纶阁给人的第一印象是宏阔壮观。其面阔九开间,虽然为避免超禁限,开间被分成三组,比太和殿的十一开间仅少两开间,也是一般祠堂不敢逾越的。其高台基、三道饰以浮雕的台阶勾栏,错综复杂的木构,在祠堂中实属罕见。

2. 绩溪龙川胡氏宗祠

龙川胡氏宗祠坐落于绩溪县瀛洲乡大坑口村。该村古称龙川,故名。宗祠始建于宋,明嘉靖年间(1522～1566年)由兵部尚书胡宗宪主持大修,清光绪二十四年(1898年)再度修葺。建筑型制与雕饰,仍保留了明代徽派建筑艺术风格。

宗祠坐北面南,前后三进,建筑面积为1146平方米。祠前有较宽阔的场地。前进是座22米宽的高大门楼(图3-4-4)。门楼前后两向各有6根石柱,5根月梁和4根方梁,结构严谨,布局匀称。

在世界建筑艺术之林,有一类建筑,它们既缺乏丰富的空间层次,也没有惊人的体量或富有特色的造型,甚至恪守着传统的形制,却能将雕饰的完美大放异彩。如果说,古希腊帕提农神庙山花上的残片"命运三女神"雕刻,使我们有机会领略到希腊古典期不可企及的雕刻艺术,那么,胡氏宗祠巡礼,其徽雕则让我们感受到东方艺术的魔力。宗祠集徽派木、砖、石、竹"四雕"及彩绘之大成,然而以木雕最为精湛,有"木雕博物馆"之誉。柱础、梁枋、斗栱、雀替、博风、隔扇,皆行精美雕刻。表现方法上或简练粗放、浑厚拙朴,或精湛细腻、玲珑剔透,一些作品超越了普通匠人的审美视野,很有大家气度。如额枋上雕饰的战争画卷,着力于万马驰骋、吞云吐雾之势的表现;隔扇上的"荷花图"展现出的以枯衬荣的立意(图3-4-5);《百鹿图》体现对情趣的把握。

3. 南屏祠堂群

南屏村位于黟县城西南,为多姓聚居的村落,主要有叶、程、李三大姓。至今仍较好地保存着8幢代表着宗族势力的古祠堂,组成祠堂群。

祠堂大多坐落在村前长约200米的一条轴线,其中"叙秩堂"为叶氏宗祠,始建于明成化年间,现存为清代遗筑。坐东朝西,三进。第一进仪门,五凤楼式屋顶,插栱和斗栱挑檐,额枋有精美的木雕(图3-4-6)。第二进中厅为祀堂,梭柱月梁。后进为享堂(图3-4-7)。叶奎光堂,为支祠,祭祀叶氏四世祖叶圭公,始建于明弘治年间,其规制与叙秩堂相近。李氏支祠,祭祀晚清徽商巨贾李宗眉。程氏宗祠(图3-4-8),雕刻精美,尤以门屋的八骏石雕和屋檐上力士托盘的木雕,为徽雕上品。

南屏的祠堂群,有徽州祠堂博物馆之誉。

4. 清懿堂

清懿堂坐落在歙县棠樾村西端,为专祭祀鲍氏女性的祠堂,俗称女祠,建于清嘉庆年间,为棠樾盐商鲍氏二十四世祖鲍启运建。

清懿堂坐南朝北,这与男祠相反的布置,出自对

图3-4-4 龙川胡氏宗祠

图3-4-5 胡氏宗祠隔扇上的荷花图

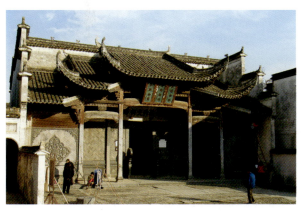
图3-4-6 叶氏宗祠叙秩堂

《易经》中"男乾女坤、阴阳相悖"的解读。祠堂三进两天井，依次为门厅、中厅、享堂。两侧有马头墙。门厅硬山式屋顶、八字墙，左右石鼓相依（图3-4-9）。中厅宏阔。后进享堂为歇山顶，高悬"清懿堂"巨匾（图3-4-10）。另有曾国藩所书"贞孝两全"横匾。

中国封建宗法制度，是以男性世系为宗，仅在徽州偶见女祠，这得之于徽州宗法制度的发达。清懿堂作为规制完整、体量恢宏的女祠，有较高的建

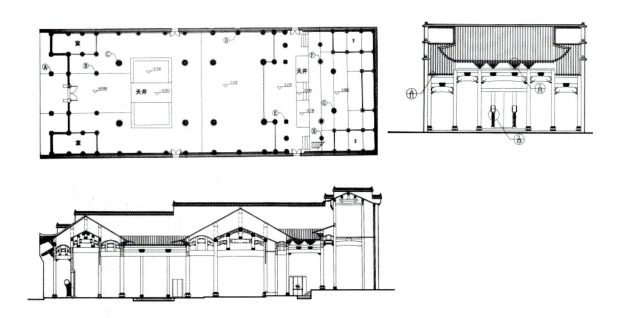
图3-4-7 叶氏宗祠叙秩堂平面、立面、剖面图

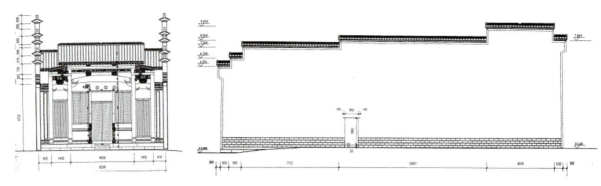

图3-4-8 程氏宗祠立面图

图3-4-9 清懿堂门厅

图3-4-10 清懿堂享堂

筑史学价值。

第五节 牌坊

一、徽州牌坊的特征和分类

安徽的牌坊,以徽州为最;徽州的牌坊,以歙县为最,歙县至今尚有近百座牌坊。徽州的牌坊工艺精湛,也莫过于徽州。

但这些拿建筑史眼光去衡量,都不足为训。歙县牌坊之林,能称绝的当有三件。其一,是郑村的"贞白里坊",这是一座不起眼的"单间二柱三楼"小牌坊,却又是唯一可以断定始建于元代的牌坊。它的存在,将中国牌坊的起源从明代提前到元代。其二,是歙县的立体牌坊。徽州仅存的两座立体牌坊,均在歙县。一座是明嘉靖年间（1522～1566年）建的丰口四面坊,它由单间三楼牌坊围合而成（图3-5-1）。另一座,即位于歙县城里有名的许国石坊,建于明万历十二年（1584年）。其三,是牌坊组群,坐落在棠樾村的石牌坊群,由7座石坊和1座路亭,沿入村弯曲的道路纵向展开。郑村的忠烈祠坊,则与左右的司农卿坊、直秘阁坊,横向一字形组群。本来,牌坊组群并不稀罕。论数量,黟县的西递村、泾县的查济村都曾有过十多座牌坊组群。论组群方式,"丁"字路口,三面"品"字形组群更有气势。但在"文革"中,除了西递村留了孤零零一座作"反面教员",其他都毁于一旦。历经浩劫后还能见到成组的牌坊,也只有歙县。

牌坊的分类,以材质论,可分为木质和石质。木质不宜久存,现存徽州牌坊遗存,多为石质。据形式,按"间"、"柱"、"楼",如潜口民宅方氏宗祠坊（图3-5-2）,为"三间四柱五楼"。间、柱、楼的数量,反映了牌坊的等级。

图3-5-1 歙县丰口四面坊

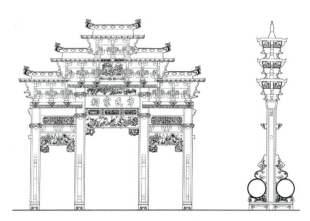

图3-5-2 歙县潜口方氏宗祠坊

二、徽州牌坊案例分析

1. 许国石坊

许国石坊坐落于歙县阳和门内，建于明万历十二年（1584年），为明代礼部尚书兼东阁大学士许国（1527～1596年）所立的石牌坊，又名"大学士坊"，俗称"八脚牌楼"。

许国石坊是四面八柱的立体牌坊（图3-5-3），其型制为中国坊林中的孤例。它实际上是一对三间四柱三楼牌坊，与一对单间双柱三楼牌坊围合而成。这样，它突破了普通牌坊"面"的局限，汇聚

图3-5-3 许国石坊系四面八柱的立体牌坊

图3-5-4 许国石坊匾额镌刻

南北、东西两条轴线，赋予形象以独特的环境艺术魅力。牌坊为仿木结构，采用青色茶园石料砌成。浮雕为徽雕工艺，精丽流畅、淡雅明快。浮雕构思上，选择了许国生平中的闪光点，予以形象化再塑。"鱼跃龙门"暗示许国科班出身；"三豹（报）喜鹊（喜）"，隐喻许国万历十一年三步升迁。石坊匾额镌刻"大学士"、"上台元老"、"先学后臣"等（图3-5-4），是明代书画家董其昌手笔。基座上12座奔驰与蹲踞等形态的石狮，既有装饰作用，也增强了石坊结构的稳定性。

2. 棠樾石牌坊群

棠樾石牌坊群坐落于歙县棠樾村，由明清经理两淮盐务的棠樾鲍氏家族立。

牌坊群计七座石坊和一座路亭（图3-5-5），沿入村的道路布置。自东至西依次是：鲍象贤尚书坊——建于明天启二年（1622年），清乾隆六十年（1795年）重修；鲍逢昌孝子坊——建于清嘉庆二年（1797年）；鲍文渊继妻吴氏节孝坊——建于清乾隆三十二年（1767年）；乐善好施坊——建于清嘉庆二十五年（1820年）；骢步亭——建于清乾嘉年间（1736～1820年）；鲍文龄妻汪氏节孝坊——建于清乾隆四十一年（1776年）；慈孝里坊——建于明初，明弘治十四年（1501年）重整，清乾隆四十二年（1777年）重修；鲍灿孝行坊——建于明嘉靖年间（1522～1566年）。

七座石牌坊形式统一，均为三间四柱三楼式，仿木结构。它们和骢步亭构成了一个完整的建筑群。牌坊是标榜封建礼教的纪念性建筑，棠樾石牌坊群以"忠孝节义"为序，昭示了儒家伦理道德观。布局上，顺着弯曲的道路展开，既深化了层次，又显得自然贴切。路亭骢步亭，为四角攒尖式小亭，门额上有清代书法大家邓石如题名。小亭的点缀，丰富了建筑群形象。

3. 忠烈祠坊

忠烈祠坊位于歙县郑村忠烈祠前，两侧还有司农卿坊、直秘阁坊，均建于明正德年间（1506～1521年）。三坊一字形排列（图3-5-6）。忠烈祠坊，为汪氏祭祀其祖汪华而立，为三间四柱五楼。因汪华封越国公，赐谥号"忠烈王"，得名忠烈祠。司农卿坊和直秘阁坊均为单间二柱三楼。三坊主次分明，装饰统一，形成完整的牌坊群。

4. 贞白里坊

贞白里坊始建于元代，明弘治十二年（1499年）重立，嘉靖六年（1528年）重整，清乾隆二十年（1756年）重修。单间两柱三楼。贞白里坊旌表元代郑千龄一家三代乡贤。郑千龄曾为延陵、祁门、休宁等县的地方官，因为官清廉，誉为"贞白先生"。石坊上镌刻的篆书"贞白里"（图3-5-7），为元季监察御史余阙手笔。二楼正中字牌，刻有元代翰林院编修程文撰写的《贞白里门铭》，从中可知立坊原委。牌坊的雕刻，也是早期的高浮雕。总之，牌坊的所有细节都指向了元代。里坊为汉、唐时期京都常制，宋、元以后已不多见。作为旌表一家三代的里坊，更为罕见。

5. 奕世尚书坊

奕世尚书坊坐落于绩溪县瀛洲乡坑口村，建于明嘉靖四十一年（1562年）。三间四柱五楼，仿木结构（图3-5-8）。雕刻采用浮雕、圆雕、镂刻等工艺，技艺精湛。南北两面的花板上分别镌刻"奕世尚书"和"奕世宫保"，书法遒劲，出自明代书法大家文徵明手书。

图3-5-5 棠樾石牌坊群

图3-5-6 歙县郑村忠烈祠坊

图3-5-7 歙县郑村贞白里坊

图3-5-8 绩溪县奕世尚书坊

注释

① 绩溪. 胡氏龙井派宗谱. 卷一.

② [清]王敛福, 纂辑. 颍州府志. 清乾隆十七年, 合肥：黄山书社, 2006.

③ 李琳琦, 张晓婧. 明代安徽书院的数量、分布特征及其原因分析. 华东师范大学学报（教育科学版）, 2006, (04).

④ 姚娟, 刘锡涛. 清代安徽书院的地域分布特点. 阜阳师范学院学报（社会科学版）, 2006, (05).

⑤ 叶显恩. 明清徽州农村社会与佃仆制. 合肥：安徽人民出版社, 189-190.

⑥ [清]罗惇衍. 桐乡书院记.

⑦ 绩溪. 西关章氏族谱. 卷二十四：家传.

⑧ 歙县. 汪氏谱乘·叙.

安徽古建筑

第四章 宗教建筑

安徽宗教建筑分布图

（地图引自：中华人民共和国民政部编. 中华人民共和国行政区划简册2014. 北京：中国地图出版社，2014.）

1. 九华山佛教建筑群
2. 潜山山谷寺
3. 滁州琅琊寺
4. 凤阳龙兴寺
5. 安庆迎江寺 安庆南关清真寺
6. 芜湖广济寺
7. 阜阳资福寺
8. 万佛塔
9. 广教寺双塔
10. 水西大观塔与小方塔
11. 长庆寺塔
12. 亳州道德中宫、北京寺
13. 齐云山道教建筑群
14. 禹王宫
15. 寿州清真寺

安徽古代宗教，主要有佛教、道教、伊斯兰教。

上一章，我们讨论了安徽古代儒学和礼教相关的建筑。儒学和礼教与本章讨论的其他宗教，都属于社会意识形态。它是人类社会发展到一定历史阶段的一种政治安排和文化现象。宋明以后，中国确立以儒学为治国之本，其他宗教作为补充的格局。如宋孝宗赵昚所言"以佛治心，以道养生，以儒治世"。包括安徽在内的中国古代佛教、道教和伊斯兰教，都是在治国之外的意识形态之补充。

安徽宋代以后的佛教、道教和伊斯兰教，明显地呈现不均匀分布；佛教主要分布在九华山、潜山等名山；道教、伊斯兰教主要分布于淮北平原。其中道教以老子的故里亳州为中心，寿县伊斯兰教较为集中；儒学与礼教最盛的为徽州，齐云山除有本土的道教外，佛教与伊斯兰教对这一地区基本没发生影响。

第一节　佛教建筑

安徽的佛教寺庵，可以上溯到南朝。九华山化城寺、潜山山谷寺、合肥明教寺、当涂化城寺、蒙城万佛塔等至今仍很有影响的佛教建筑，其始建期都可追溯到南朝。至隋唐，安徽佛教建筑已达到鼎盛时期。佛教传播更为广泛，佛寺已渗透到乡里，分布也趋于均匀。南朝时所建佛寺，在唐代多重建扩建。以殿堂为主的寺庙居多，佛塔退居次要地位。显示佛教建筑进一步中国化。

佛教建筑，主要包括寺庵、佛塔、石窟。现存安徽佛教寺庵遗存，均为明清重建或兴建，因此，以下所讨论的佛寺特征，也是指该期。安徽佛塔遗存，除蒙城万佛塔外，多为宋塔。安徽石窟遗存很少，这当然因安徽山石多属火山变质岩，岩体易破碎不宜凿石窟雕佛像。而石窟寺开凿高潮的魏晋南北朝，佛教在安徽传播还不够广泛，无力调动足够的资源也是重要原因。安徽佛教雕刻，主要见于佛寺和佛塔中的造像、雕刻、碑刻等。

一、安徽古代佛寺特征

讲到安徽寺庙禅林，首先会注意到它融贯到山水环境中园林化。至迟在唐代，安徽就有了寺庙园林。当涂化城寺，唐代造清风亭。天宝元年（公元743年），李白游当涂化城寺清风亭，有诗句"化城若化出，金榜天宫开，疑是海上云，飞空结楼台。""闲居清风亭，左右清风来。当署阴广殿，太阳为徘徊。"从李白题咏中可想象古寺已园林化。此外，此间扩建的九华山化城寺、芜湖广济寺等，均有庭院。中国佛教寺庙不仅常择址于山林，而且重视寺庙与山水"气势"的融贯一致。这样，安徽得天独厚的山水景观，就塑造出独具品格的佛教寺院。安徽主要佛寺，如九华山化城寺（图4-1-1）、潜山山谷寺、滁州琅琊寺，都离不开山水环境。

第二，佛教传入中国后，在漫长的发展过程中，与儒道交融。于是，反映儒教礼仪秩序的官署、文庙、祠社被混合效仿。按儒家礼仪，殿为最高等级的建筑类型，主殿面南，之前只允许有门而不能有其他的殿堂出现①。如我们上章讨论的文庙的布局与等级制度，这一制度也被安徽佛寺效仿。安徽明清佛寺，多采用纵深序列布局，以殿、堂、楼、阁搭配组群。一般以其中的大雄宝殿为主殿，建筑的等级最高。佛寺一般于大雄宝殿前设天王殿，殿内左右配置的四大天王（图4-1-2），实际是佛的守卫者。天王殿虽然称殿，只取门的规格。

图4-1-1　九华山的山水景观塑造出独具品格的九华山佛教寺院

图4-1-2 凤阳龙兴寺王殿及殿内左右分列的四大天王

经堂一般位于大雄宝殿之后，钟、鼓楼则对称分布在两翼。总之，主轴线上的建筑等级高于两翼建筑，主轴线上安排的天王殿、大雄宝殿、法堂，等级明显高于两翼的钟楼、鼓楼、伽蓝殿、斋堂、客堂。主轴线上的建筑间，亦有等级序列。大雄宝殿的制式最高，其屋顶，一般取仅次于宫殿主殿的重檐歇山顶。法堂次之，至于天王殿，如前所述，实不属殿，制式最低。这种安排布置背后潜含着移植来的儒教礼仪秩序。

第三，是地域文化"润物细无声"地浸润。例如，皖南很多佛教建筑采用民居形式，它们根植于地域文化，和当地风土人情水乳交融。就地取材因地制宜，运用封火山墙。山墙突出一种水平韵律，它的节奏或韵律与山水环境呼应默契。高低错落的封火墙，既彰显出丰富鲜明的直观形象，也潜藏一种"势"的延续。所谓"势"，盖指"走势"或变化趋势，它是一种宏观的、整体的运动特征。封火墙的变化以殿堂为本，而殿堂高低进退，要考虑到地形变化趋势，用宗白华的话说，就是山水"各有其特殊的调子一样"②。这样，封火墙的"势"，可以"以人为的建筑结构显示出山水的精神灵魂"③。闻名遐迩的九华山地藏禅林、化城寺、百岁宫、慧居寺，均属此类。

第四，皖南与风水术中"形势宗"的发祥地江西接境，风水术的环境观对佛寺的选址和布置，有一定影响。如潜山的山谷寺，处在谷口凤形山上，东西两侧岗峦逶迤，蜿蜒伸展，对三祖寺呈围合环抱之势，清澈甘冽的山谷流泉从寺西侧谷底潺潺流出，汇入潜河。这是典型的风水宝地。

第五，安徽九华山作为佛教四大名山，以供奉地藏菩萨为主。受其影响，皖地佛教寺庙，常建有地藏殿，作为附祭。

二、佛寺案例分析

1. 九华山佛教建筑群

位于九华山皖南的青阳县境内。晋隆安五年，天竺僧杯渡来九华山筑室为庵。唐至德（公元756～757年）初，山民为新罗国王子近属高僧金乔觉建寺。唐建中（公元780～783年）初，德宗李适赐名"化城寺"。唐贞元十一年（公元795年），金乔觉99岁圆寂，被尊称"金地藏"。从此，九华山寺庙都以供奉地藏菩萨为主，奠定了九华山作为佛教四大名山的基础。

九华山现存明清佛寺56所，主要有化城寺、地藏禅林、百岁宫、肉身殿、祇园寺。

化城寺，坐落于九华山九华街芙蓉山下。始建于晋隆安五年（公元401年），为九华山开山之寺。天竺僧杯度筑室为庵即于此。唐至德年间（公元756～758年），释地藏金乔觉曾居此苦修。"近山之人，闻者四集，伐木筑室，焕乎禅居。有上首僧胜瑜等，同建台殿……相水修潴为放生池，乃当殿设释迦之像，左右备饰。次立朱台，挂蒲牢于其中，立楼门以冠其寺。"（唐·费冠卿《九华山化城寺

图4-1-3　九华山化城寺偃月池和灵官殿

记》）。可见，当时化城寺已有佛殿、门楼、钟台、放生池等，初具规模。唐建中（公元780～783年）初正式辟为地藏道场，朝廷赐"化城寺"匾额。

寺前是一约6000平方米的广场，环以石栏的半圆形放生池居中，名"偃月池"，宋代即有记载。山门面阔五间，阶前并峙石狮（图4-1-3）。寺前后四进，依山势逐次升高。前三进单檐硬山顶，后进重檐。穿斗插梁结构（图4-1-4）小青瓦屋面、皖南民居式粉墙，映着一片郁郁葱葱的古木林，有浓郁的江南韵味。

现存寺院为四进院落，层层升高：第一进为灵官殿，面阔五间，进深16.5米，内有两个小天井；第二进为天王殿，宽20米，进深20.5米。殿厅上方的藻井，四周镶画板一圈（图4-1-5）；第三

图4-1-4　九华山化城寺穿斗插梁式梁架

图4-1-5 化城寺天王殿上藻井

图4-1-6 化城寺大雄宝殿

图4-1-7 九华山观音峰

进为大雄宝殿（图4-1-6），进深20.5米。佛像上方有八边形"九龙戏球"雕饰的藻井，第四进为藏经楼，三层，高20米，为明万历年间（1573～1620年）遗筑。寺多次毁于兵燹，又多次御赐修缮。现存建筑除藏经楼为明代遗筑，山门、大雄宝殿皆为清末依原样重建，基本保留了明代建筑风貌。

中国古典园林以景为轴心。凡佳景总要取名，目的是将观赏者限定在一个最佳时空，给观赏者以一种启迪、注释。作为九华十景之一的"化城晚钟"，命名颇为精妙。"化城"一名既有佛经典故，又与地形相契。化城寺位居山顶盆地之中，诸峰环绕，犹如天化仙城。名中一个"晚"字，令人遐思。"晓钟"与"晚钟"本身并无优劣，但这里，晚钟与苍山幽谷、千年古刹有着情感的共鸣。化城寺现为九华山文物展览馆。

天台寺，亦称地藏禅林、万佛寺，位于九华山天台之巅。寺的文字记载见诸于宋，但至明代，古寺仍是"茅屋九间草色青"，十分简陋。清康熙年间（1662～1722年），僧尘尘子重建。现存建筑系清光绪年间（1875～1908年）重修。

天台峰海拔1320米。从山脚的凤凰松循石阶攀登，约5公里路程，山峻石奇，林木葱郁。大凡宗教建筑，总要掀起某种宗教情绪，如恐惧、神秘、冥思、忏悔或慰藉。心理活动有一发展过程，理想的宗教建筑常有一长长的流线，层层展开，逐渐深化。登地藏禅林山路崎岖，恰好用以激励宗教热情。它独到之处，是寓佛教气氛渲染于自然景观中，充分发掘自然景观表现力。沿山路拾级而上，或绝壁幽堑，或峰回路转。竹林、茶园、松涛、山泉、云海，犹如世外桃源；沿途散落着大大小小的寺庵，多为村舍形式：粉墙、青瓦、竹筒，自然亲切。这时不仅有寺庵、精舍、墓塔可拜谒，一些古洞、山泉、幽涧边也设以佛坛；还有一些奇峰异石，加了佛家意义的注脚，如观音峰（图4-1-7）、大鹏听经石（图4-1-8）、仙桃石。正是这些，起了众星拱月的作用。这时再观天台寺，却气宇非凡（图4-1-9）。它与山巅的巨石浑然一体，乱云飞渡中从容不迫。

百岁宫，佛教寺院，坐落在九华山东峰摩空岭之巅。明代原名"摘星亭"。万历年间河北宛平僧海玉（号无瑕禅师）自五台山来此布道。无瑕寿126岁，时人慕称"百岁公"，庵名改称"百岁庵"。明崇祯三年（1630年）赐封为"应身菩萨"，无瑕肉身装金，钦赐"百岁宫"，同时扩建寺院，成为九华山四大丛林之一。康熙六十年（1721年）重建。清道光十九年（1839年）扩建。清末民初多次修葺。

寺院依山就势，错落有致。它由大雄宝殿和楼阁组成。上下关联、左右贯通，为一整体。大殿为3开间，宽17.4米，进深16.7米，高16.7米。殿内设大佛龛，供奉装金的无瑕禅师肉身。正顶为方形藻井，古色古香。梁栋雕饰精美；楼阁就地形而建，上下3～5层，设二进天井。殿内藏有传说无瑕禅师写的《血经》，为罕见珍品。

图4-1-8　九华山大鹏听经石

九华山佛寺，外观大都取民居形式（图4-1-10），百岁宫可算此类佛寺的代表。除了外观可感受到的朴素美，民居长于不拘一格，因地制宜，植根于地域文化，和当地风土人情水乳交融。这些特点，在百岁宫中得以印证。它高踞危岩绝壁之上，在云雾缥缈中若隐若现。它横看成岭侧成峰，仿佛从山上长出，与自然浑成。也难怪，前殿南墙地基和地面是用峰顶岩石削凿而成，殿后墙半壁干脆取整块岩石。整个寺院是就山势一气呵成的。

图4-1-9　九华山天台寺

肉身殿，坐落于九华山神光岭。新罗国国王近属金乔觉晚年曾在此诵经晏坐。唐贞元十年99岁圆寂，贞元十三年（公元797年）安葬时，佛徒信为地藏菩萨化身，建三级墓塔供奉。屡经兴废，于明万历年间（1573～1619年）重建时，御赐名"护国肉身宝殿"。清同治年间（1862～1878年）遭山洪毁坏后重修。宝殿由81级石阶直通，方形平面，边长约17米（图4-1-11）。轴对称，四周环以回廊石柱。高约20米，重檐歇山顶，覆盖铁瓦。殿内正八边形平面的七级木质浮图居中，两侧有十王塑像侍立。塔基须弥座为汉白玉质，底层供奉地藏王佛像。塔身每层设八个神龛，塔顶饰华盖（图4-1-12）。殿后有半月形瑶台，立铁鼎，香烟缭绕。台侧有古花园。

图4-1-10　九华山百岁宫

图4-1-11 九华山肉身殿外观

图4-1-12 九华山肉身殿内景

肉身殿因金地藏在此圆寂，成为佛教徒朝谒的圣地。于是，建筑语言兼作阐释佛家意义的符号，建筑性格与地藏菩萨气度表现相契。《地藏十轮经》中对地藏的描述是："安忍不动犹如大地，静虑深密犹如地藏。"用之概括肉身殿气质，很贴切。当雄踞山峦大殿突然"开门见山"般展现眼前，第一印象是古朴苍劲、雍容不迫。通向大殿的石阶有气势，也颇具匠心：81级取自九九八十一，九九既为极数，也象征金地藏圆寂时岁数。建筑的主体是殿中宝塔，它是地藏的象征。居中而立，直插殿顶，重檐间高窗的光线落在塔上。殿内一切围绕塔陈设，大殿也是塔的围护。

祇园寺，坐落于九华山九华街东侧，始建于明嘉靖年间（1522~1566年）。清咸时，毁于兵火。同治年间（1862~1874年）重建。光绪三十一年（1904年）扩建大雄宝殿，使其规模居九华山四大丛林之首。祇园寺由山门、天王殿、大雄宝殿组成，配以法堂、斋堂、方丈寮、回廊等。建筑占地总面积5157平方米。寺前有浮雕莲花甬道引导。山门门楼宽五间，高三层。硬山顶，封火山墙，门头为三层重檐（图4-1-13），翼角起翘，顶覆琉璃瓦。门楼上的阑额、梁枋、斜撑，有世俗雕饰（图4-1-14）。内有"灵官"立像。天王殿为方形亭阁式殿堂，重檐。斗栱外出单杪双下昂，昂和枫栱雕饰细腻（图4-1-15）。内出三跳为偷心，纯属装饰（图4-1-16、图4-1-17）。天王殿后为大雄宝殿，台高2米，殿高20多米，重檐歇山顶，金黄色琉璃瓦。殿内供十尊10米高佛像，西侧文殊、普贤和十八罗汉（图4-1-18）。

祇园寺主体建筑大雄宝殿体量大，加之依山而筑，使寺院整体形象宏伟凝重，很有气势。布局上，一改一般佛寺轴对称方法，山门与大雄宝殿等交角45度，流线回旋曲折，空间的层次更为丰富。

2. 潜山山谷寺

山谷寺（图4-1-19），唐代亦名乾元寺，落于潜山县城西北9公里处的凤形山上。始建于南朝梁初年（公元502~514年），由梁高僧宝志（公元418~514年）所创，梁武帝赐名山谷寺。北周武帝禁断佛教，禅宗三祖僧璨（公元？~606年）潜居此弘法。隋大业二年，立化于寺的大树下，后人建立化亭。僧璨著《信心铭》，为佛教禅宗奠定了理论基础，尊为禅宗三祖。此寺也因此名扬大江南北，朝香晋谒者不绝，亦称三祖寺。唐肃宗赐三祖寺名为"三祖山谷乾元禅寺"。唐代宗又谥三祖僧璨号"鉴智禅师"，赐其舍利塔名为"觉寂塔"。宋太宗谥开山宝志禅师名为"宝公"，赐号"道林真觉禅师"。唐、宋时，寺具相当规模，后屡经兴废。山谷寺今有立化塔、山门、天王殿、大雄宝殿、觉寂塔等。大雄宝殿为1986年于唐代遗址重建。

图4-1-13　九华山祇园寺山门

图4-1-14　祇园寺山门的阑额、梁枋、斜撑

图4-1-15　九华山祇园寺天王殿

图4-1-16 九华山祇园寺天王殿外出斗栱

图4-1-17 九华山祇园寺天王殿内出斗栱

图4-1-18 九华山祇园寺大雄宝殿

图4-1-19 潜山山谷寺

图4-1-20 潜山觉寂塔

觉寂塔坐落山谷寺内，始建于梁武帝初（公元502～514年），明嘉靖年间（1522～1566年）重建。现塔为八边形，七层，高30米，楼阁式。挑檐斗栱，有较强的韵律感（图4-1-20）。塔体外旋中空，四周刻有佛像，外有砖栏环卫。塔顶八方系铃，风吹悦耳。

3. 滁州琅琊寺

琅琊寺，坐落在滁州琅琊山中。始建于唐代大历年间（公元766～770年），由滁州刺史李幼卿与

图4-1-21 琅琊寺依山就势的天王殿

僧人法琛创建。唐代宗李豫赐名"宝应寺"。后周显得年间寺毁后重修，宋代几经扩建。太平兴国三年（公元978年），宋太宗赐额"开化禅寺"，名易。后因山名称"琅琊寺"。元末兵燹毁坏严重，明洪武年间，清嘉庆、道光年间数次毁而修复。

琅琊寺依山就势而建，寺的山门设在寺侧，通过石板路拾阶，依次为天王殿（图4-1-21）、院落、大雄宝殿、藏经楼（图4-1-22）。主殿大雄宝殿之南有庭园。寺东北尚有"无梁殿"，为明代遗筑。殿北有"雪鸿洞"、"归云洞"，洞门盈有摩崖石刻，距今九百余。

琅琊寺的艺术特色，在高度园林化。寺在园中，园在寺中。寺建于东南胜境琅琊山，如宋人诗云："踏石披云一径通，翠微环合见禅宫。峰峦密郁泉声上，楼殿参差树色中"。园林造景也遍及寺内。如一改佛寺大雄宝殿前旧有处理，于院落中央设"明月池"，池上设拱桥"明月桥"

图4-1-22 琅琊寺藏经楼

图4-1-23 琅琊寺大雄宝殿前院落，中央设"明月池"和"明月桥"

（图4-1-23）。池北有精舍明月观，观后有"三友亭"，昔时应当于亭旁植有松、梅、竹，所谓岁寒三友。加之寺中明月观、山门、藏经楼等建筑采用粉墙、漏窗、拱门、小青瓦（图4-1-24），有江南古典园林的余韵。

4. 凤阳龙兴寺

龙兴寺，坐落于凤阳县城北。始建于明洪武十六年（1383年）。明清两代曾四度焚毁、重建。现存建筑建于清同治八年至民国三十一年（1869～1942年），其规模已今非昔比。

明太祖朱元璋曾在皇觉寺为僧，当时寺址在城南。元至正十二年（1352年）皇觉寺毁于兵火。朱元璋称帝后即想复建，但"恐伤民资"，未果。至罢建中都后，才命拆迁中都宫室名材建寺。因皇觉寺旧址附近已建皇陵，不宜扩展，易今址。寺成后，大臣入奏，更名龙兴寺。

这是一座极不寻常的寺庙：它不仅位于明太祖朱元璋的桑梓之地凤阳，更是"龙兴"之前，朱元璋削发为僧的地方。佛寺有一般寺庙少有的帝王之气：它坐北面南，建筑共有一条强烈的中轴线。自南应街神道引入，经过门坊、天王殿、六角亭，大雄宝殿。门坊为拱门，红墙，上书"龙兴古刹"（图4-1-25）。天王殿内左右分列四大金刚像（图4-1-2）。殿后原有朱元璋亲撰的《龙兴寺碑文》的石碑，毁于"文革"。碑后的六角亭，单檐六角攒尖顶，翼角起翘（图4-1-26）；主殿大雄宝殿，面阔五间，进深三间。

龙兴寺还是一座园林式寺庙，"龙兴晚钟"列为凤阳八景之三。

龙兴寺内现陈列有明代铜镬、铜钟、铜鼓以及明清碑刻。

5. 安庆迎江寺

迎江寺，坐落于安庆市东，濒临长江。始建于北宋开宝年间（公元968～975年），原名万佛寺。

图4-1-24　琅琊寺中漏窗和小青瓦

图4-1-25　龙兴寺门坊

图4-1-26　龙兴寺六角亭

明万历四十七年（1619年）重建，明光宗御题"护国永昌禅寺"。清顺治七年（1650年）敕改"迎江禅寺"，乾隆帝赐"善狮子吼"，光绪八年（1882年）易今名。明清两代有扩建和整修，现存木构多为同治九年（1870年）和光绪十八年（1892年）修建。主要建筑有天王殿、大雄宝殿、大士阁、藏经阁、法堂、毗卢殿和振风塔（图4-1-27）。

佛寺依长江边台地而建，沿中轴线面江布置主要建筑天王殿、大雄宝殿、振风塔、毗卢殿、藏经阁。大雄宝殿（图4-1-28）立于高台上，面阔五间。硬山顶，封火山墙，小青瓦屋面，斜撑挑檐。毗卢殿重檐歇山顶，但黏土筒瓦，亦斜撑挑檐，无斗栱。穿斗插梁结构（图4-1-29）。

振风塔（图4-1-30），建于明隆庆四年（1570年）。楼阁式砖塔，八边形，七层，高82.7米，有台阶168级可盘旋达顶层。底层有副阶周匝，二层设入口，三层设涵或拱形壁龛。石级出入口设在拱涵一侧，无拱涵之塔面设壁龛，各层拱涵或壁龛两侧对称设1～5个小壁龛，龛内供六百多座砖雕佛像，龛后有缝直通塔内夹道和空厅顶部各壁佛，使佛灯常明。塔翼角悬有风铎，江风吹拂，铎声徐扬。振风塔历有"万里长江第一塔"之誉。

市俗化是明清安徽佛教建筑重要特征，一些佛寺佛塔已超出佛教意义，兼用于祈福禳灾、装点环境。迎江寺与振风塔即为典型实例。迎江寺的大雄宝殿等主要建筑，采用了民居形式；传说安庆市地形像一帆船，振风塔是船桅。寺门左右置一对重约两吨的大铁锚镇固，以免土地随江东去。可见，佛寺佛塔兼作风水的符咒；特别是，振风塔各层均设有灯龛，实际上成为长江下游一重要航标塔。

6. 芜湖广济寺

广济寺位于芜湖市赭山西南麓，始建于唐

图4-1-27　安庆迎江寺总平面

图4-1-28　迎江寺大雄宝殿

图4-1-29　迎江寺毗卢殿穿斗插梁结构

图4-1-30 迎江寺振风塔

乾宁年间（公元894~898年）。唐光化年间（公元898~900年）名永清寺。北宋大中祥符年间（1008~1023年）改为今名。现存遗筑为清咸丰年间（1851~1908年）重建。

布局依山就势。拾级而上，依次为天王殿、药师殿、大雄宝殿、地藏殿、九华行宫、广济寺塔。四重殿宇，层层升高，气势雄伟。大雄宝殿正中供奉着三尊大佛，左右两边为十八罗汉。最上一层为地藏殿，正中供奉着高达12米的地藏菩萨像。

不同于一般佛教寺庙，广济寺以地藏殿为主殿。这是因为相传唐开元七年（公元719年），新罗国王子近属，高僧金乔觉曾在此结茅修行，讲经说法，3年后去九华山开辟道场。后人为纪念地藏菩萨金乔觉，在此建广济寺。故寺内有九华行宫（图4-1-31），广济寺有小九华之称。唐至德二年（公元757年），唐肃宗为九华行宫颁赤砂金印一枚，印

图4-1-31 芜湖广济寺中九华行宫

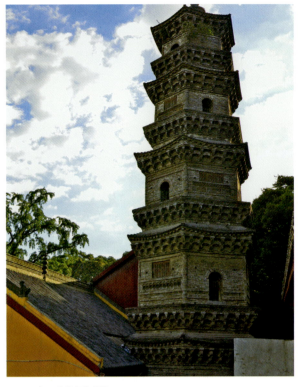

图4-1-32 芜湖广济寺塔

图4-1-33 蒙城八景之"慈氏晓钟"[资料来源：《重修蒙城县志》民国4年（1915年）]

纽饰以九龙戏珠，印刻阳文"地藏利成方印"，边款落有"唐至德二年"字样。

在广济寺殿后的广济寺塔（图4-1-32），亦称"赭塔"。该塔建于宋治平二年（1605年），砖砌楼阁式，五级，八边形平面。"赭塔晴岚"为古代芜湖八景之首。

7. 阜阳资福寺

资福寺，位于阜阳市区西南隅。始建于宋仁宗嘉祐年间（1056~1063年），宋神宗熙宁年间扩建。明万历年间（1573~1619年）重建，清代多次整修。

寺院坐南面北，东西对称布局。有前、中、后三进院落。前为山门、天王殿，两侧钟鼓楼、伽蓝殿、祖师殿相依；中为大殿；后殿、藏经楼位于殿后。主体建筑大殿踞须弥座台基之上，周围护以石栏杆。大殿面阔五间、进深三间。歇山顶，灰筒瓦。明间、次间补间铺作两朵，稍间一朵，六铺作斗栱，假昂。具有明代建筑风格。

资福寺布局严谨、主体建筑大殿宏阔庄严，有多种形式斗栱，有一定建筑史学价值。

三、佛塔

1. 万佛塔

万佛塔坐落于蒙城县城关东南隅。南朝梁武帝天监年间（公元502~519年）始建。初为七级，唐贞观三年（公元629年），尉迟敬德监工重修。北宋崇宁年间（1102~1106年）原址重建，其时塔属兴化寺，故又名兴化寺塔。元代丙子年（1356年）于塔西旁又建慈氏寺，又名慈氏寺塔。蒙城八景之"慈氏晓钟"即因此而来（图4-1-33）。

塔平面为八边形，十三层楼阁式砖塔，高42.6米。塔身由水磨青砖砌造，内、外壁遍嵌赭、黄、绿三色面砖。砖上雕有佛像。因佛像达8000余尊，故名"万佛塔"。第一层塔身特别高。下半部为实心体，上半部为梯道，正门开在塔北面。二、三、四层平座用仰莲蓬瓣承托，四层以广只出小平台，无平座。七居以下均于东、西、南、北四面辟壶门，其余四面砌作假窗。八至十一层门窗部位逐层转换上下错置。十二、十三层无门。塔自下而上逐渐收分，轮廓线优美。1982年发现塔下地宫，一般认为地宫为初建原物。地宫东、西北三面镶嵌石雕。石雕大多取材于佛教故事，人物表情怡静含蓄，衣纹流畅，具有浓郁的魏唐风格（图4-1-34）。

万佛塔将北方砖塔构筑法与南方细部装饰熔为一炉，具有北塔南韵。塔的结构随层变换，在

图4-1-34 蒙城万佛寺塔外观和细部

宋代是富有创造性的。此外，塔下方有方形地宫，宫壁雕镌着取材佛经的浮雕，保留魏唐风格，十分难得。这些使万佛塔具有相当重要的建筑史学价值。

2. 宣州广教寺双塔

广教寺位于宣州市城北敬亭山南麓，建于唐大中三年（公元849年）。北宋哲宗绍圣三年（1096年）增建双塔后，俗称双塔寺。今仅存双塔。

两塔东西对峙，相距26.9米。形制相同，均为方形平面，七层重檐，仿木楼阁式砖塔。残高17余米。内壁均嵌有北宋苏轼书《观自在菩萨如意陀罗尼经》刻石。

双塔的艺术特色，在于兼收唐、宋古塔之长。唐塔重气韵，平面为正方形，古朴浑厚，雍容大度，如西安小雁塔；宋塔倾向柔美，八角形平面居多，精巧工整，如福建泉州开元寺仁寿塔。唐塔贵在丰腴不流于平滑粗俗；宋塔长于精致中见劲秀。宣州广教寺双塔仍然采用方形平面及直井式塔心室，这就保留了唐代佛塔的古意。它比例修长，自下而上逐层收分，又兼收宋塔某些外观特征，伟岸中见精巧，质朴中见华美，简练中见丰富（图4-1-35）。

3. 水西大观塔与小方塔

大观塔及小方塔，坐落于皖南泾县城西郊水西山，位于宝胜寺左右两侧。泾溪之滨的水西山，曾为名胜。北魏永平元年（公元508年）建寺。唐代已是楼阁参差，浮屠对峙。李白、杜牧等都曾游憩于此，留有大量诗作。今宝胜寺楼阁殿堂已圮，仅存两座宋塔。

大观塔，北宋崇宁年间（1102~1106年）始建，

图4-1-35　宣州广教寺双塔

图4-1-36　水西大观塔

图4-1-37　长庆寺塔

大观二年（1108年）落成，故名。亦称崇宁塔。七层八面，楼阁式砖塔，底层直径11米。每面均有砖券拱门，层层用叠涩法出檐，檐下用砖做成斗栱，逐层挑出，转角处用半圆形砖砌成圆柱。第二层到第七层内外壁镶嵌宋代石刻36方。其中六层内壁处有"宝胜禅院建造释迦舍利塔一座十三层，为诸众生作归依处……政和六年三月望日"的碑文，可见塔原计划造13层。这也可从塔很少收分看出。大观塔将北方砖塔的构造，融入若干南方砖塔的做法，为宋代南北造塔技术过渡、融合的实例（图4-1-36）。

小方塔，建于南宋绍兴年间（1131～1162年）。又称绍兴塔。七层四面，楼阁式砖塔底层直径3.5米。因塔体呈方形，较近侧大观塔小，故名。第一层南北两面塔壁嵌有石刻佛像。

两塔对峙，使塔的性格更为鲜明。大观塔巍峨壮观，小方塔玲珑精巧，相映生辉。

4. 长庆寺塔

长庆寺塔，坐落于歙县城南练江之滨的西干山麓，建于北宋重和二年至宣和三年（1119～1121年），以后历代均有修葺。以唐代长庆寺得名，今寺已圮。

塔方形平面，七层实心楼阁式，砖石结构。原塔刹于乾隆四十一年（1776年）被雷击毁，现高23米。塔下设石质须弥座，须弥座上设有副阶。第一层较高，四面辟有券门，内置佛像，以上逐层递减。第二层以上墙中间均隐出窗券，各隅砌方形倚柱。檐口以叠涩砖挑出，叠涩砖上为木构腰檐。飞檐翼角悬有铁制风铎（图4-1-37）。

第二节　道教宫观

一、安徽道教建筑起源、发展与特征

1. 安徽道教建筑起源、发展

道教是中国本土生长的宗教，其宗教思想渊源，可以上溯至殷商时代的鬼神崇拜，继之是战国时期的神仙信仰，以及东汉的黄老道。安徽道教及建筑源流，也大体循这一条线路。安徽的云雾缥缈名山容易生成虚幻的景象。早期道教信仰，缘起自仙人于名山大川修炼的传说。黄山浮邱峰，相传为仙人浮邱公和容成子陪黄帝在此修炼之所。于是在浮邱峰下建有浮邱观祀神，据称岁旱祷雨有应。在

已亡佚的《歙县图经》有一段生动的记述：

> 北黟山……旧名黄山……其诸峰悉是积石，有如削成，烟岚无际，雷雨在下。其霞城洞室，符窦瀑泉，则无峰不有，若林涧之下，岩峦之上，奇踪异状，不可摸写，信灵仙之窟宅也。山中峰有溪，丘公仙坛，彩霞灵禽，栖止其上，是浮丘公与容成子游之处所。昔有人到坛所，忽见楼台焕然，楼前有莲池，左右有盐积米积。遂归引村人上取，了不知其处所。山下人往往闻峰上有仙乐之声。④

又，相传周代仙人匡续，栖隐于潜山（今名天柱山）：

> 匡续，字子孝。尝乘云入关，师事老子，还庐山受业刘越真人门，积功累行，周成王时遐举，尝于潜山栖隐，至今有遗迹。⑤

东汉时期起，道教尊老子为教主，道教理论，上及老子、庄子。老子为楚国苦县厉乡曲仁里人（《史记·老子列传》），曲仁里的位置，"历来学者考证有二说：一说河东鹿邑县东，一说安徽亳州境内。按此二说并不矛盾：历史上观之，鹿邑县多数朝代属亳州，建置变更较多；地理上观之，鹿邑县与亳州接壤，县城东十余里即亳州市境。"⑥庄子，道教奉为南华真人，史载为宋国蒙人，今考证其地也有二说：一说在河南商丘附近，一说在今安徽蒙城。按庄子曾为蒙漆园吏，蒙城战国时称漆园，旧有庄子祠及庄周故里，今尚存古漆园遗址，又有漆园街、庄周乡等地名。陈抟（公元871～989年）字图南，号扶摇子，宋太祖赐号希夷先生。五代末宋初"高道"、隐士。其家乡亳州真源县（今亳州城南宋塘河西岸陈庄），被称作"希夷故里"（图4-2-1）。陈抟继承汉代以来的象数学传统，熔道教的黄老清静无为思想及修炼方术、儒家的修养、佛教禅观于一炉，对宋代理学的奠基人周敦颐有直接而重要影响。道教徒把他奉为继老子、张陵以后的道教至尊，称其为"陈抟老祖"、"希夷祖师"等。总之，安徽淮北涡流域，是道家哲学的发祥地。东汉末年，张角创立的太平道，皖境淮北属于徐州、扬州的地区，也有太平道教徒及太平道的影响。

魏晋南北朝时期，道教神谱增添另一类神祇——"城隍"。公元239年，孙权在芜湖建立了城隍祠，"这是文献中关于城隍神的最早记载。城隍信仰也许就在那之后才渐渐兴起，故不能认为城隍神是公元前二三世纪左右确立的。"⑦三国时期安徽的道观还有东吴赤乌年间（公元238～251年）所建含山县三元观、晋咸康四年（公元338年）巢县金庭山紫微宫等。

唐、宋两代安徽道教达到鼎盛时期。唐朝，李唐王朝因和道教鼻祖老子李耳同姓，推崇道教。老子故里的苦县，隋为谷阳县，唐乾封元年（公元666年）改名真源县。唐高宗李治曾亲自"如亳州，祠老子，追号太上玄元皇帝"，又册封老君妻为"先天太后"，改称老子祠为"玄元庙"，命令百官王公皆习《老子》。此后全国各郡县多建玄元庙祠老子。玄宗天宝二年，改天下诸郡玄元庙为紫极宫，亳州玄元庙为紫微宫，旋即又改称"太清宫"（《旧唐书·玄宗本纪》），位于老子故里的太清宫成为国家的老子祭祀中心。它位于亳州西约20公里，其时属亳州（今属河南省鹿邑县太清宫镇）。唐玄宗李隆基还"令士庶家藏《老子》一本"，开元二十九年（公元741年）在"两京及诸州各置老君庙一所"，并几次"亲祠玄元皇帝庙"。亳州城中还有寥阳万寿宫、玉清万寿宫，均祠老子。

元代，创立于北方的全真教传入皖北，为盛行天师道的安徽道教增添若干新因素。

明代，朱元璋结束蒙元统治后，文化上试图上承汉唐。汉民族传统的道教也受到尊崇，伴随

图4-2-1 被道教奉为"陈抟老祖"的 陈抟故里 （资料来源：《亳州志》清光绪二十一年刻本）

的是兴建道教宫观。嘉靖（1522~1566年）和万历（1573~1620年）年间，江西龙虎山"嗣汉天师"⑧、正一派的张真人祖师三代奉旨驻留齐云山，建醮祈祷，香火日盛。齐云山渐渐成为江南道教活动中心，列为中国道教四大名山之一。但明代统治者奉行以儒治世，允许佛、道二教作为补充，受到限制和管理。洪武元年（1368年），朱元璋设"玄教院"管理道教。洪武二十四年（1391年），命各府州县只允许有宫观各一所。命道士集中居住，有创立宫观非额者，悉皆毁之。洪武二十七年（1394年），又颁行了度牒制。所谓度牒，是由国家颁发给道士的身份凭证。由道录司将各府州县宫观造成名册，称"周知册"。颁行全国各宫观。规定"凡游方行脚至者，以册验之，其不同者，许获送有司，械至京师治重罪。容隐者，罪如之。"⑨这样就有效地抑制了道教的发展。与此同时，随着儒家伦理道德教化的深入，日常生活被礼仪纲常化，伴随的是儒家礼仪建筑的生成，祠堂、牌坊、书院成为村镇主导。总之，明清两代道教及道教建筑，总的趋势是处于颓势。到清道光以后，随着西方近代科学技术的传入，有浓郁神秘色彩的道教式微越发明显。

2. 安徽道教建筑类型与特征

道教建筑类型主要有宫、观、祠、坛、靖室。

"宫"字最早见于殷墟甲骨，指规模较大的房屋。秦代起，成为帝王所居房屋的专指，民间不再使用。但为了敬神，较高等级迎神祀神的建筑可称宫。如玄宗天宝二年，改亳州玄元庙为"紫微宫"，后又改称"太清宫"。太清宫"层楼杰阁，门阀廊庑"，可见规模宏阔。而亳州城中的"寥阳万寿宫"、"玉清万寿宫"，因祠老子而称宫。

"观"，初为和"阙"、"阁"相近，有一定高度并可登临其上的门楼或望楼。汉人认为"仙人好楼居"，造"观"祀仙。道教产生后，一些仙人被吸纳入道教神谱，"观"也成为道教建筑称谓之一。"观"一般比"宫"等级略低。安徽早期道观，如黄山的浮邱观、含山县三元观等，等级次于宫。

"祠"，一种主要用于供奉祖先或乡贤、祭祀神祇的庙堂式建筑。早期的道教建筑亦称"祠"。如三国时芜湖所立的"城隍祠"，初唐亳州老子故里的"老子祠"，宋元丰元年（1078年），蒙城所建"庄子祠"。

"坛"，用土或和石垒筑的高台，源自上古用于祭祀、盟誓、禅位等大典。道士用来斋醮，进行祈祷、祈福、攘灾、增寿、超度等道教仪式。

靖室，亦称"静室"、"治"。早期道徒修养静息的处所。如道藏中的记述：升真王先生"乃于洞西北岭上结靖室以居，研味玄秘。"（《云笈七签》卷五）。"若师在远处，入靖室，面向师所在方，至心再拜"（《云笈七签》卷四五）。

南宋以后，道教有"全真道"与"正一派"两个主要派别，分统天下道教。全真道也称全真教，兴起于北方，有严格的修行出家规范。它仿效佛教，建立了"子孙庙"和"十方丛林"两套宫观制度。子孙庙，传道以师徒相授，代代相传的方式，故名。它由师父掌管庙中宗教事务和庙产，其庙产属于私有，可传给指定继承人。师父可以收道童授以道经，但须在十方丛林受戒后，才能确认为道士。子孙庙不接纳十方道众，故规模很小，又称小庙。十方丛林，有传戒特权而不私收徒弟。宫观属于全国道教徒共有。道教徒不分南北，也不分道派，皆有挂单居住的权利和保护的义务。十方丛林宫观的布置，与佛教的寺庙相似。"正一派"全称正一盟威天师道，是以天师道龙虎宗为中心，集合各符箓道派组成。正一派中道士有不出家的，可以住宫观，也可以有家室。平时穿俗装，住在家中从事各种非宗教职业。非斋期不戒酒肉。可收徒传教，但约定俗成父不传子。"正一派"宫观不拘一格，较世俗化。

道教宫观有何特点？除去"十方丛林"那类仿效佛寺的道观，道教宫观表面看去，既没有儒学的孔庙、学宫那种井然的秩序，也没有佛寺"伽蓝七堂"那样相对稳定的平面布局。道教宫观，是道教活动的外化，要寻找道教宫观的特征，须从认识道教开始。道教"上标老子，次述神仙，下袭张陵"（刘勰《灭惑论》）。何为道教的核心，李养正有一段精辟的文字：

究竟什么是道教核心内容？是老庄哲学思想，是神仙信仰，抑或是符箓禁咒呢？我以为老庄哲学不过是道教吸取来文饰其教的；符箓禁咒不过是一种迷信方术，道教也有的道派不崇尚符箓诸术的；只有神仙信仰才是其核心内容，去掉神仙信仰，也就不成为道教了。或者有人会说，道教之所以叫"道教"，正是因为信仰老子的"道"，才叫道教。其实，"道教"一词，在南北朝前，只是一个诸子百家所共用的概念，那时诸子百家无不把自己的理论和方法称之为"道"，以其"道"教化众人，便称之为"道教"。使用"道教"一词最早的是儒家把尧舜禹汤文武的先王之道和孔子的五经之道谓之"道教"；其次便是墨家、道家、阴阳家。佛教传入中国，"菩提"汉译为"道"，菩提之教，从而也称道教。东汉末出现的五斗米道，也同诸子百家一样自称"道教"，即"以善道教化"之意。以后由于道教崇尊老子，逐渐完成对老子的神化，别家也就不再自称"道教"，以示区别……惟有神仙信仰，惟有认为就在这个世界上有仙境、有形体长生不死的活神仙、人们可以追求而登仙，这才是道教最核心的内容，是它的特征。⑳

明白了道教的核心，也就不难把握道教宫观的主要特征：

首先，道教宫观常择址于秀丽的山川，这是因为它符合道教与理想中虚幻的"仙境"。安徽黄山素以"怪石、云海、奇松、温泉"四绝著称于世，很多景点成为道教理想的"仙境"：炼丹峰，相传为轩辕黄帝向浮邱公、容成子请教炼丹之术处，峰上尚有石室，室内有炼丹灶（图4-2-2）；石门峰，峰顶中分，其半有大石横架，大石两头各有龟形石床。传为容成子、浮邱云侍黄帝安寝之所；天都峰，取自"群仙所都"的意象；飞龙峰，传说为轩辕黄帝修道炼丹的游憩之处。仙人峰，峰顶有二石人对坐，传为黄帝与浮邱公灵气所化；床峰，传峰顶有石床，如白玉琢成，坐卧皆宜。又有紫石床3张，碧石枕3个，为容成、浮邱陪黄帝游憩之所；望仙峰，黄帝于此峰顶得道乘龙升天；仙都峰，《神仙补阙付》载："黟山北峰乃神仙游处，时有彤云簇拥，白鹤飞翔"即指此；容成峰，相传为仙人容成子炼丹和游憩之所，峰上有容成洞，峰下有紫烟源，源中有容成子遗址；朱砂峰，岩成赤色。相传黄帝与浮邱公在此采朱砂炼丹；芙蓉峰，传黄帝进山采药经此。道教圣地齐云山脉，古称"白岳"。为一组断块山，虽就海拔而论，多数山峰不过五百米，但相对高差则常达二三百米，崖壁直削，又直逼河谷低地。《齐云山志》称：因"一石插天，直入云汉"，故名"齐云"。齐云山号称36奇峰，72怪岩，还有石洞、幽洞、湖池、飞泉。特别是它山体由红砂岩和砾岩互层组成，属不可多得的"丹霞地貌"。《徽州府志》赞："齐云岩与武当雄峙"。

第二，道教宫观的构成中一些相异元素，与道教追求的长生不死，得到成仙的基本信仰是一致。例如，露天的"坛"与封闭的"靖室"。祈福攘灾的"坛"，在追求长生不死。靖室中修身养性也是为了长生。

第三，从建筑内部空间看，宗教建筑大多存在"神"与"人"两个空间。道教宫观中的也有神仙，但这些神仙和人一样，有血有肉，善解人意，为信众现实问题排忧解难。不存在一个与世隔绝的空间。这全然不同于佛寺、天主教堂，有一个冥冥中上苍中神的空间。

图4-2-2 黄山炼丹峰

第四，道教看重个体的价值、相信修炼，经过一定的修炼，可以直接超凡入仙。但修炼的途径，有较正统"全真道"，也有较世俗的"正一派"。于是产生两类道教宫观，"全真道"有规矩的"十方丛林"，与"正一派"不拘一格的宫观。地处江淮之间的特殊地理环境，使这两种道教建筑都存在。安徽的淮河流域，元代传入全真道，道观多受其影响，如怀远的禹王宫。江南则由江西传入"正一派"主导，如齐云山道教宫观。

第五，作为中国土生土长的道教，其神谱中四百多神仙，大多来自现实世界的人，或民间信仰。这就使得道教宫观，与乡贤祠或民间信仰庙宇，有着剪不断理还乱的联系。我们看到：乡贤或民间信仰的祠庙，可以被吸纳为道观；道教宫观，也可还原为民间信仰庙宇。以怀远涂山的禹王宫为例，西汉所建的"禹庙"，为表彰大禹治水的功绩而建，属于乡贤祠性质。唐朝柳宗元作《涂山铭》碑记，并书"灵宫殿"，大禹被神化为能祈福攘灾的神祇，当属民间信仰神庙。元代全真教传入皖北，神庙改为"天庆观"（后易名"元妙观"），成为道教宫观。

二、道教建筑案例分析

1. 道德中宫

道德中宫位于今亳州市老祖殿街东首。为祭祀道教始祖老子的祠观，又名老子祠、老祖殿。宫前的问礼巷，相传为孔子问礼于老子处（图4-2-3）。

道德中宫始建年代不详，但据载，唐乾封元年（公元666年）亳州已有老子祠。明万历年间（1573~1619年），知州马呈鼎在道德中宫内创修著经堂，石刻《道德经》64块，并建春登台。清乾隆十三年（1748年）、道光十六年（1836年）两次修葺。

道德中宫坐北面南，现存宫门、拜殿、后殿。宫门面阔三间，上题"道德中宫"，青石台阶，拱券门洞两侧石狮相依；拜殿祭人祖，面阔三间，进深八椽，抬梁式大木结构。后殿为主殿，祭老子。中殿面阔三间，东西有挟屋，各有一院落，东院门题"紫气东来"，敬鲁班；西院门题"青牛西渡"，敬财神。现存建筑仍保留明代特征（图4-2-4）。

2. 齐云山道教建筑群

齐云山，古称白岳。位于休宁县北，为中国道教四大名山之一。唐元和四年（公元809年）立石门寺。自宋代起，为释道二教繁盛之地。明嘉靖帝题"齐云山"匾额，御赐"玄天太素宫"。齐云山便作为道教圣地名扬于世。

齐云山方圆一百平方公里，境内有36奇峰（图4-2-5），72怪崖，间以曲涧、幽洞、碧池、青泉，汇成胜境。齐云山道教建筑，多集中于月华街景区。月华街是齐云山上由宫观、道院、舍院等依山而筑的月牙形建筑群。因街心有一弯月牙形水池得名。现存道教古建筑有太素宫遗迹（图4-2-6）、兰谷道院、胡伯阳房、镜台道院、梅轩道院。以太素宫为中心。重建于太素宫东侧的真武阁，为两层楼阁；太素宫之西紫霄崖下的玉虚宫（图4-2-7），始建于明正德十年（1515年）。宫前有明代江南才子唐寅撰写的《紫霄宫玄帝碑铭》。碑高7.6米，宽1.4米，尺度夺江南碑林之冠。"小壶天"为明代石坊（图4-2-8），位于梅轩道院后侧的退思岩。石坊巧妙地构成葫芦状门，寓意"一壶洞天"。真仙洞府，三面峭壁危立，岩间道人就洞建宇得名。洞府多设门坊，洞府间崖壁上遍布题刻，以"天开神秀"最为醒目（图4-2-9）。香炉峰，位于月华街太素宫前，形似鼎。其峰有铁亭，设香炉供香客

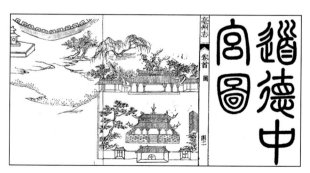

图4-2-3 清光绪《亳州志》中的"道德中宫图"（资料来源：《亳州志》清光绪二十一年刻本）

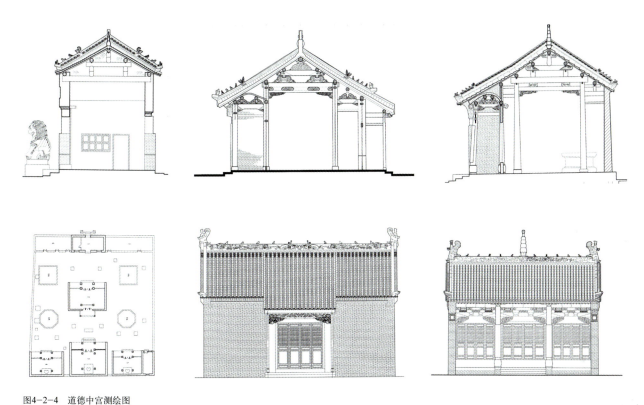

图4-2-4 道德中宫测绘图
上：从左到右，依次为中轴线上宫门、拜殿、后殿；下：左为总平面图，下中、右为拜殿、后殿立面

膜拜。

齐云山道教，属于道教中较世俗的"正一派"。其建筑之长，在于依山取势，得景随形。建筑的"显"和"隐"，形态与尺度，都取决于自然景观。而齐云山群峰竞秀、怪石烟云、飞泉洞窟的景色，恰与道士吸山水神慧、羽化登仙的"洞天福地"境界神似。

3. 禹王宫

禹王宫，亦名禹王庙、涂山祠。位于安徽怀远淮河边的涂山之巅。涂山，为传说中大禹劈山导淮处。涂山南麓的禹会村，还是禹召集部落首领"涂山之会"处。据清嘉庆《怀远县志》：公元前195年，"汉高祖过涂山，命立启庙以镇荆山，立禹庙以镇涂山"。唐代尊道教，禹王庙增建了"老子殿"、"三官殿"等。元代成为道教宫观，易名"元妙观"。明正德九年，扩建了禹王宫，"前后殿宇，焕然而增新，大门、垣墙，翼然而严整；钟、鼓二

图4-2-5 齐云山香炉峰

楼，巍然而雄峙，规模宏远，视昔不侔焉"（明正德十年《重修禹王庙碑记》）。但清代，楼阁殿宇多倾圮。晚清和民国年间，禹王宫多次修缮。今除一建于明万历四十二年的"香寮亭"外，多为清末民国遗筑。

图4-2-6 齐云山太素宫

图4-2-7 齐云山玉虚宫

图4-2-8 齐云山小壶天

图4-2-9 齐云山"天开神秀"题刻

涂山禹王宫按中、东、西路布局。中路四进：依次为山门、拜厅、禹王殿、启母殿。第一进山门，横书"空山垂四壁，古庙独千秋"巨字（图4-2-10）。第二进拜厅，第三进为禹王殿主殿（图4-2-11），东侧有明代的香寮亭（图4-2-12），内塑大禹塑像，皋陶、伯益配祀左右。第四进为启母殿。东西两路有老君殿、吕祖殿等道教建筑（图4-2-13）。

此外，禹王宫西南有启母石、台桑、卧仙石。启母石，传为禹妻涂山氏望夫所化（图4-2-14）。禹王宫西有"圣泉"、"灵泉"，清澈澄碧。

神仙信仰是道教核心。作为本土宗教，道教神仙多从民间信仰中吸纳。禹王，无论作为历史人物，还是民间信仰的神祇，本与道教无瓜葛。禹王宫是道教泛神教性质的一个典型案例。

图4-2-10 禹王宫山门

图4-2-11 禹王殿

图4-2-12 香寮亭

图4-2-13 东西两路有老君殿、吕祖殿等道教建筑

图4-2-14 启母石

图4-3-1　亳州北京寺的无像宝殿

第三节　伊斯兰教建筑

一、安徽伊斯兰礼拜寺的特征

作为与佛教、基督教并称世界三大宗教的伊斯兰教（al-Islam），是7世纪初穆罕默德（约公元570～632年）创建于阿拉伯半岛的宗教。唐朝永徽二年（公元651年），伊斯兰教兴起之初，就传入中国。穆罕默德"有门徒大贤四人，唐武德中来朝，遂传教中国。一贤传教广州，二贤传教扬州，三贤、四贤传教泉州"。[⑪]唐代，安徽的江淮地区属于扬州，治江都（今扬州市）。早期传教的除阿訇，还有阿拉伯商人。安徽伊斯兰教活跃的寿州、亳州，都是重要商埠。一些清真寺有商帮背景。如亳州的北京寺（图4-3-1），始建于明万历以前，系从北京来亳经商的穆斯林集资兴建，故名。

伊斯兰建筑形成了一套固定形制，以其作参照系，可以看到安徽清真寺如下特征：

首先，伊斯兰建筑有明显的地域特征，这可以从安徽伊斯兰建筑得到印证。如伊斯兰礼拜寺，通常有整一的大空间。安徽清真寺，多为乡土建筑的院落式（图4-3-2），传统建筑材料、形式与风格。

图4-3-2　安庆清真寺院落

图4-3-3 清真寺常用牌匾、楹联表意

图4-3-4 清真寺无像宝殿

中国建筑常用牌匾、楹联表意，这也见于安徽清真寺（图4-3-3）。伊斯兰礼拜寺标志性元素邦克楼，在安徽清真寺却鲜见。

第二，伊斯兰礼拜寺通常有一横向使用的矩形礼拜堂，不设神像，面对麦加方向。因为伊斯兰教反对偶像崇拜。在中国佛教建筑中，也有横向使用的矩形"大雄宝殿"。我们看到安徽有相当多礼拜寺移植了大雄宝殿的形式，称之"无像宝殿"（图4-3-4）。东西朝向，以面对麦加方向，如寿州清真寺、安庆清真寺、亳州北京寺、城里清真寺。

图4-3-5 亳州城里清真寺

图4-3-6 寿县清真寺大中门

图4-3-7 寿县清真寺无像宝殿内部抬梁结构

第三，从清真寺分布看，很不均匀。淮北较密集，特别是寿州、亳州等早期商业繁华的城镇。徽州则受程朱理学的熏陶，几乎没有清真寺。

第四，晚清以后，中国一些店铺一改牌楼式门面，采用西方巴洛克建筑语汇，招揽生意。由于清真寺与商帮的联系，巴洛克语汇也传到安徽清真寺。亳州城里清真寺（图4-3-5）、和州清真寺都可举证。

二、礼拜寺案例分析

1. 寿县清真寺

寿县清真寺，位于寿县城内南大街，建于明天启年间（1621～1627年），清道光、光绪年间维修。

全寺沿东西中轴线布置二重院落，东西长128米，南北宽44米。前院正中为大中门（图4-3-6），两侧设偏门；二进院落，无像宝殿居中，南北为厢房；后院由无像宝殿环以垣墙组成。主体建筑无像宝殿立于台基上，面阔五间，进深七间，抬梁结构（图4-3-7），四周围以柱廊。屋顶为前后两重重檐歇山顶，勾连结式衔接。南北面观，飞檐翘角（图4-3-8）；东西面观，稳健沉雄（图4-3-9）。两侧各开券门5道。

对地域文化有很强的亲和力，是伊斯兰礼拜寺的特征之一。寿县清真寺，除维系了伊斯兰礼拜寺

图4-3-8　寿县清真寺无像宝殿侧立面

图4-3-9　寿县清真寺无像宝殿正立面

图4-3-10 安庆南关清真寺垂花门

不设偶像等基本要求外,完全为中国传统建筑的布局和形象。伊斯兰礼拜寺多为整一的院落,寿县清真寺则吸收中国建筑纵深序列布局,多院落组合的方法;伊斯兰礼拜堂以巴西利卡式长方形大厅居多,寿县清真寺不仅以中国的大殿代之,连称谓"无像宝殿",也具中国味。

2. 安庆南关清真寺

安庆南关清真寺,位于安庆南关忠孝街。始建于明成化五年(1469年),明宪宗敕赐"百字匾"。明末毁于兵燹。清康熙、咸丰年间多次毁后重建。现存主要建筑重建于光绪二年至二十二年(1876~1896年),依旧基摹图重建。

安庆南关清真寺采用皖江传统的院落布局,因地制宜布局。经大门、石窟门、垂花门(图4-3-10),曲折而入,过几层小院落,即达大殿。大殿"无像宝殿"前有四级石阶,为重檐歇山周围廊(图4-3-11),殿阔五间。上檐斗栱九踩,下檐斗栱七踩(图4-3-12)。殿内有殿柱36根,面积达600多平方米。

图4-3-11 安庆南关清真寺无像宝殿

图4-3-12 安庆南关清真寺下檐七踩斗栱

图4-3-13 亳州北京寺大门

3. 亳州北京寺

北京寺为伊斯兰礼拜寺，是从北京来亳经商的穆斯林集资兴建，故名北京寺。位于亳州市双寺街。始建年代不详。据寺碑记载，现存建筑为明万历年间重修。北京寺现有大门（图4-3-13）、大殿、南北讲堂、腰厅等建筑，并附设有女寺。

注释

① 至迟从王莽时期起，循此制度。《三辅黄图》："前殿曰路寝，见群臣诸侯处也。"先秦时"路寝"是正寝，即天子、诸侯听政、处理事务处。《礼记·玉藻》："君日出而视之，退适路寝听政。"

② 宗白华. 宗白华全集（第二卷）. 安徽教育出版社，1994.

③ 同②。

④ [宋] 李昉. 太平御览. 卷四十六.

⑤ [清] 姚琅. 安庆府志. 卷十三. 清康熙二十二年刻本.

⑥ 吴德良. 安徽道教概述. 中国道教，1989，（01）.

⑦ [日] 洼德忠. 道教诸神. 萧坤华译. 成都：四川人民出版社，1988.

⑧ "嗣汉天师"，源自元世祖忽必烈对道教正一派第36代天师张宗演的册封。其意道统可上溯汉代，道脉源远流长。

⑨ 明太祖实录. 第二二三卷.

⑩ 李养正. 谈谈道教的几点特征. 道教与传统文化. 中华书局，1992：29，30.

⑪ [明] 何乔远撰. 闽书.

安徽古建筑

第五章 民间信仰建筑

安徽民间信仰建筑分布图

（地图引自：中华人民共和国民政部编. 中华人民共和国行政区划简册2014. 北京：中国地图出版社，2014.）

① 相山庙（显通庙） ③ 嘉山火神庙 ⑤ 歙县昌溪忠烈庙
② 巢州中庙 ④ 庐州府城隍庙 ⑥ 广德县下阳祠山庙

民间信仰是一种民众自发地对具有超自然力量的信奉与崇拜。它是民间普遍存在的一种文化现象。在中国传统建筑中，民间信仰建筑是类型特征显著，且很广泛的一类。民间信仰常与宗教混为一谈，特别是同样来自本土的道教。因此，它也是有待于进一步探讨的建筑类型。

安徽是民间信仰建筑杂多的地区，除了普遍存在的城隍神、风雨雷电一类自然神，也有诸如池州的傩、歙州的汪华崇拜，巢州的太姥一类地方民间信仰。

本章在对民间信仰建筑性质、特征，及其构成元素探讨基础上，分析安徽民间信仰建筑。

第一节　民间信仰与民间信仰建筑

一、民间信仰

民间信仰指一种民众自发地对具有超自然力量的信奉与崇拜。民间信仰不同于宗教。一般说来，"大凡一种重要宗教，都有四个层次，从内向外，一为宗教信仰（基本宗旨），二为宗教理论（教义、学说、戒律），三为宗教实体（宗教组织、设施、活动），四为宗教文化（在宗教推动和影响下形成的多层多向文化）。宗教文化是关于宗教的最广泛的概念，它的边缘与非宗教文化交渗，具有模糊不定的性质"。[①]我们可从上四个层面检讨民间信仰与宗教区别与联系：

首先，从核心层的宗教信仰观察，虽说民间信仰与宗教相似，都持有神论。但民间信仰的"信仰"，是与功利相关联的不纯粹信仰。拜妈祖，是祈求保佑海上平安顺风。求观音是希望送子。信仰的不纯粹，决定了信仰不具有排他性。拜妈祖，不排斥信奉观音。这与宗教强烈的排他性形成鲜明对比。第二，与宗教有其教义、学说、戒律等理论不同，民间信仰并无其系统的理论建树，伴随之是各类无学理支持的民俗活动。如民间信仰祠庙常附有戏台，将娱神娱人合一。诸如抬阁、高跷、傩舞一类民俗活动，背后是有民间信仰的支撑。第三，民间信仰一般无专门的组织，常以地缘关系为纽带。以当地民风民俗，实施一种柔性约束。例如在明清的商业会馆，常配有戏台，以敬奉家乡共同的俗神来增强地缘纽带。本章讨论的亳州山陕会馆的大关帝庙，便是以山西和陕西地缘关系为纽带；第四，对于宗教最外层的宗教文化，与民间信仰有很高相似度。特别是诸如道教一类的本土宗教，它在发展过程中不断吸纳民间信仰元素。如道教中神仙传说与成仙方术，就吸纳自楚燕齐的民间信仰。再如，安徽怀远的禹王崇拜，本属民间信仰的禹王庙，后被改造成道教宫观（参见第四章）。总之，民间信仰是民俗活动的一种，它有别于宗教，没有系统的理论，也没有教规和严密的宗教组织。不同信仰间无排他性。信仰者并非追求道德目标，而是为某种祈福禳灾的功利要求。宗教与民间信仰相似的，只是其最外层、也是最广泛的宗教文化。由于宗教的文化层面本身就模糊不定，加之一些本土宗教与民间信仰间互动、交融与渗透，这就难免发生民间信仰与宗教的混淆。民间信仰作为一种文化现象，比宗教更为稳定。

二、民间信仰建筑与宗教建筑区别与联系

民间信仰上述基本特征，铸就了民间信仰建筑与宗教建筑，有区别又有类同点。

首先，民间信仰不具有排他性，这使得民间信仰祠庙能容得下不同门派的神祇聚于一堂。一般说来，一种神祇只能满足有限几种功利要求，要使祠庙满足多种功利要求，也须诸神汇聚一堂。民间信仰建筑的祭堂中，除了主祭的神祇，还有附祀的神祇。如巢湖的中庙主祭祀，主巢湖波涛的太姥，附祭的是传为泰山玉女的碧霞元君。佛教的佛与菩萨，被安放二进大殿。此处的佛已是被吸纳为民间信仰的俗神，不能混同于佛教。此外，清末李鸿章为纪念淮军所建的昭忠祠，也被放在庙东侧。再如，中国广袤的乡村中有祠祭观音的习俗，无非是祈求送子一类功利要求使然，民间信仰祠庙中祠祭的神祇及排列位置，常根据祭祀者需求，神祇的尊

卑被淡化、弱化。

第二，民间信仰本身无理论支撑，这使得民间信仰祠庙内一般不需设诵经藏经的单体建筑。如佛教的伽蓝七堂中，有讲经的讲堂和藏经籍的经堂。民间信仰祠庙中不设讲堂经堂一类比较严肃冷清的单体，而是向相反的方向发展。出于娱神娱人的需要，使其常附有作戏的戏台和观戏的酒楼。伴随各类娱乐性很强的民俗活动，民间信仰祠庙又多有浓妆重彩。如亳州大关帝庙戏楼，因装饰的美轮美奂，俗称"花戏楼"（图5-1-1）。

第三，民间信仰受地域的局限，没有跨地区固定组织。因此，民间信仰祠庙不像诸如教堂佛寺，依附于宗教组织成封闭系统。例如，巢湖中庙的太姥，只管有限的巢湖。再如，城隍神，虽然遍及全国，但每一个城隍神祇和管辖的城镇是有别的。芜湖的城隍神，祭祀东吴周瑜副将纪信。安庆府城隍神为"敕封显忠翌运伯"。明初，大封天下城隍神爵位，分为王、公、侯、伯四等。可见同为城隍神，是有等级区别的。

第四，民间信仰祠庙，常附有面对神庙的戏台（图5-1-2）。通过演戏来酬神，可以追溯到汉代。安徽涡阳大王庄出土的西汉绿釉陶戏楼中，有5个伎乐俑表演酬神。明清以后，演戏增益了娱人成分，也通过观戏增进强化地缘纽带联系。

第五，民间信仰祠庙有程度不同的地缘色彩。或依托乡村社区，或依托商业会馆一类的社团。民间信仰祠庙的匾额，时有标示所属的某某"境"，便是祠庙所依托的社区。民间信仰祠庙是民间社区中的组成部分。在诸多古村落，并存着两套系统：一为家族血缘为纽带的宗法社会，二是以地缘俗神信仰为基础的民风民俗。前者物化形态，包括家祠、支祠、宗祠、牌坊。后者包括神庙神祠，以及作戏、抬阁、高跷、傩舞一类民俗活动。

最后，民间信仰祠庙与道佛一类的本土或中国化宗教的建筑，有若干相似点。民间信仰祠庙的神堂平面，与佛寺的殿阁一样，取横向使用的长方形，神坛有偶像。这是因为中国信徒更愿意接受人

图5-1-1　亳州大关帝庙戏楼雕饰

图5-1-2　亳州大关帝庙戏楼

格化的神，并直接得到神的启示。而不像西方基督教，教徒通过作为中介的神父、牧师去与神交流。这可从民族性格理解，"诸夏民族受环境的影响，思想至为平实，故其神的观念也至为简单……其所谓神，都是具体的人物，且系与日常生活有关的。不似希腊、印度及波斯神话之多，都代表抽象的哲理，这便是诸夏民族思想的特色，正可以表示出他们只是大平原中一个老实安分的民族，没有什么有余时间去胡思乱想的。"②

三、民间信仰建筑基本组成元素

至迟到明代，已形成了一套稳定的民间信仰祠庙的组群元素，一般由神堂、拜殿、戏台、两翼的酒楼、"鼓楼"和"钟楼"组成。对于特定性质或背景的神庙，这些单体元素可裁剪增益。以下我们以

亳州江宁会馆（图5-1-3）为例，对这些构成民间信仰祠庙的单体元素的功能与缘起，略作分析考证：

1. 神堂

神堂是供奉神祇的场所。它是民间信仰祠庙必具的组群元素。前文已述及，神堂的平面取矩形，横向使用，有主祭和附祀神祇的造像。如亳州大关帝庙的火神庙，主祭火神，附祭财神和人祖（图5-1-4、图5-1-5）。民间信仰祠庙中的造像，一般尺度较小，罕见佛教观音阁中那种高于单层的造像。亳州江宁会馆是佛教寺庙蜕化成民间信仰，佛教造像稍大于一般民间信仰造像，但小于佛教神像（图5-1-6）。这不全是因民间信仰缺少纯粹宗教崇拜的冲动，还因民间信仰俗神受制人体尺度。中国早期民间信仰和祭祖先时，要以人扮演，扮演者称"尸"、"灵"或"灵保"。据王国维考：

古之祭也必有尸。宗庙之尸，以子弟为之。至

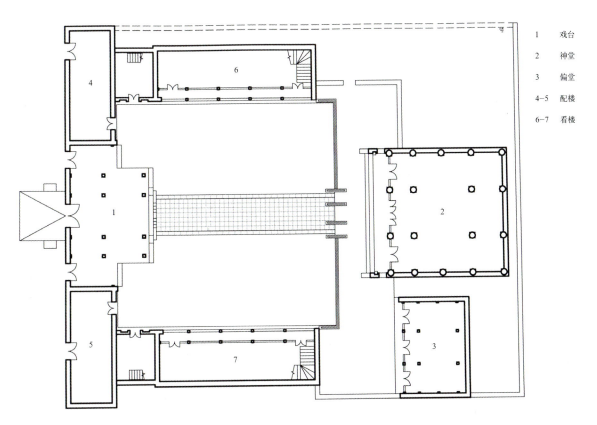

图5-1-3 亳州江宁会馆

1 戏台
2 神堂
3 偏堂
4-5 配楼
6-7 看楼

图5-1-4 亳州火神庙

图5-1-5 亳州火神庙主祭火神，附祭财神和人祖

图5-1-6　亳州江宁会馆神堂　　　图5-1-7　版画《贵池傩》（李成城　作）

天地百神之祀，用尸与否，虽不可考，然《晋语》载'晋祀夏郊，以董伯为尸'，则非宗庙之祀，固亦用之。《楚辞》之灵，殆以巫而兼尸之用者也。其词谓巫曰灵，谓神亦曰灵，盖群巫之中，必有象神之衣服形貌动作者，而视为神之所冯依：故谓之曰灵，或谓之灵保。③

受其影响的俗神的尺度也受制约。今广泛流传徽州乡间的抬阁、池州的高跷、当为"尸"、"灵"的遗踪。至今，"傩"一类民间信仰中，傩神还是由人装扮。以后衍生出直接戴傩面具游街。春节期间村民抬其巡游。安徽池州，保留了完整的傩俗（图5-1-7）。余秋雨曾以一篇"贵池傩"④，引起广泛关注。

如同祠堂中有总其宗的宗祠一样，一般在古村落诸多民间信仰祠庙中，有一座祠庙的神堂，作为聚落民俗活动起点与终点。它常位于村落"水口"处。以傩庙的神堂为例，它的神堂是陈放傩面具和举行傩仪的场所。因为傩面具被视作神灵，神堂也就有了神庙的至尊。同时，神堂又是傩神扮者"人"与"神"身份转换的场所，要以一定的仪式来确认。从神堂取下傩面具加戴的仪式一般称"起傩"或"请神"，有严格的时间限定，通常在农历正月。神堂一般规模不大。分为内外两室，外室用于供奉傩面具和"起傩"仪式，傩面具上方常开有天窗。内室供奉傩神，光线幽暗，一般有藻井。从现有资料看，专用的神堂供奉傩面具，在赣傩中最盛。今江西萍乡、南丰、乐安等县，有相当数量傩庙遗存。

2．拜殿

拜殿，亦称拜亭。它位于神堂之前，设香炉进香拜谒处。亦有在神堂前划出一空间。早期神堂前仅有香炉并无拜殿（亭）。此后，为了防雨，加盖了亭。至今尚可见覆盖有雨亭的香炉遗存。随着民间信仰建筑逐步世俗化，雨亭也由进香时避雨的作用，转到观戏时避雨。其形态也随多种世俗用途调整。

3．戏台

民间信仰祠庙常设有戏台酬神。王国维曾发问："歌舞之兴，其始于巫乎？巫之兴也，盖在上古之世。"⑤就现有资料看，戏剧起源于民间信仰中的酬神活动。经历了"酬神—歌舞—戏剧"的演进过程。具体说，由原始社会巫觋的祭神，发展到汉代的百戏。所谓百戏，是一种融歌、舞、乐、杂耍为一体的娱乐活动。汉代的百戏，需要较大的场地，四川成都北郊羊子山1号东汉墓画像石中的宴饮观百戏图，以及山东省微山县出土汉画像石观百戏图显示，戏场均为较大场地。唐代的歌舞伎乐较集中，出现了用来表演歌舞伎乐的台子，叫锦筵或舞筵，筑于水池之中。台中铺红氍毹（近于地毯）供舞者表演。直到宋代出现杂剧，有了剧情，才有了真正意义的戏剧，也才有戏台。宋代的戏台，"舞亭"、"舞楼"、"舞厅"、"乐台"等多种称谓并用，可见尚未完全定型。元代伴随杂剧，戏台方定型。可以说，中国古戏台源自神社戏台，戏台与诸多的民间信仰相关。所谓"有村必有庙，有庙必有台"。戏场的形态制式，与民间信仰有着很高的相关系数。民间信仰祠庙，多将仪门与戏台合一，平时作为仪门，演戏时将活动台安上。各类民间信仰建筑相异的功利取向，影响到戏场。此外，民间信仰以祈福、纳吉、禳灾等功利要求为目标，常伴随着迎神赛会、聚餐等集体性活动。戏剧就不是简单的"观"和"演"的关系，这影响到戏场的构成。至今有些地方还有演戏前先祭神的传统。纵观民间信仰建筑的发展，有个大趋势，巫觋和神秘色彩渐次减弱，世俗成分增益。伴随着娱神色彩渐弱，娱人色彩渐浓的变化，戏场格局也发生变化。

4. 酒楼

亦称"饮楼"，一般设于戏台的左右两翼（图5-1-8）。楼层供女宾观戏。酒楼源头之一是隋代的看棚。早期傩舞一类的民俗活动，是沿街巷流动展开。此时为观看搭建临时性看棚，是其滥觞。《隋书》中记载，"至隋炀帝大业二年，突厥染干来朝，炀帝欲夸之，总追四方散乐，大集东都。"⑥此后，"每岁正月，万国来朝，留至十五日，于端门外，建国门内，绵亘八里，列为戏场。百官起棚夹路，从昏至旦，以纵观之，至晦而罢。伎人皆衣锦绣缯彩。其歌舞者多为妇人服，鸣环佩，饰以花眊者殆三万人。"⑦文字中的"起棚夹路"，当为沿街临时搭建的看棚。注意到戏场"绵亘八里"，伎人达3万，可见舞乐尚未脱离早期巫祝活动的群体性质。今酒楼多为两层，偶有三层。

5. 磬楼、钟楼、鼓楼

鼓磬是中国上古两种主要乐器。并广泛用于礼仪、祭神。汉画像中，有相当数量以建鼓为主乐的祭祀舞乐的图像。这应当是现代汉语中的"鼓舞"的语源。至今晋南还有以锣鼓为主乐，带有傩性质的"锣鼓杂戏"。磬，石质，亦称"石"、"鸣球"。《说文》释："磬，乐石也。"磬的历史，可上溯到母系氏族社

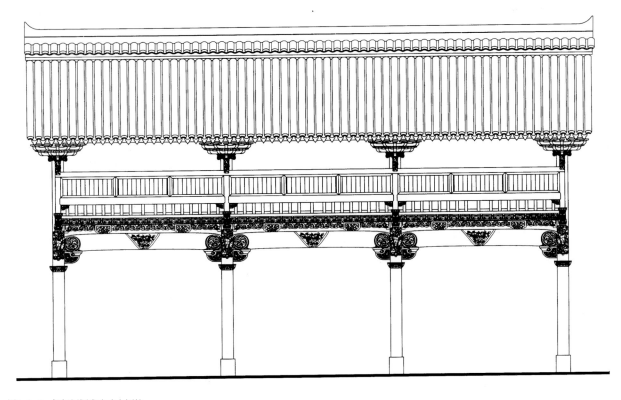

图5-1-8　祁门汇源堂古戏台酒楼

图5-1-9 亳州大关帝庙鼓楼

会祭祀舞蹈时敲击的石头。后被收入祭祀的雅乐中。早期的形象资料，见于山东沂南汉墓石刻祠庙。祠庙外右阙后露天陈放着磬。宋代以降，钟楼、鼓楼成为佛教寺庙要素。受其影响，除偶见民间信仰建筑保留磬鼓的旧制，大多被钟鼓楼取代（图5-1-9）。

总之，民间信仰建筑是中国传统建筑中独立的一类。它不同于宗教建筑，"信仰"与功利相关联，并且不具有排他性，由此产生民间信仰建筑中的附祀现象。民间信仰并无其系统的理论支持，因此民间信仰祠庙中不设宗教建筑中神学院、讲堂、经堂一类用于宗教理论宣讲的建筑。无学理支持的各类民俗活动，使得民间信仰建筑向相反的娱神娱人方向发展，常附有作戏和观戏的戏台、酒楼，并伴随诸如抬阁、高跷、傩舞一类民俗活动。在长期积淀中，民间信仰建筑形成了一套稳定的型制和组群元素，一般由神堂、拜殿、戏台、两翼的酒楼、鼓楼和磬楼组成。

第二节 自然神祠庙

一、自然神崇拜及其祠庙的特征

自然神崇拜，是将与人类有密切关系的自然现象神灵化，加以崇拜。这是一种古老的民间信仰，它可追溯到蒙昧时代，对无法解释自然现象的敬畏。

自然神崇拜是民间信仰中最庞杂的一类。就其自然现象的源头，盖可分为：天上的日、月、星辰；地上的山、水、土地、石、江河、海。安徽处内陆，无海。但有巢湖，于是有主巢湖波涛的太姥圣妃；自然现象，如风、雨、雷、电、火；动植物，如蛇、熊、鸟、树、谷等。民间信仰不仅将自然现象神灵化，而且用拟人的方法使其偶像化。如天神玉皇大帝、土地公、土地婆。芜湖的城隍神，主祭的是三国时期吴将徐盛。

因自然神崇拜庙宇所祭祀的神祇，多从原始崇拜演进而来，如蛇王、猴精崇拜。形制反映很长演进过程，神庙的空间有很大差异，可取一进、二进。单空间尺度较小，布局紧凑。不设戏台，光线幽暗；二进可简可繁，简则仅在神堂前设门屋，如亳州大关帝庙中的火神庙（图5-1-4）；繁则庙门、戏台、钟鼓楼、酒楼、神殿俱全。

二、自然神祠庙案例分析

1. 相山庙（显通庙）

相山庙，亦名显济王庙。位于沛国相山南麓（今淮北市）。西晋太康五年（公元284年），武帝司马炎诏令各诸侯国祭祀界内山川，沛国令郭卿主持兴建相山庙，以供奉相山之神，并立石刻铭"巍巍相山，盘郁穹崇，上应房心，与天灵冲，兴云播雨，稼穑以丰"。立庙祀相山神是祈求风调雨顺，以"稼穑以丰"。北宋神宗元丰八年（1075年），敕赐"显通庙"额；徽宗宣和五年（1123年）敕封相山神为"崇惠侯"；宋绍兴元年（1131年）又加封"显济王"。现存建筑为明嘉靖四十四年（1565年）重建，清同治四年（1865年）修葺和扩建。

祠庙依山就势布置，主要建筑有：奎楼、相王殿、天王殿、御书亭、戏台等。寺内存乾隆皇帝的御书的"惠我南黎"碑、高晋书"渗水崖"碑等宋至清代庙宇的碑刻22方。

奎楼为山门，建于同治四年（1565年），由台和楼组成（图5-2-1）。台设有拱门，赭红色墙体厚实凝重，楼立于台上，面阔三间，进深一间，歇山顶。黄色琉璃瓦屋面，飞檐翘角。相王殿为面阔三间的小殿（图5-2-2），硬山顶，抬梁砖木结构。青砖灰瓦，山墙、屋脊有浓郁乡土风格的砖雕（图5-2-3）。

2. 巢州中庙

中庙，位于巢州、庐州中间得名。又因中庙主祭祀巢湖水神太姥，又名"太姥圣妃庙"。始建于吴赤乌二年（公元239年），后唐重修时"鸳瓦挽空，虹梁用状，妙臻土木，美极丹青"。其中"虹梁"，即宋《营造法式》中的月梁。后屡毁屡建。其中元朝大德初年（1297年）重建。明朝正德末鼎新重修，补洞成桥，跨桥构殿，立坛湖中。⑧光绪十五年（1889年）李鸿章倡募重修。

中庙坐落在巢湖北岸的巨石矶上，三面临水。石矶呈朱砂色，形似飞凤，通称凤凰台。古庙坐北朝南，三进（图5-2-4）。一进殿堂有牌坊式门楼（图5-2-5），庙门上有"巢湖中庙"书刻。第二进为拜殿。第三进为三层楼阁，是民国期间毁后重建。庙东侧有清末李鸿章为纪念淮军所建的昭忠祠。

图5-2-1　相山庙奎楼

图5-2-2　相王殿

图5-2-3 相山庙砖雕

图5-2-4 巢州中庙

图5-2-5 巢州中庙门楼

图5-2-6 庐州府城隍庙

在晚霞的照射下，中庙的殿堂楼阁，与湖光水色融为一体，有"湖天第一胜处"之誉。

3. 嘉山火神庙

嘉山火神庙，位于嘉山县（今明光市）女山湖镇西隅，始建于宋代。庙前进山墙下方所嵌捐款碑有"乾隆十八年囗月立"字样，可见现存建筑为清乾隆年间重建。清咸丰末年，火神庙扩建了戏台，并进行维修。

火神庙坐北朝南，三进：第一进为庙门，硬山顶，小青瓦屋面，屋脊有吻。墀头与正脊两端均为砖雕。木构架砖墙，抬梁结构，构架为"五架梁前后出单步"。墙在正背两面留有漏窗。正面面阔三间，长11米、进深6.5米。背面为戏台，长10米；第二进为拜殿，面阔三间，长12.8米，进深8米，有轩。第三进为神殿，亦面阔三间，长12.8米。

嘉山火神庙为安徽较为完整的民间信仰祠庙。

4. 庐州府城隍庙

庐州府城隍庙位于合肥市庙街。始建于北宋皇祐年间（约1051年）。清康熙十二年（1673年）重建，后毁于兵燹，清光绪五年（1879年）再度重建。

现城隍庙中清代遗构尚存庙门、神殿、饮楼（图5-2-6）。庙门面南，七开间重檐歇山顶。背面为戏台（图5-2-7）。戏台后有院落，兼作戏场。东西饮楼（图5-2-8），雕饰精美（图5-2-9），院北为神殿。

1985年，在古城隍庙毗邻建步行商业街。商场为骑楼式构造，阶梯形马头墙，青瓦，茶馆、酒楼、牌坊，与古城隍庙相得益彰。1994年，城隍庙二期工程中，沿古城隍庙中轴线修复了娘娘庙，重建思惠楼。思惠楼始建于明武宗正德十年（1515年），今思惠楼为原址重建。八边形平面，五层楼阁。

第三节 乡贤庙

一、乡贤庙的发生——从乡贤的礼赞到神灵的拜谒

乡贤祠庙，是中国祭祀建筑的一种类型。明清两代，随着儒学在社会基层的渗透，乡贤祠也遍布乡里。当乡贤被神话后，演变成神灵，就变成了民间信仰。作为民间信仰的乡贤祠庙，已不纯为追思先祖、弘扬正气，在祭神过程中，必产生功利性的要求。这些附加的功利要求，一般反映在乡贤超人的能力，也反映在赐额加封。以贵池的昭明太子萧统崇拜为例。萧统（公元501~531年），因编撰《文选》而名。传昭明太子感池地鱼美，取池州为封地。后邑人立文孝庙祭祀。"文孝庙有坊、有重门、有堂、有殿、有寝、有廊、有钟鼓楼、规制壮丽，为池诸庙之冠"①其时的文孝庙，主要颂扬萧统文采，应当属于乡贤祠性质。但随着对萧统的神话，逐渐走上神坛，享受民众的供奉，被加封为"文孝英济忠显灵佑王"，乡贤祠也就演进为民间信仰性质的乡贤庙了。这时的昭明太子像一般的傩神

图5-2-7 庐州府城隍庙戏台

图5-2-8 庐州府城隍庙戏台、饮楼

图5-2-9 庐州府城隍庙饮楼细部

一样,"于(八月)十二日,自庙迎至城之祝圣寺。萧鼓载道,牲礼盈阶。至十八日仍具仪送归庙,以禳以祈"。

乡贤庙从制式看,多采用前堂后寝。这实际上是采用了祠堂的形制。这当然因乡贤毕竟是由人羽化成神的,他最初还是人。我们知道,中国的宗庙的制式,可以上溯到商周。如周原的岐山凤雏村宗庙遗址,它的制式是三进合院式:第一进为仪门;第二进为享堂,是祭祀的主殿;第三进为后寝(后室),是周原甲骨主要发现地。第二进的享堂的高度要比仪门和后寝高。这种所谓前堂后室制式,从商周延续到明清,明清祭拜祖先的祠堂几乎与此形制完全一致。只是至迟宋代,受到风水术影响,庙堂前还开有堰月塘。从空间看,乡贤庙不同于一般神庙,须追思先贤,弘扬正气,所以一般建筑宏阔,庭院或天井较大,少些神秘气氛。乡贤毕竟是由人塑造成的神,不能完全脱离人间烟火,这一点也微妙的反映到神庙的空间氛围,神庙享堂很亮堂,尤其是后寝,很不同于一般的祠堂比较昏暗的空间,也不及一般祠堂那么高。从功能看,乡贤庙纵然有追思先贤的道德教化功用,但同样不可没有功利性的精神寄托。而先贤不能完全满足信徒各种降福禳灾的需求,常以附祀来补充。

二、乡贤庙案例

1. 歙县昌溪忠烈庙

位于歙县昌溪村,始建于元至正十四年(1351年),主祭汪公大帝及其第八子汪俊,村人尊称"八老爷"。

忠烈庙坐落在昌溪村水口,大塘坑、小塘坑两股清澈的溪水在庙前汇聚,注入昌源河,留下了"一波三折"形优美的河道。庙前有约500平方米场地(歙县俗称"庙坦"),用碎石英石、云母石铺缀成"鹤鹿同春"、"丹凤朝阳"、"连升三载"等图案(图5-3-1)。该庙共分三间。正间供了汪公大帝和八老爷两尊神像(图5-3-2),次间为附祭。

汪华(公元587~649年),隋末义军领袖,字国辅,歙县登源人。隋末起兵夺歙、宣、杭、睦、婺、饶六州,"镇静地方,保境安民"。归顺唐朝后,赐歙州都督、越国公。歙县最早的汪王祠始建于唐永徽中,为祠堂形式。"新安之神讳华,姓汪氏,绩溪人,隋将宝欢之从子……永徽中归葬歙县北七里云郎山,郡人思慕,立祠于刺史宅西偏,大历中

图5-3-1 忠烈庙

图5-3-2 忠烈庙主祭由汪华转变的汪公大帝

迁于乌聊山，号越国公汪王神。自唐刺史薛邕、范传正相继增葺，他县亦处处有祠。"⑪自北宋政和四年（1114年）宋徽宗赐"忠显庙"额后才称庙。以后屡显灵异而敕封，从而完成了从历史人物汪华，到"能出云雨御灾疠"⑫的徽州郡主神的转变。百姓则奉之为"汪公大帝"、"太阳菩萨"。汪华有建、璨、达、广、逊、逵、爽、俊、献九子，皆有御赐封号。

2. 广德县下阳祠山庙

祠山庙位于广德县柏垫镇下阳村。立庙为祭祀西汉末年张渤治水的功德。张渤，故鄣人，志在开凿从吴兴之西苕溪贯通广德的无量溪、桐汭河，连接南漪湖、太湖的内河水系，以利灌溉和舟楫。因处王莽乱世，工程未遂，在广德横山忧愤而死。遂乡民在横山建庙以祀。祠山庙始建于明初，清顺治、嘉庆多次重修。

祠山庙，面阔三间13.3米，进深11米。单檐硬山，青砖灰瓦。祠山庙充分利用当地的石材资源，采取木石混合结构。庙内16根方体抹角花岗岩石柱，组成四组抬梁架，木构横梁，气势雄浑。

第四节　傩神庙

一、傩与傩舞、傩戏

在安徽池州、徽州，有一种叫"傩"的民俗，从上古传承至今，与建筑关系甚密。

傩为古人驱疫逐鬼的祭祀仪式，约略形成于商周。早期记载见之于《礼记·月令》、《论语·乡党》、《吕氏春秋》等史籍。由傩祭，进一步发展成傩舞、傩戏，以及诸多民间祭神赛会活动。余秋雨有一段池州傩（图5-4-1）的记述，耐人寻味：

> 开始是傩舞，一小段一小段的。这是在请诸方神灵，请来的神也是人扮的，戴着面具，踏着锣鼓声舞蹈一回，算是给这个村结下了交情。神灵中有观音、魁星、财神、判官，也有关公。村民们在台下一一辨认妥当，觉得一年中该指靠的几位都来了，心中便觉安定。于是再来一段《打赤鸟》，赤鸟象征着天灾；又来一段《关公斩妖》，妖魔有着极广泛的含义。其中有一个妖魔被追，竟逃下台来，冲出祠堂，观看的村民哄然起身，也一起冲出祠堂紧追不舍。一直追到村口，那里早有人燃起野烧，点响一串鞭炮，终于把妖魔逐出村外。村民们抚掌而笑，又闹哄哄地涌回祠堂，继续观看。如此来回折腾一番，演出舞台已延伸为整个村子，所有的村民都已裹卷其间，仿佛整个村子都在齐心协力地集体驱妖。火光在月色下闪动，鞭炮一次次窜向夜空，确也气势夺人。在村民们心间，小小的舞台只点了一下由头，全部祭仪铺展得很大。他们在祭天地、日月、山川、祖宗，空间限度和时间限度都极其广阔，祠堂的围墙形同虚设。⑬

值得注意之一是，神灵中除了有傩神，也有观音、魁星、关公、财神、判官，各司其能，都是"该指靠的"；其二，池州傩是从祠堂开始的，但"演出舞台已延伸为整个村子"；第三，傩祭活动的集体性，"所有的村民都已裹卷其间，仿佛整个村子都在齐心协力地集体驱妖。"

本来，傩祭的神，为"方相氏"率12神兽。但在漫长岁月中，傩仪融入了地域文化因素，发生了一系列变异。反过来，我们通过对傩仪变异特征的剥离，又可以观察地域因素之影响。如明清徽州广泛流传的傩戏"目连戏"（图5-4-2），源自佛

图5-4-1　池州傩

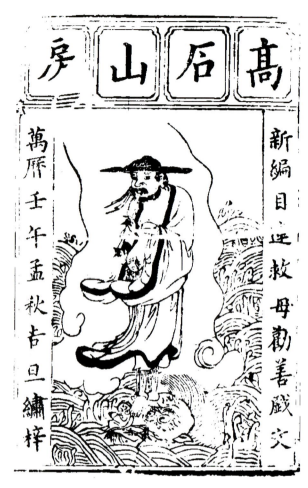

图5-4-2 明《新编目连救母劝善戏文》插图

图5-4-3 徽州抬阁

籍《孟兰盆经》。讲的是目连之母因罪堕地狱，目连遍寻地狱历经磨难救母的故事。演出时间主要为夜间，穿插着各种傩仪。所有的村民都参与其中。目连戏中除保留有佛家"因果报应"，还强化了儒教"孝悌"内容：诸如目连遵父训、救母、守墓等。特别是安排了目连经商的情节，显然是对明清徽州社会徽商勃兴的回应。再如歙县东北偶流传的傩舞"打罗汉"，由元宵灯会的"戏五兽"和"叠罗汉"组合而成。全仪有许愿、祈佑、出灯、送信、叠罗汉、收灯、收台等仪。叠罗汉为人叠合的杂技，计有五十三式。其中"大六柱牌楼"，叠有二十人。通过对傩舞"大六柱牌楼"剖析，可以了解明清"牌楼"制式。当然，明清牌楼今存颇多实物，没有必要费此周折。

要唱戏，得有个台，早期的傩戏台是流动的，称"抬阁"。它是木制的四方形有护栏的平台，约略1.5平方米。由四人扛抬（图5-4-3）。清人赵吉士《寄园寄所寄》中所载的："万历二十七年，休宁迎春，共台戏一百零九座"[14]，其中的"台戏"，指的就是抬阁。抬阁只有亮相的角色，谈不上"演"。随着傩戏剧情的复杂，需要更大的戏台。先是临时搭建的台子，再往后，就有了固定的戏台。这大概是江南一些地区将固定戏台称"万年台"的原委。

二、傩与建筑

纵观傩仪的演进过程，有一由酬神祈福，向娱人方向发展的历程。而重视娱乐性，是增进建筑的世俗性的捷径，它主要通过建筑雕饰化体现。舞蹈凝固，便成了雕塑。如傩舞中重要的神祇的动作、魁星、钟馗，被定格为建筑雕刻。傩戏本身也可作雕刻题材之一，如徽州最普遍的《目连戏》，就常用于雕刻。戏台浓重的娱乐色彩，使其成为雕饰最精丽的建筑类型。

傩祭与徽州、池州的建筑更密切的联系，要算门罩。徽州民居常有雕饰精美的门楼、门罩（图5-4-4）。一般的解释是，徽商既想以宅第显贵，又不敢在规制上破禁限，于是在精丽的雕刻上找出路。

实际上，门楼和门罩的起源，远早于徽商崛起的明代。它是上古门祭的遗风。《吕氏春秋·季春纪》："国人傩，九门磔禳，以毕春气"，即是

图 5-4-4 徽州门罩

图 5-4-5 吞头

说，在行傩时于城之三方九门磔牲，以驱逐不祥之疫。傩仪一般戴有面具，最初将其放在门头驱邪，渐进演化成门罩。今江西流坑，仍有将傩面具（当地称作"吞头"）（图5-4-5），雕于门头以避邪的习俗。

傩祭还是调整环境阴阳的重要手段。傩仪中有两个非常普遍的傩神——"将军"和"土地"，"将军"表阳，"土地"示阴。通过"将军"克"土地"或相反的傩仪，达到调整环境的阴阳。徽州祁门县芦溪汪村，将军被视为善神、土地为凶神，傩舞主题是"将军杀土地"。而与汪村仅一河之隔的张村，傩舞的结局却是"土地杀将军"。这并非阴差阳错，因为汪村在河的南岸，山的北麓，按风水术当属阴盛。故傩舞以阳神将军杀阴神土地，以抑阴导阳。张村地理形势适得其反。

注释

① 牟钟鉴. 道教与中国传统文化∥道教与传统文化. 中华书局，1992：25.

② 常乃惪. 中国思想小史. 上海：上海古籍出版社，2005：12.

③ 王国维. 宋元戏曲考∥王国维文学论著3种. 北京：商务印书馆，2003.

④ 余秋雨. 贵池傩∥文化苦旅. 上海：东方出版中心，1992.

⑤ 同②

⑥ [唐]魏徵. 隋书. 志十. 音乐.

⑦ 同①

⑧ 康熙巢县志. 卷十四.

⑨ 中国地方志集成∥嘉靖池州府志. 南京：江苏古籍出版社，1998：214.

⑩ 乾隆池州府志. 风土.

⑪ [宋]罗愿. 新安志. 祠庙.

⑫ [宋]罗愿. 新安志. 祠庙.

⑬ 余秋雨. 贵池傩∥文化苦旅. 上海：东方出版中心，1992.

⑭ [清]赵吉士. 寄园寄所寄. 黄山书社，2008.

安徽古建筑

第六章 商业建筑

安徽商业建筑分布图

（地图引自：中华人民共和国民政部编.中华人民共和国行政区划简册2014.北京：中国地图出版社，2014.）

① 亳州山陕会馆、江宁会馆、南京巷钱庄
② 桐城凤义兴商号楼
③ 屯溪老街
④ 泾县章渡老街
⑤ 程云卿收租房
⑥ 歙县斗山街

本章将视线投向安徽古代商业建筑。以自然经济为主的中国传统市场，主要有遍及广袤乡村的墟集、城镇店铺，以及与长途贩运相关的会馆和行会等。它是中国封建经济活动的一面"镜子"。

从商业活动的主体看，可分为行商与坐商。行商是以同乡关系结成商帮进行长途贩运，其经济活动的中枢，是商业会馆。坐商则依赖于店铺、牙行，以及较宏观商业街。本章第一节，聚焦作为行商活动中枢的商业会馆。第二节，分别讨论传统市场的物化形态：店铺、钱庄、牙行及商业街。

中国封建经济的特征之一，是商业盈利转向购置土地，而不是用作扩大再生产的资本，购置土地的目的是获取土地的租金。因此，收租房应当是中国传统商业活动链中不可或缺的一环，自然也进入了我们的视域。

第一节　商业会馆

一、商业会馆与会馆建筑

商业会馆[①]，亦称公所，是一种由同籍商人组成的同乡会性质的组织，具有强烈地域色彩的社会团体。会馆中的"同籍"，一般可以从县、州、府、省到数省。以明清亳州的商业会馆看，古泗公所，以合肥县药材商人为"同籍"；江宁会馆，是以江宁府（今南京市）的商人为"同籍"；池州会馆，以池州的商人为"同籍"；山陕会馆，初名西商会馆，由山西商帮建，后来吸收陕西商帮而易名，成为以山西省和陕西两省商人为"同籍"。封建的中国，是以家庭、宗族为本位的国家，豪族世家有其姓的"地望"，亦即姓与其所封郡县相联系。"同籍"，实际上又是一种宗族关系的折射。如果我们把视线投向较小的以县为同籍的会馆，这种联系就越发明显。往往支持会馆的为数个商帮，商帮又是由几支大姓支配。

但我们也观察到，商业会馆又不尽为地域性质的社会团体，它多少兼有行业色彩。这是因为，中国传统经济，以小生产者交换的自然经济为主。商业会馆很容易以一地的物产为纽带，于是打上行业的印记。如安徽亳州清代是重要的药材集散地，亳州的山陕会馆、江宁会馆等，都是以经销药材为主业。这就产生一个问题，商业会馆兼有行业色彩。它与以行业为纽带的商业行会或商会，有何不同。一言以蔽之，商业行会或商会，是商品经济的产物，其本质是实现商品的价值。旧式商业会馆，虽然可能兼有行业色彩，但主要是以地域为纽带，本质是实现商品的使用价值。

纵观商业会馆建筑，有如下特征：

首先，封建经济下的会馆，主要通过共同民间信仰，作为地缘的纽带。例如，妈祖是福建很普遍的民间信仰，通过共同祭祀妈祖，可以增强商帮内的凝聚力。福建的会馆，多祠祀天后妈祖。乾隆元年，福建汀邵客民在亳州爬子巷建会馆，便设天后宫共祭妈祖。再如，关公是山陕最重要的民间信仰，亳州山陕会馆和他地的一样，敬祀主神皆是供奉关圣帝君，俗称"大关帝庙"（图6-1-1）。徽州素来"读朱子之书，取朱子之教，秉朱子之礼"，徽商崇奉朱子之"义"，会馆主祀朱子。如亳州北关外的朱文公祠，为徽商会馆。

第二，会馆的地缘性特征，也通过建筑形式与风格来表述。一般说来，商业会馆采用的建筑形式，取自"原籍"，而不是当地。甚至由原籍的工匠，用原籍的材料。如亳州的山陕会馆，由山西商帮建。建筑采用了山西乡土建筑的形式与工艺，水磨砖砖雕、铁旗杆（图6-1-2）、木雕、彩绘（图6-1-3）。而亳州徽商会馆，采用徽派建筑风格。

图6-1-1　亳州山陕会馆供奉关圣帝君，亦称"大关帝庙"

入口为牌坊式门楼，有精美的徽雕。

第三，商业会馆有大致相似的基本构成：神庙、戏台、议事厅堂。由于对共同民间信仰祭祀是其主要活动，其构成和布局，与民间信仰祠庙略同（参见第五章，图5-1-4）。中轴线有仪门、神庙，其中仪门背面的戏台面对神庙，用于酬神作戏（图6-1-4）。

二、商业会馆案例分析

1. 亳州山陕会馆

亳州山陕会馆坐落在亳州市城北，涡水南岸。初为山西药商集资兴建，称西商会馆。后加入陕西药商，易名。始建于清顺治十三年（1656年），初建只有正殿三间，康熙十五年（1676年）增建戏楼。乾隆三十一年（1766年），重建大殿、东西看楼。重建后的大殿殿前增建明轩三间。并装修戏台，形成现格局。[②]

山陕会馆的第一进为仪门和戏楼合一（图6-1-5）：其南立面为一组门坊，外砌澄泥水磨青砖。三间四柱五楼门坊居中，匾额上镌刻"大关帝庙"，正上额的《全家福》，精雕细镂。拱门前石狮相依，一对16余米铁旗杆，杆顶丹凤展翅，蟠龙绕杆舞空；两侧对称分布钟楼、鼓楼，均为单间双柱门楼，拱门。北立面为戏台，凸字形平面，便于演出。木结构，歇山顶，飞檐翘角，五彩琉璃屋面。梁柱用料硕大，柱枋垂莲、悬狮、鳌鱼，全部彩绘。正中藻井，环装大木透雕三国戏文《长坂坡》、《空城计》等十八出，为清代雕刻中罕见的精品（图6-1-6）。台前檐柱悬挂木对联："一曲阳春唤醒今古梦，两般面貌做尽忠奸情"，上悬"演古风今"匾额。

第二进为正殿，面阔三间。由殿堂与明轩组合而成。殿堂为抬梁结构（图6-1-7）。前有卷棚，与明轩并联成"鸳鸯厅"型前厅（图6-1-8）。它将正殿划分为两个空间：前用于信众祭祀，为信众膜拜空间，后为立神像的神的空间。空间尺度采用了先抑后扬的方式。

亳州山陕会馆作为商业会馆典型案例：首先，采用了以庙祭为中心的民间信仰建筑形制，中轴对

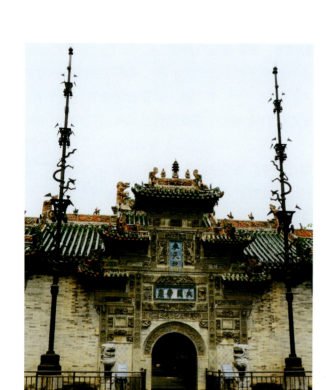

图6-1-2 山陕会馆砖雕、铁旗杆

图6-1-3 山陕会馆木雕、彩绘

图6-1-4 亳州江宁会馆戏台

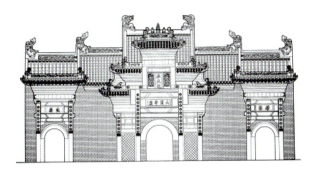
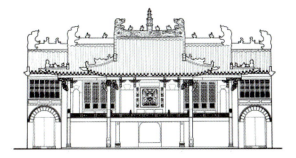
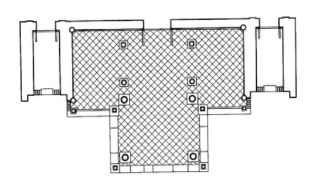
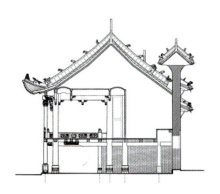

图6-1-5 山陕会馆仪门和戏楼

图6-1-6 山陕会馆藻井透雕三国戏文

图6-1-7 山陕会馆正殿

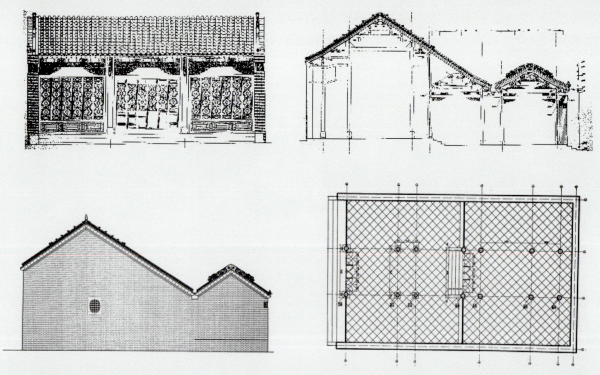

图6-1-8 山陕会馆正殿平面、立面、剖面图

称布置仪门戏台、正殿。两翼为钟楼、鼓楼、东西座楼。第二，所祭神祇和建筑形式，具有明显的地缘色彩。关公为山、陕的主要民间信仰，作为武圣，青砖砌成的牌楼式门楼，拱形门道，浑厚恢宏，以壮威仪。铁旗杆也是山陕会馆的地域元素，亳州山陕会馆高16余米的铁旗杆，衬托了仪门的敦厚。旗杆上悬挂的24只铁风铃，风生音起。第三，会馆大多附有戏楼，为会馆装饰最为华美处。亳州山陕会馆的戏楼，梁枋、藻井布满彩绘和木雕，彩绘雕刻精湛，为清代盛世的代表作。由于亳州山陕会馆戏楼装饰的美轮美奂，俗称"花戏楼"，并用其指代整个会馆。

2. 亳州江宁会馆

江宁会馆位于亳州市古泉路中北侧，该址原为圆觉寺。清嘉庆十二年（1807年）南京药材商在圆觉寺的基础上集资改建为江宁会馆。江宁为南京的别称。

会馆坐北朝南，中轴对称。从南至北，依次为仪门、戏楼、左右配楼、钟楼、鼓楼、左右看楼、正殿、偏殿（图5-1-3）。山门三间，正门匾额镶嵌砖刻"江宁会馆"四个大字，东西次间匾额，分别镶嵌"钟山"、"分秀"（图6-1-9）。进入正门即是戏楼，戏楼与大殿南北相对而建，面阔三间，凸字形平面（图6-1-4）。戏台下面的石柱，是江宁商人从钟山运来的。屏风彩绘"二龙戏珠"图案，上悬"秀接钟山"匾额。正殿面阔三间，硬山顶（图6-1-10），前廊有卷棚。明间两侧的梁架为抬梁结构，次间的山墙面为穿斗结构（图6-1-11）。这是苏南、皖南常用的结构形式。左右楼与钟鼓楼分列东西两侧（图6-1-12）。

江宁会馆是现存较为完整的商业会馆。它虽是在圆觉寺基础上改建，但最终落成了经典的会馆形

图6-1-9 江宁会馆正门

图6-1-10 江宁会馆正殿

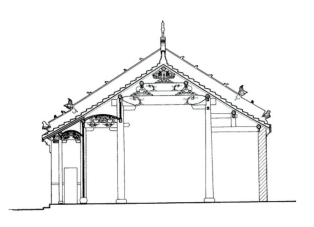

图6-1-11 江宁会馆正殿明间与山墙面梁架比较

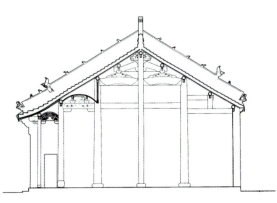

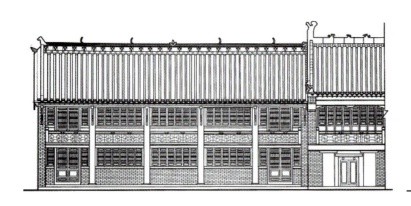
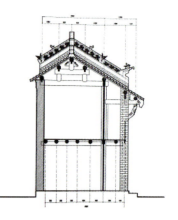

图6-1-12 江宁会馆看楼与钟楼

式,可见会馆基本形式的稳定。江宁会馆亦有明显的地缘特征。匾额"钟山"、"分秀",意思是将南京钟山秀丽的风光分置在亳州。它不仅采用苏南的建筑风格,诸如《西厢记》戏文、梅兰竹菊等彩绘装饰,也具有浓郁的江南文人书卷气。这与山陕会馆中《三国演义》戏文那种豪放、拙朴,形成鲜明的对比。

第二节 店铺、牙行、钱庄、收租房

一、建筑类型与特征

1. 店铺

店铺,亦称店肆,即现代汉语中的"商店"。它是坐商进行商业活动的场所的统称。旧时"店"和"铺"分别使用,大者为"店",小者为"铺"。

店铺也称"店面"、"铺面",这反映了商业场所重视"门面"。店铺常有字号,特别是一些著名老店,如徽州的药店"同德仁"(图6-2-1)、文房四宝的"胡开文"、"步云轩"。为了招揽生意,店铺门首悬挂幌子,如酒馆挂个"酒"字,当铺前"当"字。幌子盖可分为四类:文字幌、实物幌、形象幌、象征幌。以牌匾、楹联中文字表意是中国建筑特点,这也反映在幌子中,以"文字幌"最为普遍。此外,亦有在商业街设神庙、戏台,以演戏酬神招揽生意,如涡阳县马店集镇庙会,向店铺、牙行、作坊、货栈募资,用以召集戏班作戏,或艺

图6-2-1 徽州的药店"同德仁"

人表演高跷、旱船、龙灯、狮子舞等。

安徽古代店铺多以家庭为单位,前店后宅是很普遍的类型。建筑多为二至三层,砖木结构,天井或合院式。

2. 牙行

牙行,作为市场中为买卖双方的居间商行,介绍交易、评定商品质量、价格,提供仓储等。从事该行当的称"牙人"。中国封建经济活动中,牙行是官府管理或控制的机构。例如明代"朝贡贸易"中的牙行,是市舶提举司下属的机构,它实际上是传统贸易中的一环。牙人必须持有官府发给的牙帖。清代袭明制,《大清律例》规定了牙行的职能和牙人的条件。雍正年间,亳州牙行多达一千四十余家。明清,随着徽商的崛起,徽人经营牙行的现

图6-2-2 亳州南京巷钱庄

象也日益增多。凡是徽商经营的主要行业，往往有为数众多的徽州牙商在其中从事交易居间活动。

3. 钱庄

钱庄亦称"银号"、"钱店"、"票号"。为中国明代中叶以后出现的一种信用机构。钱庄起源于银钱兑换，其后逐渐发展为办理存放款项和汇兑。钱庄主要分布在商埠。如芜湖的钱庄是伴着米市而兴起的，光绪年间，李鸿章之子李伯行在芜设"宝善长"、"恒泰"两钱庄。亳州明清为大商埠，商贾云集，商会林立。到清末民初，全城大小钱庄有33家，今尚有建于清道光年间的南京巷钱庄遗存（图6-2-2）。

二、案例分析

1. 桐城凤义兴商号楼

凤义兴商号楼，位于桐城市南大街38号。为清代自金陵迁居桐城的巨商凤士标所建之店铺，字号"凤义兴"商号楼。

商号楼沿街而设（图6-2-3），坐西向东，呈梯形平面。三进，均为两层，前店后宅。抬梁式砖木结构，面积为606.28平方米。首进为商号铺堂，面阔三间，进深三间。铺堂中有一方形小天井（图6-2-4），雕花木窗，环天井设扶手栏杆。两侧设墀头山墙。中进面阔五间，进深一间，抬梁式木构架。当心间为过道，与后进相联，前后设高廊。后进为居室，面阔五间。与中进构成一长形天井（图6-2-5）。木扶手长廊与木楼梯依旧。

图6-2-3 凤义兴商号楼外观

图6-2-4 铺堂中有一方形小天井

图6-2-5 后进与中进构成一长形天井

凤义兴商号楼保留了晚清店铺的特征。

2. 屯溪老街

屯溪老街，位于黄山市屯溪区。明清商业街，明弘治四年（1491年）已有"屯溪街"的记载。民国十八年（1929年），街道两侧建筑被焚，次年（1930年）修复，并拓宽了街面。1985年，依据"整旧加旧"的原则，对老街古建筑进行整修。

老街长1272米，其中步行街895米，宽5～8米。路面以浅褐色的大块条石铺成。古街店铺均两三层，砖木结构。马头墙，青灰小瓦（图6-2-6）。门楣上徽派木雕戏文、山水等，古朴典雅。"同德仁"（图6-13）、"程德馨"、"步云轩"、"醉墨山房"、"文雕苑"、"万粹楼"（图6-2-7）等金字招牌流金溢彩。其中同德仁是开创于清朝同治二年（1863年）的中药店，由休宁县人程德宗、邵远仁两人合资开设，为古徽州地区最大的药店。程德馨酱园开创于清咸丰十一年（1861年）。万粹楼，今为私人博物馆。古街的店面都不大，多为单开间。但店堂较深，连续多进，每进均用天井相连。外厢经营，内厢加工、储存，为典型明清徽州店面。

屯溪老街虽多次整修，建筑大多参照明清风格重建，少数有宋代遗风。整体保持了古代市井的风貌，有"活动的《清明上河图》"之美誉。

3. 泾县章渡老街

章渡老街，坐落于泾县章渡青弋江畔。老街建于明代中叶，现存建筑大多建于清末、民国。

青弋江古称泾水、泾川，它汇聚黄山北麓众水，北出宣州，自芜湖入长江。作为古津渡，章渡清代十分繁华。临江一边的老街店铺、民宅采用吊脚楼，全长约0.5公里（图6-2-8、图6-2-9）。二至三层楼面、底层由木柱架空。木结构、木楼板、木搁栅墙。硬山顶，皖南精致的砖雕、石雕、木雕，高高的马头墙，高低错落，鳞次栉比。老街街道狭长，石板路面，两侧店铺林立。

章渡老街的特色，是在依青弋江畔采用吊脚楼设街。吊脚楼为干阑式建筑的俗称，一种古老的建筑结构类型。殷商及河姆渡遗址，都可见其踪迹，甲

图6-2-6 屯溪老街

图6-2-7 屯溪老街万粹楼

图6-2-8 泾县章渡老街

骨文中也有大量干阑建筑形象的资料。它突出优点是底层架空以防水患，特别在河流定期泛滥区。章渡老街吊脚楼底层透空，就地形而建，运用了我国治水时"疏导"的方略。貌似摇摇欲坠，却经受了数十次洪峰的考验。反映了我国古代工匠的聪明才智。

4. 亳州南京巷钱庄

南京巷钱庄位于亳州市北关南京巷19号。建于清道光年间，是山西平遥"日升昌"票号在安徽的分号。经营存款、放款、货币兑换、发行与兑换钱票、银票。

钱庄的平面是三列二至三进四合院并列，两层，砖木结构。共有门厅、中厅、后厅、信房、账房、掌柜房、金库等30余间（图6-2-10、图6-2-11）。钱庄功能设计非常精到。中国古代钱庄亦称票号，是专营银两汇兑，存、放款的私人金融机构，有着完全不同于住宅的功能要求。南京巷钱庄设计中，赋予了传统住宅形式不同的功能。例如，钱庄须防盗、防火。南京巷钱庄吸收了徽州大贾府邸大门的处理方法，包裹上铁皮，钉上铆钉，采用错落的门槽。钱庄的墙体是中空的，里面装有沙子，可以自动将盗洞口堵住。这本来是中国古代防盗墓的经验。运用在钱庄设计中，除可防盗，还可防火。遇到火灾，把墙砸开沙子流下来就可灭火。南京巷钱庄的建筑风格亦值得注意，它不同于一般会馆采用原籍的建筑风格，而是把西方巴洛克式门坊融入徽派建筑。这种中西合璧的形式，反映近代地缘关系的弱化和开放性的增益。

图6-2-9　泾县章渡依青弋江畔采用吊脚楼

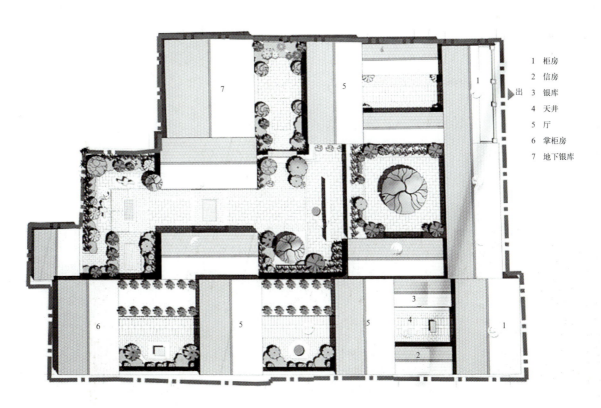

1　柜房
2　信房
3　银库
4　天井
5　厅
6　掌柜房
7　地下银库

图6-2-10　南京巷钱庄平面

图6-2-11 南京巷钱庄中庭

南京巷钱庄是安徽现存罕见完整的钱庄，有很高的建筑史学价值。

5. 程云卿收租房

程云卿收租房原位于黄山市徽州区西溪南，建于晚清。2007年迁入潜口观音山的潜口民宅博物馆清园内。今潜口民宅清园，程云卿的名下的建筑除"收租房"，还有"程培本堂"，为程云卿的府第。

这是典型的由商业盈利转向购置土地，获取土地的租金的案例。房主程云卿，字彩凤。早年学习加工糕点，出师后即开店经营。在南通、上海、浙江开了十多家店铺。生意发迹后，抽商业资本回到家乡。购置了良田近700亩，购买耕牛近90头，出租给附近的农户。每年田地收租粮食达10万担以上，耕牛租粮也在3万斤以上，成为商贾兼地主。兴建"收租房"，就是专门用来收租和储存粮食的。

收租房就山地，一字型排列，便利租谷的收纳、扬晒和搬运。长约26米、进深约5米，上下两层（图6-2-12、图6-2-13）。设计中充分考虑了便于收租、囤粮。楼下首间，是供送粮农民歇息的。往里连续3

图6-2-12 程云卿收租房

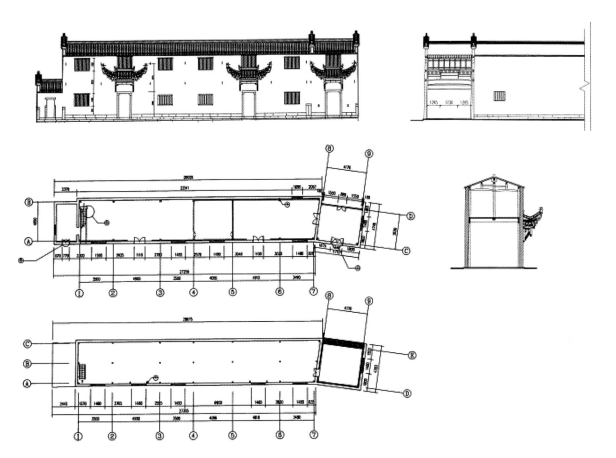

图6-2-13 程云卿收租房平面、立面、剖面图

间为"纳谷点",红岩石铺地,安放有净谷用的风车。接着是过斗、司秤。最后,将装入箩内的粮食用木制绞车,吊运楼上的谷仓。收租房建有大谷仓6个,每个大谷仓可存放稻谷万斤以上。每个谷仓上,又可加立两个囤簟。二楼除了谷仓,还有账房及供账房先生和管家休息房间。账房在转角处,装修的玲珑精巧,有葫芦、莲叶、渔鼓、横笛、扇子等"暗八仙"木雕。一扇小玻璃窗,可以看见纳谷、储粮各环节的操作。当时玻璃窗还罕见,程云卿特意花重金从外地买来。玻璃窗口高度适宜,十分便于递码报账。

门首东山墙上,安砌着黟县青雕琢成的系马栓,这是供运粮农民系牲口的。

注释

① 本书所指会馆,不包括同业行会性质。清代会馆与同业行会,是前后相续,同时又交叉重叠的商业组织。晚清少数同业行会亦称会馆,实为同业行会。

② 据《重修大关帝庙碑》:"乾隆三十一年建新大殿,增置座楼,藻采歌台,固已极规模之宏敞,金碧之辉煌矣。"

安徽古建筑

第七章 军事建筑

安徽军事建筑分布图

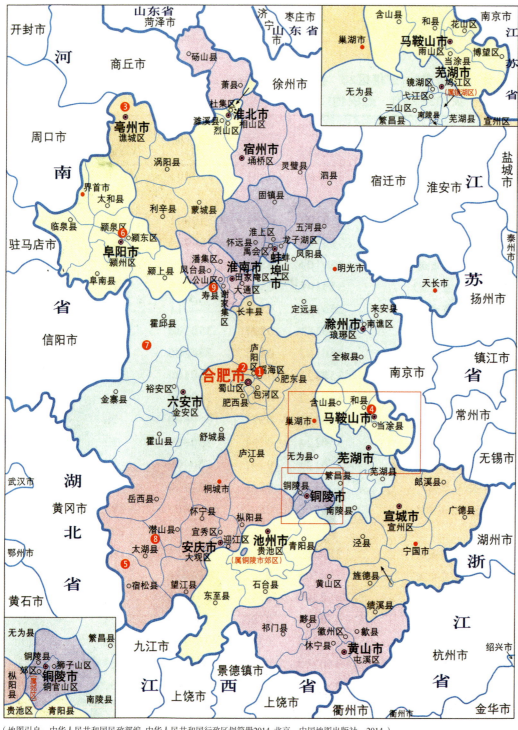

（地图引自：中华人民共和国民政部编.中华人民共和国行政区划简册2014.北京：中国地图出版社，2014.）

❶ 合肥教弩台、逍遥津古战场遗址　❹ 镇淮楼　❼ 四望堡
❷ 合肥三国新城遗址　❺ 白崖寨　❽ 乐城堡
❸ 亳州古运兵道　❻ 颍州卫　❾ 寿春宋城

军事建筑，是中国古代建筑中特殊的一类。一是它的建设，很大程度依赖区位的政治、军事价值以及局部有险可凭的地利。二是极易在战争中毁坏。因此，从全国看，军事建筑分布并不均匀，遗存也极为罕见。

安徽因淮河、长江横跨其间的特殊区位和地理环境，多次成为古战场。军事建筑数量多、品类齐全。今存的诸如教弩台、观稼台、古运兵道一类军事古建筑遗存遗址，成为中国古代军事建筑的"孤本"和"善本"，弥足珍贵。

第一节　安徽古代军事与建筑

一、江淮之间军事对峙中的城池

安徽襟江带淮，长江、淮河将皖地划分为淮北、江淮之间（长江以北淮河以南）和长江以南的皖南。淮北为华北平原的一部分，地势坦荡辽阔；江淮之间西有大别山，东绵丘陵，山地岗丘逶迤曲折；长江两岸地势低平，河湖交错，平畴沃野。皖南为山区，有九华山、黄山、天目山，三条西南至东北走向的山系，奇峰峻岭，重峦叠嶂。其中江淮之间历史上常成为军事对峙的主要古战场，如春秋时吴楚之争中陆战场巢、舒、六、钟离，淝水之战的寿阳，曹魏时期合肥，宋室南渡后与金对峙时的寿州、淮南、庐州、和州等。出现了诸如寿州、庐州、和州（图7-1-1）等重要军事城池。

城是最早出现的军事建筑。城是一种防御系统，有城墙和护城河。城墙谓"城垣"，护城河谓之"池"，所以城又谓之"城池"。现代语汇中，"城"更多的是与"市"合称"城市"。"市"是一种商业场所，其出现要比"城"晚。一方面，从文明史看，各文明都是先有"城"，后发展为"城市"。另一方面，即使是城市已很成熟的阶段，也不乏单纯军事用途的"城"。例如，魏青龙元年（公元233年），曹魏所建的合肥新城，便是纯军事用途的城池。为了阻断吴军"得据水为势"，在合肥城西三十

图7-1-1　和州镇淮楼

图7-1-2 寿春宋城

里南淝河故道"有奇险可依"处筑新城。

寿州（州治设寿春）在周时就有城池，其时称"州来"。春秋时，为蔡国都城"下蔡"。公元前241年，成为楚国最后的郢都。寿春之东的淝水，为著名古战场。三国时，魏将张辽败孙权于淝水。特别是公元383年的淝水之战，东晋以八万军力大胜八十余万的前秦，是中国军事史上以弱胜强著名的战例。今寿县古城墙，建于南宋宁宗嘉定十二年（1219年），是国内现存唯一的宋城（图7-1-2）。

庐州（州治合肥），位居江淮腹地，历来是南、北方必争的战略要地。"自大江而北出者，得合肥则可以西向申蔡，北向徐寿，而争胜中原。中原得合肥，则扼江南之吭，而拊其背矣。"因此素有"淮右襟喉，江南唇齿"之称。公元201年，建立州治。历经魏、晋、宋、齐、梁、陈的连年争战。三国时期，合肥更是吴、魏反复争夺的焦点，曹操曾四次到合肥部署并参与作战。南北朝时期，合肥成为南北纷争的战场长达二百多年。唐贞元年间（公元785~804年），庐州在土城外加砖防护，为现知安徽最早的砖城，也是中国砖城的滥觞。南宋时期，合肥又一次成为南北纷争的前线，受金兵侵扰。

二、山川形胜与军事建筑选址

天时不如地利，在冷兵器时代更如此。因此，构筑军事建筑常考虑利用有利的山川形胜。

中国古代战争主要有陆战和水战，陆战的建筑以选择有险可守的山岩为佳。安徽西部有大别山，南有九华山系、黄山山系、天目山山系。因此，建城扎寨时，充分考虑山势。如歙州城一改淮北平原城邑的矩形形态，依山就势砌筑城垣（图2-1-12）。隋末乱世，群雄并起。歙人汪华拥兵十万，号称"吴王"。歙州一度迁郡治于休宁县万安之寿山。虽然当年郡城基址及其盛况已无迹可考，但从山之北麓，至今依然保留有"东门充"、"西门充"等地名看，城邑建在山上。再如大别山南麓宿松县境内的白崖山，元末义民吴士杰率众垒寨御寇。位于大别山高峰冒顶山巅的四望堡,为清咸丰年间对付捻军而修筑。

安徽古代军事对峙多发生在江淮之间,因此江淮之间的淝河在水战起了重要作用。建安十四年(公元209年),曹操在亳州西郊沿涡水域一带,制造战船,操练水师。后由涡水经淮河入淝河,取道合肥。南梁武帝天监四年(公元505年),南朝名将韦睿攻合肥,以堰围淝水灌城,并在堰堤旁筑小城驻守。淝水被堵塞,堰水渐满,"水通舟舰"。北魏军束手无策,梁军以战船攻下合肥城。

三、观稼台与屯田制度

在今亳州市,有东西两座观稼台遗址(图7-1-3、图2-1-3),是曹操当年推行屯田制时的遗迹。传当年曹操曾在观稼台上亲自督耕观种。

屯田制,一种国家强制农民或士兵耕种国有土地,征收一定数额的田租以筹军粮的制度。屯田始于西汉,汉文帝时以招募的农民和罪人、奴婢戍边屯田。汉武帝亦戍卒屯田西域。早期屯田主要集中于边陲,作为一套完整的制度,它产生于曹魏政权。清代王夫之总结了曹魏屯田制的意义以及六利:

曹孟德始屯田许昌,而北制袁绍,南折刘表;邓艾再屯田陈、项、寿春,而终以吞吴;此魏、晋平定天下之本图也。屯田之利有六,而广储仓粮不与焉。战不废耕,则耕不废守,守不废战,一也;屯田之吏土据所屯以为己之乐土,探伺密而死守之心固,二也;兵无室家,则情不固,有室家,则为行伍之累,以屯安其室家,出而战,归而息,三也;兵从事于耕,则乐与民亲,而残民之心息,即境外之民,亦不欲凌轹而噬龁之,敌境之民,且亲附而为我用,四也;兵可久屯,聚于边徼,束伍部分,不离其素,甲胄器仗,以暇而修,幸有调发,符旦下而夕就道,敌莫能测其动静之机,五也;胜则进,不胜则退有所止,不至骇散而内讧,六也。①

曹操下令郡国都置田官,专门负责招募流亡百姓,按军队的编制编成组,由国家提供土地、种子、耕牛和农具开垦耕种。屯田制有民屯与军屯。民屯每50人为1屯,屯置司马,其上置典农都尉、典农校尉、典农中郎将,不隶郡县。军屯以60人为一营,且佃且守。曹魏时立观稼台,以亲自督耕观种的仪式,以示重视。

公元201年,曹魏将扬州州治由历阳移至合肥,其时因连连战乱,田地荒芜,合肥几乎为空城。刺史刘馥治合肥,招募流民屯田,方恢复了农业生产。

第二节 军事建筑案例分析

一、合肥教弩台与逍遥津古战场遗址

教弩台,位于合肥市淮河路东段,始建于东汉末年,俗名"曹操点将台"。汉代,此处为津水与淝水汇聚地,西距合肥城5公里。相传曹魏在此筑台,练强弩以御孙吴水师,故得名。南朗梁武帝时,始于台上建寺,后屡经废兴。

教弩台高5米,平面近似方形,东西阔约65米,南北深约53米。台南听松阁(图7-2-1),正方形,平面有高2.4米砖砌台基,为当年曹操的强弩手休息纳凉之地,但今阁非旧物。东南隅有"屋上井"一口,因井高于台外屋脊得名。井圈外壁镌刻:"泰始四年(公元268年)殿中司马夏侯胜造"字样。上罩一亭,为后建(图7-2-2)。

教弩台属高台建筑,为中国早期一种建筑类型。远在公元前14世纪,殷人就建造了鹿台。春秋战国,诸侯竞相建高台建筑,成为时尚。高台建筑也达到鼎盛时期。但筑高台土方工程土极大,耗资

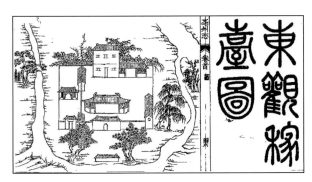

图7-1-3 亳州东观稼台

图7-2-1 教弩台上的听松阁

图7-2-2 屋上井

甚巨,所以至魏晋南北朝时,高台建筑已是强弩之末。教弩台不仅为我国鲜见的高台建筑残迹。作为一种军事用途的高台建筑实物,十分罕见。

合肥是吴、魏对峙的古战场。除教弩台,至今尚有逍遥津、飞骑桥、回龙桥、斛兵塘等遗址。逍遥津与教弩台相邻,古为淝河的津渡。东汉建安二十年(公元215年),孙权乘曹操兴师西征汉中张鲁,合肥空虚之机,亲率10万精兵攻城,试图打通向中原通道。合肥守将张辽临危不惧,履险如夷,毅然率领将士在逍遥津出击迎敌,大胜孙权。这就是历史上著名的"张辽威震逍遥津"(图7-2-3)。

二、合肥三国新城遗址

合肥三国新城遗址位于合肥市三十岗乡,淝河故道北岸,为军事布防而筑的城池。始建于魏明帝太和四年(公元230年),青龙元年(公元233年)基本建成。

合肥位于安徽中部,长江淮河之间、巢湖之滨。曹魏视其为"淮右襟喉,江南唇齿"和"江南之首,中原之喉"。据嘉庆合肥县志记载,三国时期,曹魏将军满宠为抵御孙吴军队而固守合肥,在合肥西三十里,建新城屯兵于此。合肥新城遗址的地形岗峦起伏,尚存夯筑土城墙残基大小土墩18处,城池遗迹,依稀可辨。

三、亳州古运兵道

亳州古运兵道俗称曹操运兵道,位于历史文化名城亳州市内,传为曹操隐兵道。但砖砌部分地道

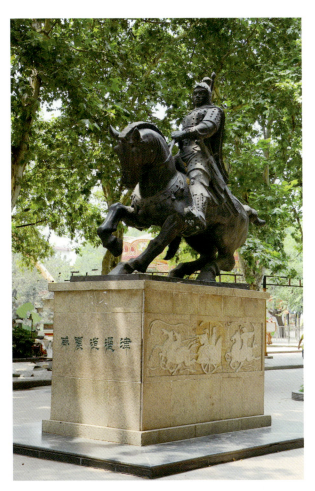

图7-2-3 逍遥津古战场遗址

图7-2-4 亳州古运兵道之单层砖结构

为唐、宋、元几个时代的遗构。土木结构部分，其上限可追溯到曹魏，主要完成于宋。

地道于1927年首次发现，以后陆续又有新发现：其中较大一段发现在1969年，于城内南北、东西两条主要大街两侧挖出近2000米，其分布是以市内大隅首为中心，向四方放射。地道的主干道为平行双道。两道留有双洞孔，可相互通话。支道纵横交错。地道有四种结构：

1．早期土木结构，地道上横一木棒，铺以木板；
2．砖土结构，墙基为土，墙上部至顶为砖砌；
3．单层砖结构（图7-2-4）；
4．大隅首交汇处双层砖结构（图7-2-5）。

地道一般高1.45～2.1米，宽0.6～1.2米；底面高低起伏。砖结构地道券顶留有方洞直通地面，墙壁留有小龛，推测为放灯用。地道砌筑用的砖，多为宋砖，仅铺地用唐砖及汉砖。道内文物亦宋代居多。

地道属古代军事构筑物，亦称"地突"，最早

图7-2-5 亳州古运兵道之双层砖结构

图7-2-6 镇淮楼入口

图7-2-7 镇淮楼全景

图7-2-8 白崖寨攀龙门

图7-2-9 白崖寨听雨门

史籍见于《左传》中"宵突陈城"一语。《三国志》和《资治通鉴》中，都有地道战的生动记述。亳州古运兵道的发现，为此提供了难得的实物史料。

四、镇淮楼

镇淮楼（图7-1-1），俗称鼓楼，坐落于和县城关南门，始建于南末宁宗年间（1195～1224年），明清曾多次修葺。清光绪十七年（1891年），知州罗锡畴最后重修，并楷书"镇淮楼"横额（图7-2-6）。

镇淮楼建于高11米的台基上，楼基平面呈"凹"字形，东西长50.5米，南北宽21米。内筑土，外砌砖。基下中央有一拱门南北相通。楼面阔三间，进深二间，两层。砖木结构，周环有16颗柱的回廊。重檐歇山顶，屋檐飞出，翼角起翘（图7-2-7）。有清代人题写的"江天一柱"匾额，楼内尚存四个石础为宋代遗物。

南宋末年镇淮军曾据此楼抗金，其中南宋建炎四年（1130年），金兀术侵犯和州，围城数匝。当时兵马钤辖宋昌祚激励士卒，坚守州城。钤辖宋昌祚、历阳县令寔誉等战死谯楼上。乡豪赵霖带领镇淮军突围，转移到麻湖水寨练兵战备。后一举收复和州城，受到南宋朝廷褒奖。② 一般认为"镇淮"之名，与南宋末年江淮地区抗金的"镇淮军"之名有关。

五、白崖寨

白崖寨，军事寨堡，位于大别山南麓宿松县境内的白崖山上，因山得名。始建于元末，义民吴士杰率众垒寨御寇。此后，白崖寨成为历代兵家必争之地。明、清两代数次扩建、修葺，其中清朝光绪二十六年（1900年）宿松籍的工部主事贺欣捐款重修和扩建。

白崖寨依山就势而建，据《宿松县志》记载："元末义民吴士杰，率众垒寨御寇，依东峰、西峰、北岭，各以为营，间列市肆"。绵延达五公里，寨墙高3米、宽1米，由大方块石砌筑而成，寨墙基本保存完整。寨城四周建有5座城门，现尚遗存"攀龙"（图7-2-8）、"听雨"（图7-2-9）、"朝九"三座门。拾级而上入寨。寨内仍然是奇峰、怪石、溪流、古树。旗杆坡又名炮台、点将台，尚存竖旗杆石夹一对，相传史可法曾在此立旗。

寨内还有关帝庙、魁星阁、史公祠、惜字亭等寺庙古刹。关帝庙始建于元。关帝被尊为"武圣"，是军事营垒必祭的神祀。原有5座大殿和戏台，中间主殿内有端坐的关羽塑像，香烟袅袅。魁星阁为塔形结构，中国古代认为二十八宿之一的魁星主宰文运，建"魁星阁"以企盼文风昌盛。山寨居高临下，易守难攻。寨内既可屯兵操练，又有大片田地可供耕作。

作为罕见的完整的军事寨堡，白崖寨有很高建筑史学价值。

六、颍州卫

颍州卫，旧称颍川卫，明代军事机构卫所。位于颍州（今阜阳市）城北精忠街（今名建设街）。卫，明代一种驻军的军事管理机构。边关、沿海和重要军事要地都设有"卫"，卫的下属机构称"所"。史料记载，洪武元年（1368年），置颍州卫，属河南都司，卫籍诸生参加河南乡试。康熙《颍州志》："卫与州同城，署在州署之后。颍州卫有营兵200名及卫军467名，并下设3所，位于颍州城前、城中、城后，每所120人。总计有兵约千人"。颍州卫在军事上归河南都指挥使司统辖，在行政上则属于凤阳府管辖，并直隶南京。

建筑坐北面南，合院式布局（图7-2-10）。砖木结构，抬梁式，青砖黛瓦。略呈官署衙门的风格。

颍州卫，作为完整保存至今的明代军事机构"卫"的遗存，对研究明代卫所制度有一定价值。

七、四望堡

四望堡为军事寨堡，位于大别山高峰之一的冒顶山，海拔1396米，登巅俯瞰，方圆数十里外尽收眼底，故称为四望山。四望堡因此得名。据《霍山县正堂张瑜夯修堡事》和《四望堡各户目》两碑文中记载，清咸丰十一年，奉知县谕修筑此寨，以对付捻军。

寨堡建于冒顶山巅，寨设南北两寨门，均为券形顶。南门保存完好，高约7米，建有石室，面积约9平方米，分上下两层，上层为城楼，顶用条石扣合，饰有葫芦镇脊。正面墙上开有3个方形瞭望孔。两边山墙各开一个门，可通两边寨墙。门楣上镶嵌有"冠秀南山"的石刻（图7-2-11），门的内左右石壁上各嵌砌有《霍山县正堂张瑜夯修堡事》和《四望堡各户目》的碑文。北门楼已倾圮，仅存门洞和"清流溰水"的门楣石刻。距南门东200米处，建有炮楼（图7-2-12），双层，上层有瞭望窗，下层有十一个枪炮眼。炮楼与石寨有石墙相

图7-2-10 颍州卫

图7-2-11 四望堡南寨门

图7-2-12 四望堡炮楼

连，寨墙用石块垒砌而成，高度约6米，宽1.5米，总长约2000米，南北走向。峭壁而砌，墙外侧险陡，寨内稍平。阔处不足百米，狭处30米。寨墙每隔一段，筑有碉堡。向外凿有"凸"字形枪炮眼，用以瞭望、射击。南寨中央山脊东侧较宽处建有一座小石庙"云雾庵"供奉的两尊神像。

八、乐城堡

乐城堡位于太湖县中心乡后河村，始建于曹魏时期，旧名上格城，安城堡。由魏将曹仁筑城，以屯兵。[3] 唐武德间为青城县治，又名青城。明末，史可法抗张献忠部于此，重修城，更名乐城堡。[4] 泰始二年，复设太湖左县于乐城堡。清咸丰年间（1859年），太平天国的英王陈玉成部在此与清军清军激战，在周边筑应家、何家、广峰等寨。

乐城堡筑于临河的山岭之上，地势险要，易守难攻。今城堡附近尚有营垒遗迹。城墙周长1.5公里余，内部由夯土筑成，外包大块青砖，基本完好。原有西门、南门、北门和大西门四座城门，均为砖砌拱门。其中大西门有城楼，歇山顶，飞檐翘角。毁于20世纪60年代。城内有《祠塾碑记》，述及古城营造与变迁，加之残存的石子路，依稀可辨出昔日古城堡格局。

注释

① 王夫之. 读通鉴论. 卷十.
② 高照，朱大绅. 直隶和州志. 清光绪二十七年.
③ 清《太湖县志》："青城县，在县东四十里，本魏将曹仁筑。"
④ 据《祠塾碑记》："王父龙华，值明季流氛，移居斯城……号曰乐城堡，上格城其旧名也。"

安徽古建筑

第八章 居住建筑

安徽居住建筑分布图

（地图引自：中华人民共和国民政部编．中华人民共和国行政区划简册2014．北京：中国地图出版社，2014．）

① 吴息之宅　　④ 承志堂　　　　　　　⑦ 程文炳宅第　　⑩ 铁砚山房
② 程氏三宅　　⑤ 查济村明清居住建筑　⑧ 刘禹锡陋室　　⑪ 李家圩地主庄园
③ 潜口民宅　　⑥ 笃诚堂　　　　　　　⑨ 世太史第

居住建筑指供人们日常起居生活使用的建筑。中国古代的"宅"、"舍"、"庐"字，指的就是居住建筑。合院式与天井式，为中国古代居住建筑两种最基本的形态。安徽淮北平原和江淮之间，以合院式为主，皖南山区以天井式为主。

居住建筑，也是文化的折射。安徽明清两代产生了璀璨的徽州文化，也孕育了冠于全国的徽州民居。

第一节　安徽古代居住建筑概况

合院式与天井式，是中国居住建筑的两种主要类型。安徽的淮北平原和江淮之间，主要为合院式（图8-1-1），皖南则以天井式（图8-1-2）为主。

合院式与天井式的共同特征，是平面布局对外封闭而向内开敞，以保证居住的安全和私密性。区别在于，合院式单体之间以较为阔绰的院落联系，要求土地平整开阔。天井式单体之间以较小的天井联系，不拘于土地平整，布局紧凑、灵活。在徽州，常采用2～3层的楼房（图8-1-3），极大地节约了土地。

中国古代是以宗法制度为纲的社会，宗法伦理秩序也体现在居住建筑上。首先，安徽居住建筑的空间，多以纵深序列布局这一官式建筑最普遍的形态，宅第中可找到一条主轴。沿轴各空间不仅在尺度上，其前后、左右、高低，都是有序的。以体现长幼有序，男女有别。第二，宅第的第二进厅堂（图8-1-4），常为用于礼仪的空间，尺度较阔绰，由于对天井或院落敞开，延伸了厅堂空间，显得宽敞明亮，空间被伦理化、礼仪化了。第三，宅第与宅第之间，也依血缘亲疏组团。如徽州大多宅第除了主入口外，还设置侧门（图8-1-5），以与同一宗族的家庭或血缘相近的邻户相通，形成彼此联系的通道。既保持了不同家庭的相对独立，又便于彼此交往。这是徽州宅第中最常见的一种形态。几世同居虽然是徽人一种理想的家庭形态，但几世同居的大家庭在徽州只偶然可见。它们常常设一条内巷，将几个相对独立的空间联系起来。而每个独立空间又恰对应一大家庭内部的"小家庭"。如歙县棠樾保艾堂，据称有36个天井，108间房组团。第四，空间尺度、光影变换、围合空间实体的雕刻、匾额、楹联，也与宗法伦理秩序不无关系。如不设天花，直接于梁架上进行繁复的雕刻彩绘。这种宋《营造法式》中称为"彻上明造"的做法，在安徽宅第中很普遍，它一改设天花带来的压抑感和封闭性。雕梁画栋使一种可度量的空间，产生不可度量的无限效果。建筑空间本身并不能表意，至多通过尺度光影得到某种联想。利用匾额、楹联为空间表意，是中国传统建筑特征之一，在徽州建筑中更被用来表征空间的属性。

中国封建社会是以家庭为基本单位。虽然中国古代"九世同堂"作为一种理想，广受赞扬，也的确存在包括父母、已婚子女、未婚子女、孙子女等

图8-1-1　合院式住宅（和县刘禹锡陋室）

图8-1-2　皖南天井式住宅（黟县西递）

图8-1-3 徽州常采用2~3层的楼房

图8-1-4 宅第厅堂是常为用于礼仪的空间

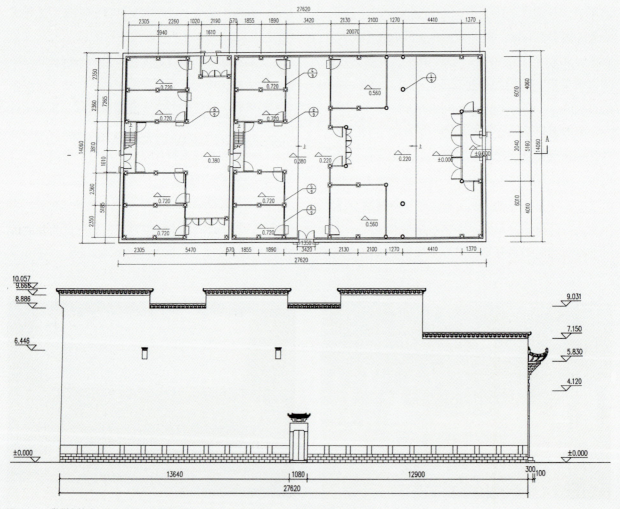
图8-1-5 徽州宅第除了主入口外,还设置侧门,以与同一宗族的家庭或血缘相近的邻户相通

几代居住在一起组成的联合家庭，但核心家庭和主干家庭是主要的类型。家庭结构深刻地影响了居住建筑的组群形态。聚落中同一姓氏，特别是同一房系的建筑组团，适应了家庭与家庭间的结构，它主要有以下诸方式：

1．各宅第横向并联组合，宅第间通过侧门贯通。使同一家族不同家庭之间，保持一种既分又合的空间形态，是一种较理想的组合方式。黟县关麓村汪氏"承德堂"八支后裔宅第，除每户独立门户，相互间又以门户通联，共用学堂、书斋（图8-1-6）。

2．以某一家长的宅第为核心，向四周延伸。屯溪黎阳镇33-35号石宅。"原仅拥有中部的前堂后寝，第三代兄弟不和，曾祖父将四子迁至东侧另接一幢，又加接右侧一幢。"特别有意思的是，"据说这位四少爷不大成器，父亲将房子盖成东西轴向以示警诫，富有冀其向东再发展之意"。①这一案例反映出这一组团方式，对不同亲疏关系空间联系，是非常敏感的。

3．纵向串联式。组团的宅地纵向毗连成一排，在两宅之间附加连廊或庭园以过渡和联楼。这种连接方式，多在横向联系受到限制时才加以使用。

4．庭园式组合方式、各组团的宅第有公共的庭园空间，各户朝庭园开设门户，庭园成为建筑空间组合中过渡性空间（图8-1-7）。如婺源许村以耕余园组群的宅第、休宁里花园和外花园。黟县关麓村汪氏承德堂八支后裔宅第，也有局部由宅第的庭园贯通。

第二节　皖南明清居住建筑

居住建筑是文化的反映，皖南明清两代产生了璀璨的徽州文化，也孕育了冠于全国的徽州居住建筑。同时，徽州包括居住建筑在内的徽州建筑，也向周边区域扩展扩散。本节拟从徽州明清居住建筑以及它的传播两个角度，展开讨论。

一、徽州居住建筑

《桃花源记》问世后，有人认为陶渊明虚构了世外桃源，也有人确信它存在过。这虽然已成为千古之谜，但有一点可以肯定，古徽州文化对陶渊明的创作有着抹不去的印记。这当然因他任职的彭泽县与黟县接境，更因他笔下的地貌、风物、人情，简直是徽州村落的纪实。黟县发现的《陶氏宗谱》，更使这不容置疑。

包括黟县在内的古徽州，至今仍保留一批明清古村落，且不说列入世界文化遗产名录的西递、宏村，只呈坎、潜口、南屏、关麓、屏山、碧山、木坑，就足以让人陶醉倾倒。

1．徽州明清住宅特征

上一节，我们已讨论了安徽居住建筑的普遍特

图8-1-6　黟县关麓村汪氏"承德堂"八支后裔宅第"八家"

图8-1-7　庭园成为建筑空间组合中过渡性空间

征，如宗法伦理秩序、家庭结构，在居住建筑的反映。以下着重讨论徽州居住建筑所具的特征。

首先，我们注意到它的基本元素：天井、马头墙、楼居。天井是徽州住宅平面布置的核心，张仲一等据此总结为"回"、"口"、"H"、"日"四类基本平面形式，其他都可看成其变体或组合[②]（图8-2-1）。马头墙的运用，使宅第的外部形态融入了马头墙的节奏，屋顶退居到次要地位（图8-2-2）。徽州早期的宅第，普遍采用楼居，大多为两层，亦有三层。如今黟县屏山舒桂林宅、歙县罗小明宅（图8-2-11）、方春福宅。这是因为，徽州宅第源于干阑式建筑，为了防洪、防潮和虫蛇伤害，干阑式建筑底层架空。随着抵御自然侵害能力的提高，底层功能才逐步扩大。徽州明代住宅，二层为居住空间，因此较宽敞（图8-2-3）。清代以后，居住空间由楼上移至楼下，楼上仅用于收藏杂物，空间就比较局促（图8-2-4）。

我们也注意到徽州聚族而居，一方面，融入优美的山水环境中；另一方面，又在住宅内部庭院，创构优美的景观。宏村独具匠心的牛形村落规划，有完善的水系。全村以月沼为中心，正街贯穿，南附南湖，一条近一米宽的清澈水渠，流淌到家家户户。水系为生活用水提供了方便，调节了气温，也极大的美化了环境。村民家中的庭院、开凿的鱼池，都得益于这一水系。坐落在黟县西武乡的南屏村，因北依南屏山保存至今。南屏村整体上保

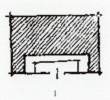
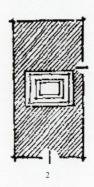
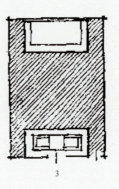
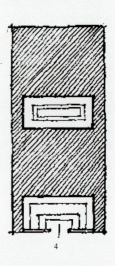

1. 回形平面
2. 口字形平面
3. H形平面
4. 日字形平面

图8-2-1 徽州建筑的基本平面形式

图8-2-2 徽州建筑中马头墙的运用，屋顶退居到次要地位，使外部形态融入了马头墙的节奏

图8-2-3 徽州明代住宅

图8-2-4 徽州清代住宅

留了明清徽州村落的风貌。村背倚群山，武林溪水清澈见底。村口，老树苍郁；村内，小巷曲折通幽，走不到尽头。古祠、古宅、古桥、古泉、古井比比皆是，这使得南屏成为著名的"影视村"。西递村始建于北宋皇祐年间，后鼎盛于清代中叶。村中尚存清代民居100余幢。多为转木石结构的楼房，马头墙、小青瓦，具有浓郁的乡土气息。中国园林，到了清代已渗透人们日常起居中。我们看到，西递村的民居，屋前或屋后，多有小庭院、鹅卵石铺地，筑以鱼池、花台和假山。形态各异的漏窗，丰富了景观（图8-2-5）。宏村，南宋绍熙年间（1190～1194年）建村，现存明清代建筑130余幢。承志堂、南湖书院、桃源居、树人堂、德义堂、碧园等名居庭院，造就了另一桃花源。

2. 徽州明清住宅实例

吴息之宅，俗称老屋阁。位于黄山市徽州区西溪南村，建于明代中期。平面布局口字形，两进，坐东北面西南。通面阔17.7米，进深19.4米。砖木结构，两层。正立面是封火山墙，顶上复以瓦檐，侧立面山墙参差错落。大门位于中轴线上，门上有水磨砖砌成的门罩，门有铁皮包镶。底层第一进明间为门厅，第二进明间为厅堂。两进间的天井有石板砌的水池。天井四周设置飞来椅。楼层为穿斗结构，明间由插梁减柱，第一进进深四椽，第二进进深八椽。平梁、四椽栿、乳栿、劄牵、束，均加工成月梁状。但采用插梁而非抬梁，显示为穿斗的衍生形态。梁两端饰以云雕。驼峰、叉手、平盘斗均有雕刻。瓜柱下端收杀做成鹰嘴形。插入柱身处用丁头拱承托，拱眼内雕有小花，具有明代的特征。山墙面梁架为穿斗基本型。前进为三柱，后进为五柱（图8-2-6）。

吴息之宅外东南有池塘畔，有绿绕亭（图

图8-2-5 形态各异的漏窗,丰富了景观

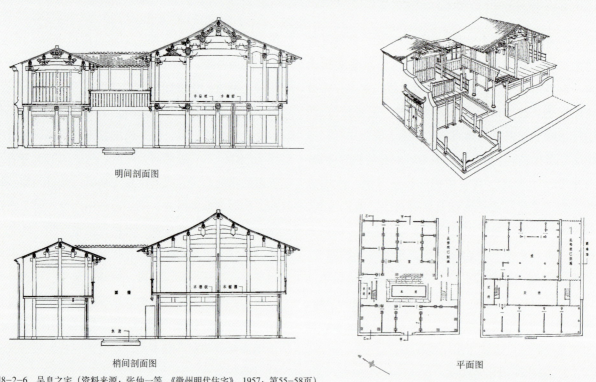

明间剖面图

梢间剖面图

平面图

图8-2-6 吴息之宅(资料来源:张仲一等,《徽州明代住宅》,1957:第55-58页)

8-2-7)。元天顺元年（1328年）西溪南名士吴斯能、吴斯和兄弟集资建造，明景泰七年（1456年）重建。亭平面近正方形，结构与雕饰风格与吴息之宅相近，月梁上绘有典雅工丽的包袱锦彩绘图案。临池一侧置飞来椅供人休息。历代文人题咏甚多，如明代著名书画家祝枝山曾作《东畴绿绕》一诗赞咏绿绕亭的绮丽风光，后集成《歙县丰溪吴氏文徵》。

程氏三宅，坐落在黄山市屯溪区柏树街东里巷6号、7号和28号（图8-2-8），均建于明代。曾为明代文学家、礼部右侍郎程敏政（公元？～1499年）的宅第。

三宅结构大体一致，以6号最富特色。前后两进，砖木结构。屋面盖蝴蝶瓦，四周筑封火墙，每宅均为五开间两层穿斗式楼房，中有天井。门楼内开，门罩朝里做。6号宅的楼上主厅面积较大，上下开间不一致，木构架十分特殊。它置五架梁于楼层，形成楼厅。为增大楼厅的空间，上、下层开间面积不一，柱位数量也相应不一，形成错位。底层明间左右加两列短柱，形成次间和梢间，然后再从中横隔成八眼房间，明间又以太师壁分成前堂和后堂。这种做法，使底层受力更为均匀。楼上前檐排柱间，装有飞来椅。柱的断面四方抹角。柱侧上端，插栱两跳，托住檐檩。

建筑装饰方面，三宅厅堂内的花板、栏杆、斜撑、棂窗、梁架的木雕和彩画，以及门罩的砖雕，风格高雅、秀美、庄重（图8-2-9）。如上下梁面均有包袱和角叶彩绘，今仍清晰悦目。再如井檐斜撑的灵芝如意，用透雕6朵层次跌落的灵芝卷瓣，使整修装饰物形成六面观看的花罩。为徽州雕刻上品。

6号宅存明天启元年（1621年）买卖房契一纸，

图8-2-7 绿绕亭

图8-2-8 程氏三宅

图8-2-9 程氏三宅厅堂的花板、栏杆、斜撑、棂窗、梁架的木雕，风格高雅、秀美、庄重

现藏黄山市屯溪区文物管理所。

司谏第，原址在歙县潜口村，今移入黄山市徽州区潜口民宅内。始建于明弘治八年（1495年）。司谏第为明永乐初进士，吏科给事中汪善的5个孙子为祭祖所建的家祠。享堂中悬有永乐四年（1406年）明成祖敕谕匾额一方，上书："特命尔归荣故乡，以成德业，副朕所期……"明清家祠通常设在宅第的厅堂，司谏第可看成汪善孙辈宅第的延伸。

司谏第为砖木结构，三间两进。它是江南现存最早的民居建筑之一，较多的保留了宋元做法。明间木构架用穿斗减柱形式，用材宏阔，有梭柱、月梁、剳牵、平盘斗、叉手等宋代大木结构构件。特别是其斗栱，里跳带上昂，在现存大木结构中鲜见。次间为穿斗基本形式（图8-2-10）。

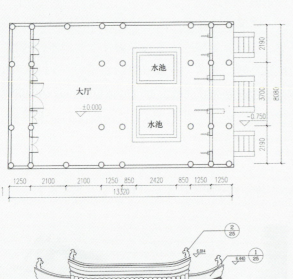

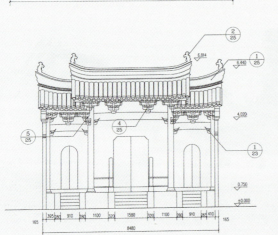

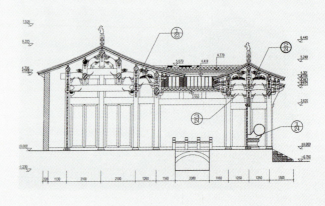

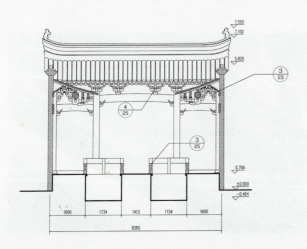

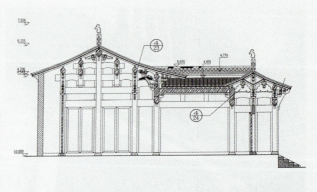

图8-2-10 司谏第

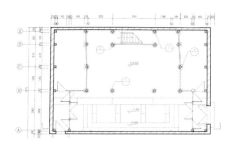

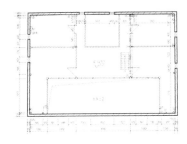
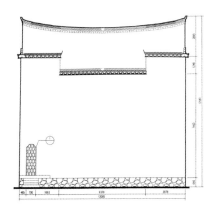
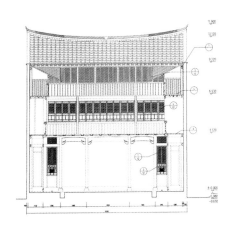
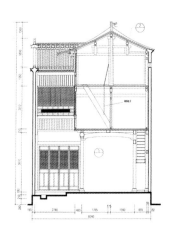

图8-2-11　罗小明宅

罗小明宅，原址在歙县呈坎村中街，今移入黄山市徽州区潜口民宅内。建于明嘉靖年间。三层砖木结构，硬山屋顶。凹形平面，面阔12米，进深9.2米。主入口设在宅第北侧廊下，板门，面层用斜方磨砖满铺，圆头钉固定，内侧用条形铁皮加固。次入口在东侧。底层面阔五间，明次间檐柱均为梭柱，阑额加工成月梁状。榫雀替雕镂成鲤鱼吐水卷浪花形。其中明间为面阔三间的厅堂，较为宽阔开敞。它减去了两颗落地柱，以插梁取代穿枋，插梁加工成月梁。两翼卧室抬高了室内地坪，并运用采光较好的格子门。楼梯设在大师壁后，单跑至二楼。楼上楼下柱网不对齐。楼上厢房采用方格窗，三面固定，中间敞空。三层高2.4米，穿斗式梁架，三间四扇三柱，二跳插栱承檐。罗小明宅为典型的徽州明代住宅（图8-2-11）。

方文泰宅，原址在歙县坤乡村，1986年移入黄山市徽州区潜口民宅内。建于明代中叶。口字形平面，面阔9.5m，进深16m，高9.4m。三间二进，两进之间有狭长天井，2层。砖木结构，穿斗式大木构架底层前进明间为门厅，两翼为厢房。后进明间为厅堂，次间为卧室。楼上明间用于祭祖，反映明代居住建筑主要活动在楼层。左右有廊屋，右廊屋内设楼梯。窗外勾栏，两旁望柱头上雕有莲瓣，栏身上雕刻云栱，下部四围嵌有雕镂精巧的镂空花板，中央用镂空方格。楼面飞来椅的弧形栏杆是该宅的精华，栏杆下部裙板全部用框格式壸门装饰，玲珑剔透，雕工精美。弧形栏杆的处理方式，与宁波天一阁所藏明鲁班正式图所绘栏杆相类似（图8-2-12）。

承志堂，清代徽州盐商汪定贵的府第，为晚清徽州建筑的重要实例。位于黟县际联镇宏村上水圳中段，建于1855年前后。它围绕9个天井，布置了门、厅堂、书房、厢房、回廊等，宅第内有池塘、水井，占地面积2100平方米，建筑面积3000平方米。承志堂特点之一，是其紧凑适用的布局。如前厅为府第的主厅，通往前厅增设了威仪的中门。

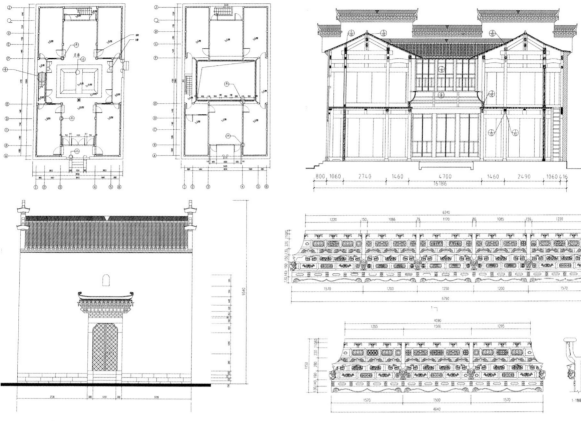

图8-2-12 方文泰宅

前厅尺度适中，有精美的木、石雕装饰，又不失威仪庄重。后厅是父母、长辈的场所，柱础上刻有一个"寿"字。梁坊间雕有"郭子仪上寿"及"九世同堂"图。再如用以停放轿子的轿廊，既功能合理，又丰富了内院景观。特别是府第的"鱼塘厅"，本是靠村中水圳多出的一小块三角形空地，工匠便就这个三角形小空间设计了鱼塘厅。小天井下有一汪鱼池，圳水从外潺潺流进，又通过石栏栅向前流去。池畔的飞来椅，可凭栏观鱼；特点之二，是其精美的木雕、砖雕、石雕、彩画。尤其是其木雕：细腻流畅的刀工，显示了晚清木雕工艺水平。《唐肃宗宴官图》、《百子闹元宵》、《渔樵耕读》、《长坂坡》、《三英战吕布》等，层次繁复，人物众多，有浓郁的生活气息是以龙凤为主题的宫廷雕刻所缺失的（图8-2-13）。

二、皖南其他地区的居住建筑

随着徽文化崛起，作为这一强势文化载体之一的徽州建筑，也于空间上进行扩张传播。建筑的扩展扩散，指建筑向周边地区扩散传播，使包括徽州居住建筑在内的徽派建筑占据的空间逐渐扩展。当然，传播过程中，因文化背景的差异，徽派建筑风格也在淡化、减弱、变异。恶劣的地理环境和交通条件，或某一强有力文化的抵抗，[③]对徽州建筑的扩展传播，也有阻断作用。徽州居住建筑的扩展区域，大致包括安徽的东至、石台、青阳、旌德、宁国、泾县，浙江的临安、淳安，江西浮梁、景德镇等县市的部分地区。

总之，皖南其他地区的居住建筑，可看成徽州住宅的扩展传播后弱化的结果。

1. 泾县查济村明清居住建筑

查济村，位于皖南泾县西端，南连太平（今黄山市黄山区），北邻青阳县，属徽州文化圈。它四周青山环抱，岑水、许溪、团溪三溪穿村，曲折辗转，然后汇聚后向东流去。村中尚存明代建筑30余处，清代建筑100多处，显示出这是一个足以与徽州歙县呈坎、许村、潜口，黟县宏村、南屏相媲美的文化古村。有可能清晰地观察徽文化传播的印记。

诵清堂，明代监生查玉衡的府第。其子查日华、查炳华兄弟进士。兄官至湖北按察使，弟任县知府。清《泾县续志》载："查玉衡，字侍臣，以子炳华即用知县加四级增奉政大夫"。"查炳华，子含辉，号瑶，九都人"（清道光五年《泾县续志》卷二，选择表十一）。

诵清堂原占地3亩余。高墙深院。正屋前后两进。前进已毁，面貌不清。后进原有客堂、阁楼、书院、宅园及厢房10余间，现尚有部分遗构。屋宇式门屋，有五铺作斗栱，两跳均为偷心造。横披花心为宫式。过后门院落，有宅园遗迹。右粉墙中部墙垣式门，门罩以叠涩法挑出，颇古朴。入门有三间四耳厅堂，除几檩换过，其他均为原物。斗栱为五铺作双杪偷心造，明间补间铺作两朵，次间一朵。斗栱的形态制式接近宋式。转角铺作亦五铺作双杪。但上跳为计心。昂形耍头上作卷云雕饰。该堂木构架用材阔绰，月梁、梭柱、丁头栱，显示出宋代建筑遗风。雀替、交互斗、耍头等重点部位精雕细镂，又具徽派建筑的细腻婉约。

红杏山庄，查玉衡藏书读书之所。坐落于村南山谷，山庄三面环山，绿竹漪澜，曾为泾川著名景点。另一面以圆弧形影壁，围庄内月形塘。原庄内主要建筑藏书楼阁等已毁。现仅有影壁、月形塘、

图8-2-13 承志堂

墨香井为明代遗存。山庄末端有其祖墓地，庐墓也应是山庄选址的原因之一。

爱日堂，府第，明代遗构。传宅主在无锡为官清廉，爱民如子。还乡村百姓赠"爱日堂"匾额，得名。该宅第前后三进，一正四厢楼层式。通面阔20.8米，通进深53.3米（图8-2-14）。入口八字形大门，左右各有一块大理石。门额内刻有"蓝田种玉"匾。第二进大厅基座二十余幅浮雕及汉白玉石镶嵌。多幅石雕上有桥亭的形象。

进士门，府第。原宅主查玉屏系清光绪九年（1883年）进士，任甘肃巡抚。该宅入口山墙取徽州"凹"型对称式，高约5米。刻有"大夫第"匾，气宇轩昂。宅不大，布局紧凑，实用，一气呵成。它有一仅1.5米×0.3米的小天井。却解决了采光、通风、分割等问题。宅第雕刻精巧细腻，为典型的清代徽雕风格。门窗格扇上雕有"渭水河"、"三娘教子"、"二进宫"等戏文，形态逼真，应出自名匠之手。楼上有精美的"美人靠"，正堂悬挂"进士"匾。

德公堂及门坊，德公堂为府第兼家祠，为明代遗构。现仅存为厅堂部分，穿斗与抬梁混合式屋架。有月梁、梭柱、木楣等宋代建筑做法，斗栱也具宋式外观特征。雀替雕镂，华栱作云栱状。

门坊为四柱三间五楼式，砖石质。仿木结构，形象逼真（图8-2-15），有多种形态斗栱。高浮雕，残存的点龙浮雕和纹饰形态生动，显示出徽雕不凡的技艺。细部（如扶脊兽）呈明初特征。

2. 泾县笃诚堂

俗称"洋船屋"，居住建筑群。位于泾县黄田，建于清道光末年。当时，宅主盐商朱一乔携其子朱宗怀在沪经商，为圆其母亲想见"洋火轮"夙愿，商议修建一座外形似大轮船的宅第。因建筑组群似轮船，俗称"洋船屋"。

笃诚堂现有20余幢房屋及附属建筑，占地面积4200多平方米。门前有用麻石铺设的场地，当地俗称"晒坦"。前为前院，接着是三进主体建筑和两翼附属建筑。建筑沿用了徽州马头墙，跌宕起伏。

图8-2-14 爱日堂

图8-2-15 德公堂及门坊

但因土地已不像徽州那样金贵，布局较为疏朗，楼层也较少。后亦有花园，其间山池花木，布局疏密有度（图8-2-16）。

图8-2-16　泾县笃诚堂（洋船屋）

门厅　　　　　　　　　　　　北宅　　　　　　　　　　　　四合院第一进

四合院第二进　　　　　　　花窗透雕几何图案　　　　　　侧门石雕、砖雕

图8-3-1　程文炳宅第

第三节　淮北和皖中居住建筑

淮北和皖中的居住建筑，布局基本沿用了中国北方的合院体系，结构方式以抬梁为主。但由北到南，皖南建筑的影响也在加强。如下文将述及的世太史第，位于和皖南只有一江之隔的安庆市。因此出现了皖南的天井与北方的合院混合的布局。结构方式也基本相同，由北到南，穿斗的元素在增益。清代皖中桐城孕育出了冠于全国的桐城文化，但桐城文化的载体主要在文坛。由知识精英发起的桐城派古文，在基层社会的影响力，远不及徽商对徽州文化的影响。如果说桐城文庙一类的文教建筑，或受了桐城文化血脉滋养，作为日常起居的居住建筑，则完全不受桐城文化左右。

在阶级社会中，住宅也免不了打上阶级的烙印。这在淮北和皖中的居住建筑遗存中表现的更为凸显。官宦、商贾、文人等不同的旨趣影响了宅第的风格。以下所述的诗文家刘禹锡的陋室、书法家邓石如的铁砚山房，属于文人宅第；程文炳宅第，是晚清爱国将领的宅第；李家圩子，则是典型的封建地主庄园。

程文炳宅第，位于阜阳市颍东区袁寨镇，建

于清光绪年间（1871~1908年）。宅主程文炳（1833~1910年），字从周，谥号壮勤，清末阜阳县（今颍东区枣庄镇）人。少爱研究兵法，官至长江水师提督，为著名爱国将领。宅第原为三进院落，主要建筑两层，砖木结构，占地面积6700平方米。现存门厅、北宅等，遗存约半数（图8-3-1）。

门厅面南，由门经南宅直通程家大院的跑马门楼。北宅为四合院，正房为两层楼，东西两翼的厢房为单层。正房及东西厢房的花窗透雕几何图案，栏杆为花瓶柱，均为近代做法。左右回廊，贯通前后院落。建筑群布局简练适用。砖雕、木雕、石雕雕饰精美，技法精湛，在淮北民居中不多见。

陋室，坐落于和县城内，是唐代政治家、哲学家、诗人刘禹锡（公元772~842年）谪任和州刺史时的简陋宅第，始建于唐长庆四年（公元824年）。刘禹锡为此宅写了脍炙人口的《陋室铭》，由柳公权书碑。原室与碑年久俱毁，现存建筑为清乾隆年间（1736~1795年）和州知州宋思仁主持重建，光绪年间修葺。碑铭复制于1920年，今置于室前。

陋室西北有小山麓和一弯水塘，即《陋室铭》开篇"山不在高，有仙则名；水不在深，有龙则灵"所言的"仙山""龙池"。宅第是一座三合院，由正房、东西厢房和门廊组成，九间。抬梁式大木结构（图8-3-2）。室前的石铺小院、石台阶。"苔痕上阶绿，草色入帘青"。室后有小山和龙池，清新淡雅。

世太史第，坐落在安庆市迎江区天台里街7号。因赵氏族中赵文楷、赵畇、赵继元、赵曾重四代翰林，故称"世太史第"、"四代翰林宅"。亦为赵朴初故居。

宅第始建于明万历年间（1573~1620年），初为明刑部给事中刘尚志宅第。明崇祯四年刘尚志之子刘若宰中状元，另立状元府，宅舍他人。清同治三年（1864年），翰林院庶吉士赵畇辞官返乡，购此宅并稍作修葺，始为赵氏府第。

世太史第坐北朝南，布局分东路两路，东路四进，西路三进。东进第一进位入口，进门后为一庭院。厅堂居中，两翼为回廊，宽敞阔绰。第二进与第

室内

碑铭

抬梁式大木结构

院落

图8-3-2 刘禹锡陋室

三进、第三进与第四进间，以天井连接，光影丰富。西路第一进与二进之间为天井，第二进与三进之间为园林。在东西两进之后，有后花园。有六角亭、荷花池、假山、碑廊。安庆市南临长江，这使世太史第兼收安徽南北建筑体系之长。布局上，有淮北的合院，也有皖南的天井；主体建筑为砖木结构，明间结构采用抬梁式，山墙面则为穿斗式；由清水筑成的外墙，却采用了皖南高低起伏的马头墙（图8-3-3）。

东一进厅堂

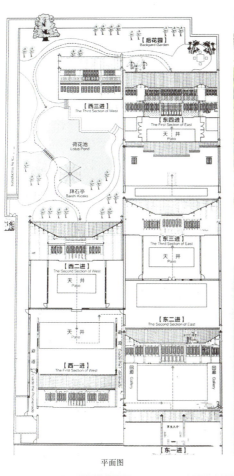

平面图

内景

东一进入口

抬梁式木结构

图8-3-3 世太史第

平面图

穿斗插梁式木结构

门厅

花园

图8-3-4 铁砚山房

铁砚山房，清代书法家邓石如的府第。坐落在安庆怀宁县五横乡白麟坂。清乾隆六十年（1795年），邓石如新建茅屋数间，并以两湖总督毕沅所赠铁砚为宅第命名，曰"铁砚山房"。

铁砚山房为砖木结构，四进，穿斗插梁式大木结构。第一进为门厅，三开间。第二进为正厅，为两层楼阁，名"守艺堂"。面阔五开间，进深两间。第三进亦为两层楼阁，名"燕誉居"。明间作通道，两侧次间、梢间均系板隔住房；第四进仓房。主体建筑西侧为斋馆庭院，旧有"求声馆"、"挹翠楼"，斋馆外围为花园（图8-3-4）。

李家圩地主庄园，庄园坐落在霍邱县马店镇以西约3公里处，建于清咸丰六年（1856年），系由清廷武显将军李培才三子李道南、李亚南、李图南三兄弟所建。《霍邱县志》记载：李家圩"咸丰中，首筑寨"。李氏家族自清咸丰初年发迹到民国38年（1949年），历经四世。土地分布在皖豫的霍邱、金寨、颖上、固始等地，清光绪年间挂过"双千顷"牌（20万亩）。并在上海、南京、天津、青岛、大连等地开设工厂、银行、当铺、学校、戏院。

李家圩是封建地主庄园的典型。第一，庄园在择址时，遵循了风水观念。背靠银珠山，面对马鞍山，东傍长山，西倚煤山，有泉水堰、煤山堰两溪，从东西两方汇流圩前。然后环李家祠堂，绕马鞍山东流入城西湖。第二，布局中自成防御系统。庄园外围有沟堑环寨，设有吊桥。砖墙上有卧、跪、立三排射击孔。在圩墙的东、西、北三面立有6个敌楼，敌楼三面都有枪炮眼。庄园内，每宅头门外，有防卫壕沟。壕外边巨石护岸，壕内墙用丈余条石自水底垒砌。李家圩拥有家族兵丁，头门旁，有枪兵舍。第三，主仆分明的建筑。按照封建等级制度设置不同功能特点的楼、堂、厅、阁和偏室、耳房、敞棚。庄园的四道门内，有中、东、西3个院落，各院以其大客楼（厅）为中心。西院四道门内，还建有供奉朝廷圣旨的"圣旨楼"，装饰的美轮美奂。院落正中一间供奉着李家祖先牌位，最后一进都建有正堂楼，是尊辈长者的居室。三个院内都设有上下书房，供少爷、小姐读书习字。每院正堂楼两侧，有东、西堂楼，是小姐们的闺阁绣房，并配有供丫鬟使女居住的厢房，另有妾婢居住的矮屋。庭院开阔，院内置有花台、花池。长工房为一列矮房，并与骡马厩在一起。第四，收租是封建地主庄园必不可少的功能，李家围门内有南北宽60米、东西长470米的场地，平时训练家丁，午秋二季就成为收租场。第五，精雕细镂的中国传统建筑装饰，装饰主题多为祈福禳灾。如梁枋、斜撑上刻有精细的绘画雕刻，刻"扇"寓意"行善"，"水仙灵芝"寓为"佛人仙人"，以及"连年有余"、"福如东海"、"长生不老"、"和合二仙"、"八仙过海"、"二十四孝"等常见祈福题材（图8-3-5）。

注释

① 单德启. 村溪，天井，马头墙 // 建筑史论文集. 第六辑. 清华大学出版社：127.
② 张仲一等. 徽州明代住宅. 建筑工程出版社，1957：13-15.
③ 例如九华山佛教，对徽文化中儒商价值传播有所阻断。

图8-3-5 李家圩地主庄园

安徽古建筑

第九章 园林建筑

安徽园林建筑分布图

（地图引自：中华人民共和国民政部编.中华人民共和国行政区划简册2014.北京：中国地图出版社，2014.）

1. 采石矶
2. 琅琊山风景名胜区
3. 颍州西湖
4. 坐隐园遗址
5. 西递西园
6. 歙县岩寺水口
7. 唐模小西湖
8. 汸溪水口
9. 石田里花园与外花园

第一节　安徽古典园林类型及特征

中国地方园林，大体可分为七种基本类型：城乡风景区或景点、宅园及宅第庭园、水口园林、书院园林、寺庙园林、县衙及学宫庭院。

1. 城乡风景区或景点

用自然山水，稍事修整便成为风景区。城乡风景区或景点具有公共性质，它是城邑或乡村的重要元素。安徽大多城镇，都有自己的"八景"、"十景"之类，它们在自然景观基础上稍事修整。如列入海阳（今休宁县）八景中"落山寒波"，在水清影碧的落石潭边有落石台，"寿山日旭"中称作"寿山"的古城岩。再如祁门十二景中"阊门石峡"的阊江双石。城乡风景点还被锁定在最佳观赏时间，如寿阳八景中的"寿阳烟雨"，被锁定为雨天。"八景"之类构景法，也被延伸到遍布安徽的村落，如歙县呈坎村的八景：永兴甘泉、朱村曙光、灵金灯现、汐峰凝翠、鲤池鱼化、道院仙升、天都雪霁、山寺晓钟，及古称涧洲绩溪磡头村的八景：甑峰毓秀、逢石作壶、石室清虚、岩存仙迹、屏开锦帐、峦回天马、洲涌金鱼、玉泉鸣珮（图9-1-1）。

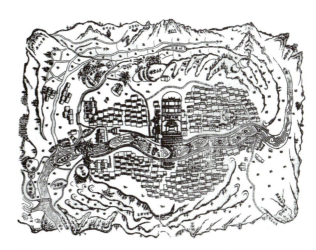

图9-1-1　绩溪磡头村的八景：甑峰毓秀、逢石作壶、石室清虚、岩存仙迹、屏开锦帐、峦回天马等

类似"八景"的选定，对城邑或村落整体园林化至关重要。首先，它移情入景，化景为情。将单纯的自然景观融入了情趣，创造着一种美的意境。以磡头八景为例，第一，山峦，通过想象和联想，能与石壶、天马、锦帐、仙迹联系起来；第二，景点的命名，还对其时空加以限定，也是一意境加工过程，如上述八景中曙光、雪霁、晓钟、浸月、晨钟、晚钩等，起了画龙点睛之妙；第三，村落八景将孤立的景，从意境上整合，形成村落景观完整的意象。

图9-1-2　休宁县石田里花园残迹

2. 宅园

本书所指宅园，是以园景为主。宅第、书屋等处在园林之中。宅园规模相对较大。为私家所有或宗族公有。休宁石田里花园（图9-1-2）、外花园（图9-1-3），均达数十亩，可算大型宅园，今尚存残迹。南宋黟县培筠园亦属宅园，尚存遗迹。文献也有详实记载。明代戏曲作家汪廷讷的坐隐园，遗

图9-1-3　休宁县石田外花园残迹

址在休宁万安汪村,[①]版画《环翠堂园景图》有细致地描绘（图9-1-4）。水香园等清初徽州六大园林,[②]均为宅园。其中,唐模檀干园今基本上保存。

宅园用于静观的景点,和用于动观的路径都较完整。造景除树木花卉、假山、池塘,还有亭、台（图9-1-5）、楼、阁（图9-1-6）、榭、廊等用于游憩观赏的建筑。有时还分成若干景区,黟县南屏的西园,便分为牡丹园、梅竹园、山水园、松柏园四个景区。

3. 宅第庭园

宅第庭园造景于庭院内。它以宅第为主,庭院及景物,都附属于宅第。徽州庭园规模一般很小。但庭园是徽州园林中数量最多的一种类型,较典型的如黟县宏村的碧园、德义堂、承志堂,西递的西园,南屏的半春园等（图9-1-7）。

图9-1-4　明代版画《环翠堂园景图》坐隐园

图9-1-5　休宁县石田外花园观景台

图9-1-6　黟县南屏水口中的楼阁

图9-1-7 黟县南屏的宅第庭园

宅第庭园往往在一局促又不规整的宅间空地，创造出意味隽永的景观。或一鉴鱼池，或几杆修竹，或虚门漏窗，或少许危石点缀，布置得很精当。能在极有限的空间中处理得游刃有余，生机勃勃。

4. 水口园林

"水口"通常指溪涧河流出入村落的地区。理想的水口有双峦夹持对峙。在水口处，常广植林木、筑堤、修桥、建亭榭、堆石，又建以文峯塔、文昌阁、魁星楼、牌坊、书院等儒教建筑（图9-1-8），以及佛宗道家的观音阁、雷祖殿等，使水口区成为可遊憩的园林。水口园林在皖南极普遍，典型的如歙县昉溪、唐模、岩镇的水口园林。祁门六都、张村，休宁五城富溪，绩溪冯村、黟县南屏、屏山等地的水口园，也很也特色。

水口园林是安徽园林中值得重视的一类。它为村落中同宗族人共有，某种意义上具有"公园"性质。尽管国内其他地区，偶尔也可找到水口园林，并且显示出相同的构成特征。但皖南得天独厚的自然景观、强有力的宗族结构，使水口园林显示出独特的风貌和魅力。

5. 书院园林

书院是中国封建社会特有的教育机构。从现有资料看，安徽的书院滥觞于北宋。景德四年（1007年）绩溪人建立桂枝书院。两宋时期，随着理学勃兴，文人创办书院的风气盛行。安徽出现了颍州西

图9-1-8 绩溪石家村水口中的文昌阁

湖书院、桐城龙眠书院、天门山书院、贵池八桂书院、徽州紫阳书院等著名书院。今安徽古代书院除歙县竹山书院保存完好，歙县古紫阳书院、祁门东山书院、黟县碧阳书院、休宁海阳书院等尚有残迹，余均倾圮。研究安徽书院园林的另一形象资料是方志中版画。同期存在于地方志、山水志、乡土志、宗族宗谱、杂谭中的书院的版画，一般由本乡本土的画工、刻工，采用"应物象形"方法绘制，一定程度反映了书院园林原貌。

书院园林的特质，首先是它具有双重造景的功能。第一，书院常位于风景区，书院建筑本身便是一个景点，甚至成为主景。如歙县雄村水口中的竹山书院。而书院内部又有庭园；第二，"书院的兴起和理学发展曾经结下了不解之缘，有着相互推动、互为因果的血肉联系。"③如果将这段话中"书院"延伸到书院建筑，也完全适用。受到理学影响，徽州书院主轴上建筑威严、端庄、肃穆，道学气很浓。庭园则在边缘另辟，如休宁东山海阳书院在东侧另辟庭园。

6. 寺庙园林

指佛寺、道观、祠庙、社屋等附属的庭园。"江南有寺观，始于三国吴。本府有寺观，则始于晋，历唐及宋元而益炽。惟我太祖高皇帝，稽古为治于佛老，虽不废其教，而给牒度三下郡邑僧道，则有定额未尝少滥。洪武二十四年又下归并之令，合数寺观，各立一丛林，且严私创庵院之律。故本府寺观，皆仍前代之旧。"④晋至南朝，安徽寺观尚寥寥无几。唐代统治者大力提倡，佛道才盛行起来，兴建了大量寺观。这种繁盛虽然在宋代得以延续，但理学的兴起，对佛道的发展起了阻断作用；元代时唐宋寺观大多毁于兵燹；明太祖洪武二十四年实施归并令，佛道受到严格限制。

寺庙园林中另一类是民间信仰崇拜引发的，如对山川、城隍及汪华等的崇拜。这类祠庙园林，仪式性和世俗色彩都很强。以道光《休宁县志》中"东墩城隍庙图"为例（图9-1-9），有祭典的牌坊、旗帜、钟楼、鼓楼、戏台，也有山林为主的庭园，建筑雕饰有浓郁的乡土风俗。

7. 县衙、学宫

据徽州方志，明清徽州县衙署、学宫，大多附有庭园。这类庭园至少有两点值得注意。其一，因为属官建，有很强的示范作用。其二，衙署学宫多处县治中心，既无理想的自然景观，也几乎无景可借，只能凭借人工造景。现徽州衙署学宫大多倾圮，其中庭园，更面貌不清，难以深入研究。

书院园林、寺庙园林、学宫园林，在本书前些章相应的建筑类型中，已有叙述。以下我们通过案例，分析安徽园林中的城乡风景区和景点、宅园与宅第庭园、水口园林建筑中的建筑。

图9-1-9　道光《休宁县志》中的东墩城隍庙图

第二节　城乡风景区和景点

一、马鞍山采石矶

采石矶，位于马鞍山市西南5公里的长江东岸。原名牛渚矶，为古津渡、古战场。东晋时已是江东胜地。采石矶汉唐以来遗迹甚多，李白多次游牛渚矶，留下多篇诗作。采石矶古建筑中，首推一类表现诗人李白轶事、李白诗歌意境，以及纪念李白的建筑。

太白楼，坐落在采石矶下，是长江四大名楼之一（图9-2-1）。李白自青年到暮年，多次游牛渚矶，留下很多诗作。唐元和年间（公元806~320年）建楼，初名"谪仙楼"，纪念这位诗人。因诗仙李白被尊称谪仙人，故名。谪仙楼宋、明、清数次维修重建，先后易名太白祠、太白楼。现存建筑系清光绪三年（1877年）重建。

太白楼依山而建，前后三进。前为太白楼，木石结构。通面阔34米，通进深17米，高18米，二层，入口处门罩、重檐歇山顶，均以黄、绿琉璃瓦覆盖，飞檐翘角，与大片粉墙形成强烈的对比。中为太白祠（图9-2-2）。后为醉月斋（图9-2-3）。两侧有廊房花厅。两尊黄杨木质李白雕像，微含醉意，豪放潇洒。

太白楼位于扬子江畔。登楼展望，大江浩波，天门峭壁，雄伟壮观。

李白祠，始建于北宋末年，清光绪三年（1877年）重建。三间，祠内有李白楠木像一尊，祠后为沉香园西园（图9-2-4）。

蛾眉亭，始建于北宋，位于李白衣冠冢之下。亭内有数方珍贵的古碑。蛾眉亭据险而临深，凭高而望远，景色秀丽（图9-2-5）。

捉月台，采石矶蛾眉亭左前方临江之处，它是一块平坦巨石嵌在陡峭的绝壁上，伸向江中。民间传说诗人李白是在这里跳江捉月，故称捉月台或舍身崖。

采石矶形胜势险，还留下一类景观建筑：

燃犀亭，重建于清代。筑于临江绝壁之上，遥对天门。传东晋江州刺史温峤平叛班师经采石，夜闻矶下深水有乐声传出，命人燃犀照明，故得名（图9-2-6）。《晋书·温峤列传》：温峤"至牛渚矶，

图9-2-1　太白楼

图9-2-2 太白祠

图9-2-3 醉月斋

图9-2-4 李白祠

图9-2-5 蛾眉亭

图9-2-6 燃犀亭

图9-2-7　三元洞

图9-2-8　赤乌井

水深不可测，世云其下多怪物，峤遂毁犀角而照之"（《晋书》卷六十七）。

三元洞，清康熙年间（1662～1772年）有僧云游。于此洞察天、地、水三元神位，故名。洞下通长江，水声如洪钟（图9-2-7）。

赤乌井，位于采石矶翠螺山南麓。三国东吴赤乌二年（公元239年）掘，得名。相传采石之名，出自系掘井时采得一斑斓彩石，后凿成香炉供于广济寺内，为镇山之宝。赤乌井口呈圆形，井周围青石铺砌，井栏石上镌刻有"赤乌井"三字，虽经长年风蚀，字迹仍清晰可辨。有护井的井亭子（图9-2-8）。

采石矶亦为佛教圣地。采石广济寺，东吴赤乌二年（公元239年）始建。屡经兴废，清光绪年间（1875～1908年）重建，今尚存观音阁一座。

二、琅琊山

琅琊山风景名胜区，位于安徽省滁县城西约5公里处的群山之中。古称摩陀岭，后因东晋琅琊王避难于此，改称"琅琊山"。这一风景区，包括琅琊山、城西湖、姑山湖、胡古等四大景区，面积115平方公里。主要山峰有摩陀岭、凤凰山、大丰山、小丰山、琅琊山等。景区以茂林、幽洞、碧湖、流泉为主要景观。山间还有丰富的人文景观，有始建于唐代的琅琊寺，有卜家墩古遗址留下的大量古迹和文物，还有著名碑刻唐吴道子画观音像、唐李幼卿等摩崖碑刻近百处。唐宋著名文人雅士如韦应物、欧阳修、曾巩、苏轼、宋濂等趋之若鹜，均以诗文纪其胜。故琅琊山为我国24座文化名山之一，为皖东的游览胜地。

醉翁亭，位于滁州市西南3公里的琅琊山，始建于北宋庆历六年（1046年）。由欧阳修命名并撰《醉翁亭记》一文而名声益彰，列为四大名亭之首。

醉翁亭为单檐歇山顶，小青瓦屋面（图9-2-9）。飞檐翘角，舒展流畅，方形平面，亭旁有一巨石，上刻圆底篆书"醉翁亭"大字。离亭不远，有泉水溢出，泉眼旁用石块砌成三尺见方池。池上有清康熙四十年知州王赐魁立的"让泉"碑刻。亭西北，有二贤堂（图9-2-10）。系当地人士为纪念滁州前后两任太守王禹偁和欧阳修所建。初建于北宋绍圣二年（1095年），原堂已毁，现堂为重建。三间木架青砖瓦建筑，堂内塑欧阳修像。醉翁亭往西有一小室，名曰为"宝宋斋"，三间砖木瓦堂。明天启年建，内藏巨碑二方，阳背四面（图9-2-11）。刻苏轼手书全文《醉翁亭记》，所谓欧文苏字，是为宋古迹中之珍宝。宝宋斋西有"意在亭"，取自欧阳修"醉翁之意不在酒，在乎山水之间"的句意。亭周围还有方池、古梅亭（图9-2-12）、怡亭、醒园、洗心亭等胜迹。

丰乐亭，位于琅琊山丰山山麓紫薇泉侧，当年欧阳修命人"杂植花卉"的幽谷。宋庆历六年（1046年），欧阳修谪知滁州，在丰山附近发现了紫

图9-2-9 醉翁亭

图9-2-10 二贤堂

图9-2-11　宝宋斋

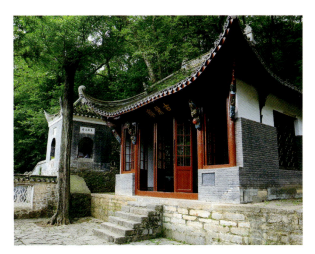

图9-2-12　古梅亭

图9-2-13　丰乐亭为三进院落式亭院

图9-2-14　丰乐亭

薇泉，便在泉侧亭。并撰《丰乐亭记》记之，记曰："既得斯泉于山谷之间，乃日与滁人仰而望山，俯而听泉。掇幽芳而荫乔木，风霜冰雪，刻露清秀，四时之景，无不可爱。又幸其民乐其岁物之丰成，而喜与予游也。"

丰乐亭为三进院落式亭院（图9-2-13），沿东西轴线布置。亭在一进与二进之间，方形平面形，单檐歇山顶，飞檐翘角（图9-2-14）。过亭二进为保丰堂，面阔五间、砖木结构。堂前有传为欧阳修手植古柏。出堂过院第三进为"危楼"，清光绪年间将危楼改为单层，前左为"棠舍"，右为"芥舟"，均为三间小青瓦小屋。

三、颍州西湖

位于今阜阳市新泉河两岸，古代颍河、清河、小汝河、白龙沟四水汇流处。因阜阳时称颍州而得名。

颍州西湖"长十里，广三里，水深莫测，广袤相齐"（明《正德颍州志》）。"亭台之胜，觞咏之繁，可与杭州西湖媲美"（《大清一统志》）。颍州西湖景色之美，四时俱佳，有欧阳修、苏轼、黄庭坚、杨万里等文人等墨客游览，吟诗作画。苏轼有诗句"大千起灭一尘里，未觉杭颍谁雌雄"，将颍州西湖与杭州西湖相媲美。

由于黄河泛滥，清嘉庆后颍州西湖湖面在逐渐淤塞，最终被泥沙填平。现仅存会老堂等残迹。会老堂，宋熙宁四年（1071），欧阳修致仕归颍，赵康靖公概年逾八十，自南京（今河南商丘）来访于湖上。时吕公著为郡守，吕公著有感于二老相会为此堂题匾额，取名"会老堂"。

第三节　宅园与宅第庭园

一、坐隐园

明代剧作家的汪廷讷的私家宅园。汪廷讷，字昌朝，号无如，别署坐隐。他醉心于戏曲，著有《人镜阳秋》、《环翠堂集》等，算得上剧作家。同时他又是一个出版商，设有环翠堂书坊，自家刊刻书籍。其宅堂名"环翠堂"，位于休宁县汪村。今坐隐园虽然已毁，但明代版画长卷《环翠堂园景图》对其有较细致的刻画。

《环翠堂园景图》画卷纵24厘米，宽1486厘米。汪氏环翠堂原镌刻本，由版画收藏家傅惜华收藏。画中描绘了汪廷讷坐隐园的全景图，题名"坐隐园"。环翠堂是其府邸的堂名。早年，一度误以为环翠堂在金陵。因为实在难以想象，图中宏丽的景象，发生休宁汪村一个远离都市的乡村。而据汤显祖的《坐乩笔记》，明代戏曲大家汤显祖到过海阳（休宁县旧称），在那里拜访儒商汪廷讷。并一连数日，吟诗赋词，抚琴对弈。

《环翠堂园景图》忠实地记录了坐隐园的全貌。展开画卷，首先会注意到坐隐园的阔绰。大多徽商生活起居并不奢华，甚至有些节俭。建起宅第园林之所以费巨资，第一，是因徽人素将"家"和"业"并称，作为成功的标志。"润身润屋"视为两美。他们希冀通过宅第园林，能提高身价，光宗耀祖，实现自身价值。这也为徽商晚年构筑了一区颐养天年的空间，更为子孙备置一份不动产业。第二，它是以"雅"为特征的文人园。坐隐园中的"无无居士书舍"、"兰亭遗胜"、"紫竹林"（图9-3-1）、"洗砚坡"、"天放亭"（图9-3-2）、"百鹤楼"、"五老峰"、"洗心池"等景，就是这种"雅文化"的反映。第三，仍可看到商人文化本质的世俗性。商人强调士贾结交的作用，旨在突出徽商文化有别于其他商人文化的特征。但必须看到，无论商人文化怎样向"士文化"靠拢，吸纳了多少"雅文化"要素，其本质当是一种"逸性文化"。它重视感官刺激，讲排场、重实际，它喜欢直截了当的象征，而不甚关心隽永的"言外之意"。就拿坐隐园来说，有"玄通院"、"善福庵"、"龙伯祠"、"洞灵庙"、"大悲室"、"观音洞"、"经藏处"、"清虚境"、"半偈庵"等等，简直儒、释、道无所不包，显然其象征意义远大于宗教虔信心。商人文化所占的不同比重，成为明、清徽州建筑文化面貌分层的主导因素。

二、西递西园

为西递胡氏二十五世祖胡文照的宅第庭园，位于黄山市黟县西递村，建于清朝道光年间（1824年）。晚清，园林渗透到徽商起居生活，西园是这类园林式第宅的典型。

西园的宅第由3座楼房一字摆开，由一个长方的庭院将其贯通，连为一个整体。宅第小，平面又规整缺少变化。西园却利用砖雕大漏窗以及形态各异的门洞，将庭园分割成前园、中园、后园（图9-3-3），极大地丰富了空间与层次，使得本来单调的狭长庭院，变得幽深。庭院中花卉、假山、鱼池配置，精当雅致。进入中院的门额上嵌有石刻"西园"二字篆书。中院住宅大门两侧墙上各嵌有一个石雕漏窗，是"徽州三雕"中的代表作品。左边是"松石图"，两株奇松斜伸于嶙峋怪石之上，傲然挺拔。右边是"竹梅图"（图9-3-4），婆娑幻影与傲立劲梅相错，显得高雅别致。中院住宅大门两侧墙上各嵌有一个石雕漏窗"松石图"和"竹梅图"，为徽州石雕的巅峰之作。

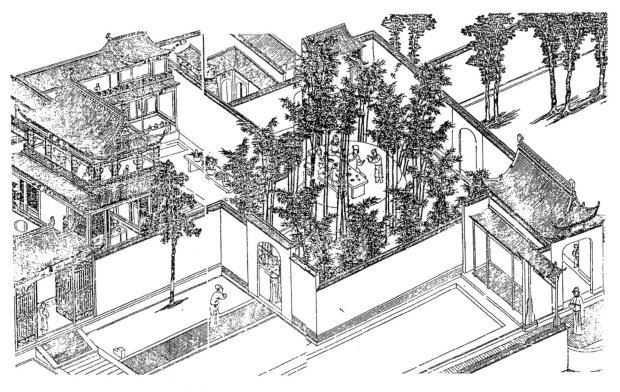

图9-3-1 《环翠堂园景图》局部 紫竹林

图9-3-2 《环翠堂园景图》局部 天放亭

图9-3-3 西递西园由一个长方的庭院将其贯通

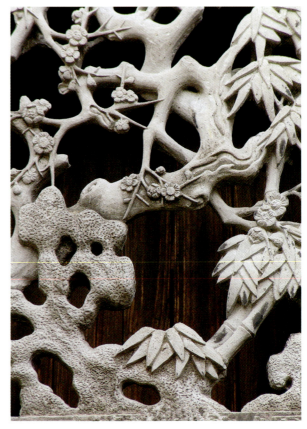

图9-3-4 西递西园竹梅图

第四节 水口园林

一、水口与水口园林

所谓"水口",在古代"风水术"中指一个理想聚居地水流出入口的区域。安徽水口园林,主要分布在皖南,特别是徽州地区。清人赵吉士《寄园寄所寄》中,有"风水之说,徽人尤重之"的文字。从现存徽州古村落看,大都经过风水师指点,如歙县呈坎、棠樾、雄村许村、唐模,黟县的西递、宏村、南屏、屏山,绩溪石家村、磡头、湖村、龙川,休宁县的古城岩、五城、溪头,祁门县的六都、润田等。

皖南古村落大多背山面水,入水口处在较安全的背部,且多在山上,无须多关照。而出水口,常常又是聚落的主要入口,须特别处理。

理想的水口有双峦夹持对峙。在水口处,常广植林木,筑堤修桥、建亭榭、堆石,景观建筑如廊桥、文峯塔、文昌阁、魁星楼、牌坊。以及儒释道与民间信仰建筑,如书院、观音阁、雷祖殿等,使水口区成为可游憩的园林。

水口园林是中国古典园林中值得重视的一类。它为村落中同宗族人共有,某种意义上具有"公园"性质。尽管国内其他地区,偶尔也可找到水口园林,并且显示出相同的构成特征,但皖南得天独厚的自然景观、强有力的宗族结构,使水口园林显示出独特的风貌和魅力。

二、水口园林建筑

1. 廊桥

廊桥是水口园林中很普遍的建筑,也是水口中最早出现的建筑。例如皖南的廊桥,就现有资料看,不迟于两宋。北宋元丰五年(1082)建成的旌德平政桥，上覆栋宇。今存江西婺源县清华镇的彩虹桥，始建于南宋绍兴七年（1137年），全长140余米，宽6.5米。彩虹桥桥墩为宋代原物，廊虽多次重修，仍保留了原有风貌。取名于唐诗"两水夹明镜，双桥落彩虹"。两宋时皖南已普遍运用"风水术"选择村落，应当已有水口廊桥。现存的歙县呈坎村环秀桥（图9-4-1）为元代古桥，离宋代也不远。现存皖南廊桥，大多建于明清，伴随着明清徽商的勃兴重整村落风貌而建。如歙县许村的高阳桥，是建于明弘治年间、北岸廊桥建于清代中叶（图9-4-2）。

廊桥作为徽州水口中元素，除了桥梁对河流两岸的沟通作用，还有以下实用或精神用途：

关锁。按"风水术"的说法，水口处的水是财的象征，不能轻易让其流失。但让河水中止又是难以办到的，所以要尽量让水口处出水遮蔽或心理上受阻，即所谓的水口要"关锁"。据说，去口宜关闭紧密，最怕直去无收。

用于关锁主要有三类：

1）自然的山峦，如狮、象、龟、蛇之类的水口砂。

2）植水口林。由于水口处的树木涉及村落的"命脉"，是不允许砍伐的。由此使得徽州古村必有古树，如婺源浙源乡虹关村和甲路乡严田村水口处古樟，树龄有千年。

3）桥、亭、塔、庙一类建筑。如绩溪县的冯村，除了在上水口建安仁桥像应天门，在下水口筑理仁桥关锁。"所以天门开，地户闭……其物阜而丁繁者，一时称极盛焉"。从心理层面看，既然水口处的廊桥牵系到聚落的命运，族谱上一般都要辟节目记载桥梁建造，水口桥受损，也很容易修复。

镇厌。"镇厌"古人多用于弥补已有的"劣势"。皖南聚落，诸如泰山石敢当、风水塔及各种符箓，多用于镇。短缺水口砂一类的水口缺陷，也可以通过"镇"来弥补。绩溪县湖村水口，就以镇物雕塑"狮"、"象"来弥补水口砂。有时，也可将镇物设在廊桥上。

祈福。皖南廊桥上常辟有佛道一类神龛。歙县许村的高阳桥，桥廊的明间南侧供奉了观音像和烧纸炉。与其不远的北岸村的廊桥，廊中间原有佛龛。由于这类神龛，常常被佛道等宗教混为一谈。其实，它仅是一种民间信仰。信仰者并非为道德目标，而是为某种祈福禳灾的功利要求。这些铸就了廊桥设各类神龛，用于"祈福"、"许愿"和"还愿"等功利要求。

防御。皖南一些水口即村口，廊桥自然兼有城门楼相似的防御功能。尤其早期的水口廊桥，将村口遮蔽的严严实实，进村要经过桥上的拱门。徽州休宁古林村有水口桥，据古林《黄氏重修族谱》："东流出水口桥，建亭其上以扼要冲。"随着岁月流逝，安全状况得到改善。特别一些村落扩张后，老水口已居于村内。廊桥的防御功能弱化，但桥的向背透

图9-4-1 歙县呈坎村元代环秀桥

图9-4-2 歙县北岸廊桥

露了它曾有的防御功用，廊桥多是面对村外的。

游憩。稍检史料可知，皖南宋元的"廊桥"，准确地说是"亭桥"。于桥上建"亭"而非廊，有两层意义：亭，"定"也，有安民的寓意。此类亭桥多见于官府出资或主持兴建的桥梁，如歙县知府何歆主持兴建的"太平桥"、休宁知县李升荐邑人所建的夹溪桥，原先在桥中央都设有亭。在徽州地方志中，无论廊桥上是亭还是廊等元素，几乎都将其画成亭的形式，如休宁县的古城岩、歙县许村的昉溪。

行商。中国古代将流动的商贩称为行商。水口廊桥也是商贩活动的场所。皖南聚落常平行河设街，包括沿河的"水街"。经过明清时期的发展，诸多的水口成为村内商业街的节点，廊桥也成为小商贩活动场所。如歙县呈坎村环秀桥，沟通东街和前后街。再如歙县棠模村，沿溪设有水街穿村而过，溪上清代的高阳桥沟通两街的商店。

2. 魁星楼、文昌阁

魁星、文昌帝君，是中国古代神话中的主文运文章的神。旧时在水口区建魁星楼或文昌阁，以祈盼一地文风昌盛。魁星楼、文昌阁一般尺度较大，在水口建筑群中常起统一作用。如歙县雄村水口区竹山书院的文昌阁，八边形、两层，顶为锡制，飞檐翘角，如鸟振翼（图9-4-3）。

3. 亭

亭，"停"也。此类"亭"的原型取供歇憩的路亭。在水口区，亭多布置路边，形成景点。如徽州许村昉溪水口的大观亭、唐模村水口亭。昉溪水口结点处大观亭，实为三层的阁。其一二层为八边形平面，顶层转为四边形，歇山顶。大观亭尺度，恰恰统一整个水口区，它与细长的廊桥，空透的"五马坊"，造型形成对比。在大观亭的引导之下，"峰回路转"，步入街巷空间（图9-4-4）。

水口亭，亦可布置在水口桥上，组成"亭桥"。

图9-4-3 竹山书院的文昌阁

图9-4-4 徽州许村昉溪水口的大观亭有引导作用

图9-4-5 婺源古坦村水口桥上设三座亭

图9-4-6 岩寺水口以塔为笔、以台作砚

徽州早期"廊桥",多属"亭桥"。从亭桥到廊桥,有一个演进过程,即:"单亭 → 多亭 → 亭+廊 → 廊、楼、阁"。如歙县呈坎村环秀桥,这是建于元代的一座五孔石桥。桥上有单亭,亭中有游憩座(图9-4-1);婺源古坦村水口桥,桥上有分离的三座亭(图9-4-5);再如婺源县清华镇宋代古桥彩虹桥,由六亭、五廊构成。每墩上建一个亭,墩之间的跨度部分为廊。因此,俗称"廊亭桥"。亭略高于廊,韵律感强。

4. 塔

水口园林中的塔,多为风水塔。以歙县岩寺水口为例,其水口在镇东丰乐水畔,村民意象中为"凤山灵境"。依风水师言,在此方位建塔可兴文风。故于明嘉靖二十三年(1544年)建七层水口塔,并在塔下筑凤山台。台上修"三元阁",取"三元及第"义。塔西有余公桥横跨丰乐水。村民众意象中,以塔为笔,以台作砚,以桥当墨,以祈当地文运昌盛(图9-4-6)。

注释

① 一说在金陵有误。张国标对此有详论。见张国标:徽派版画《环翠堂园景图》艺术论∥海阳漫话(第三辑).安徽美术出版社,1989:27. 笔者也对汪村作过实地调查,遗址与版画中园景基本相符,昌公湖等名称今仍沿用。

② 指歙县潜口水香园、岩寺娑罗园、丰南曲水园,唐模檀干园、松明山春草园、稠墅修园。

③ 李国钧. 中国书院史. 湖南教育出版社;38.

④ (弘治)徽州府志. 卷十. 寺观.

安徽古建筑

第十章 建筑营造与装饰

中国古建筑的营造，按工种分为大木作、小木作、石作、瓦作、彩画作等。大木作确定了建筑结构体系。小木作主门、窗、隔断、勾栏、梯、天花等室内装修。石作主台阶、柱础等构件。安徽建筑在长期发展中，形成富有特色的构造元素和营造方法。尤以徽州建筑，形成了特色鲜明的风格和相应的营造技术。

本章第一节，我们首先介绍安徽古代建筑大木结构体系。然后择安徽古建筑中最具代表性的徽州大木结构构成元素扼要分析；第二节讨论安徽古建筑中斗栱的地域特征；第三节讨论"山墙"与"门罩"，这两类徽州建筑形象的主要元素；第四节，讨论隔扇、飞来椅等有特色的小木作构件；第五节讨论安徽古建筑中的装饰元素雕刻与彩绘。

第一节　大木结构

大木结构，亦称大木作，包括建筑中的梁、柱、额、檩、枋等构件和斗栱。本节首先讨论安徽古代建筑中大木结构主要类型，然后分析斗栱及地域特征。

一、大木结构类型

1. 抬梁式

抬梁式，又称叠梁式、梁柱式。其特征是于柱础上立柱，柱上架梁，梁或栱上承檩。层层叠梁，是其主要特征（图10-1-1）。

抬梁式主要分布在中国北方，尤其是北方官式建筑应用居多。安徽则主要分布在淮北平原和江淮之间部分地区。在保持抬梁结构一致性的同时，其细部构造形态与纹饰反映了地域特征（图10-1-2）。

2. 穿斗式及其变体

穿斗式是乡土建筑中普遍采用的结构形式，其特点是柱直接承檩，柱与柱之间用"穿枋"（或称"穿"）联接成间架，称"扇"。扇与扇之间的间架，再由"斗枋"联接（图10-1-3）。穿斗式的缺点是柱网过密，使空间局促。常以插梁替代穿枋，插额替代斗枋，或减去若干柱子，以扩大空间。这样形成穿斗式结构的变体。

穿斗式及其变体，主要分布在四川、福建、广东、浙江、江西、云南、贵州。尤其是乡土建筑中应用最广。安徽则主要在分布于包括徽州在内的皖南山区，与天井、楼居结合，形成一套结构体系（图10-1-3）。本节第三目将对此详明。

3. 徽州建筑结构体系

徽州盛产木材，先秦以前，原始先民山越构筑的干阑式建筑，就要求相当高的木构技术。从汉唐至南宋，为避战乱迁入徽州的北方名门望族，引入了中原木结构梁柱为承重骨架方法，包括官式建筑做法。徽州建筑结构，是以江南穿斗式为基础，吸收了北方叠梁式的优点，综合了先民山越干阑建筑技术，衍生的一种新的结构体系。

这种体系特点，首先是兼收叠梁式和穿斗式结构之长。叠梁式由柱上层层叠梁而得，能获得较大

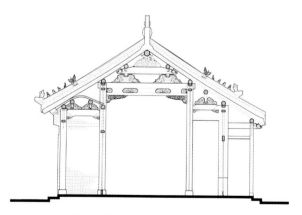

图10-1-1　抬梁式大木结构（亳州道德中宫中殿）

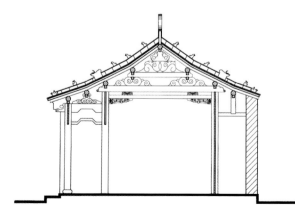

图10-1-2　抬梁式大木结构（亳州张飞庙）

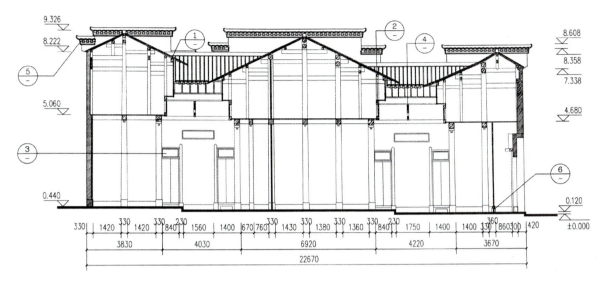

图10-1-3 穿斗式柱直接承檩，柱间用"穿枋"联接，天井与楼居

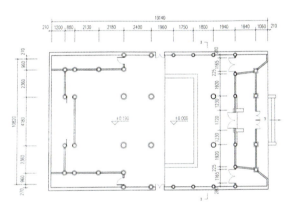

义仁堂平面

义仁堂前堂，插额替代斗栱

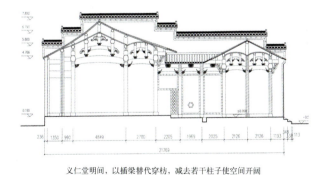

义仁堂明间，以插梁替代穿枋，减去若干柱子使空间开阔

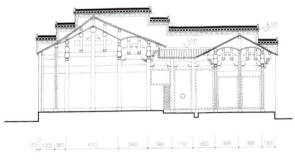

义仁堂山墙面用穿斗结构

图10-1-4 徽州潜口民宅义仁堂

空间，硕大梁柱很有气势。穿斗式柱间由穿枋联系，营造容易、简练灵活，节省木材。新的结构体系能根据建筑本身特点变通。徽州祠堂，需要获得威严的气度和肃穆的氛围，明间以接近叠梁的插梁构架为主，仅山墙面和卷棚以上部分用穿枋。以歙县潜口义仁堂为例，明间宽4.2米，以插额取代了斗栱，并减去两颗柱，以插梁代以穿枋。山墙面，则仍用穿斗结构（图10-1-4）。

新木构体系特征之二，是适应性很强。这首先指对复杂地形和特殊功能的适应。在地势低洼处，常用木柱架空，这显然是传承了干阑建筑的做法。如泾县章渡、歙县渔梁、休宁万安的吊脚楼。查济洪公祠，都是利用特殊地形。泾县章渡等都是位于沿江地段，江边部分低洼地以柱支撑。洪公祠则位于坡地，祠堂后进的一部分在坡上，一部分以木柱支撑，两者都取得平面高度一致。绩溪磡头听泉楼，临云川溪水街。底层架空，主要便于街道交通和观景，楼阁本身也成为水街的景点（图10-1-5）。此外，徽州大量过街楼、戏楼（图10-1-6），都是因功能需要，将底层架空的。这种结构的灵活性，也体现在对不规整建筑平面的适应。为了最大限度利用宅基地，徽州很多宅地平面取不规整形态，而不规整部分又多属宅第周边辅助用房。使用穿枋结构，能适应复杂平面。徽州木构体系的适应性强，还表现在上下层结构的相对独立。徽州宅第的楼上和楼下分间常不一致，以致有时楼上分间立柱点下层无柱支持，而立于梁上，如歙县西溪南老屋阁吴息之宅。这在其他木构体系中是罕见的。这在很大程度上，是因为下层木构穿枋的应用，增强了整体的强度和刚度。

4. 明清徽州建筑结构的宋式做法及变异

明清徽州建筑，很大程度上保留着宋式做法，同时亦受雕刻化等地域文化价值取向影响，生发出一系列变体。以下在四野调查基础上，对其中的大木作宋式做法及变异，择要作初步探讨。

（1）柱、柱础和梭柱

将柱卷杀①成梭状（图10-1-7），是宋代大木作构件艺术加工特点之一。一般认为，元代以后重要建筑大多以直柱取代。但徽州建筑显示，明代建筑大多保留了梭柱。而清代建筑，笔者在调查中尚未发现。显然，在徽州这一变化滞后了。宋《营造法式》对梭柱的做法有详述，而实物中形态、尺寸差异较大。偶见接近《营造法式》做法，均尺度较小，如绩溪程凤仙宅。一些祠堂，用材硕大，卷杀就平缓。这是考虑到硕材之得之不易，卷杀过大是很不经济的。

（2）柱础

《营造法式》总结的主要是北方官式建筑做法。北方气候干燥，柱础较浅。现存徽州明代建筑中，尚有少数此类浅柱础，显示了中原的影响。而在徽州，则以很高的鼓状柱础居多，即南方建筑所称的礩墩。形态与纹饰，明代建筑中以宋式居多，如覆盆式、伏莲、仰莲、牡丹花等。清代柱础形态增多，雕饰纹样丰富，刻工细腻。

（3）木楯

即柱与柱础间木垫。因木楯的木纹水平状，可

图10-1-5　绩溪县磡头村水街听泉楼

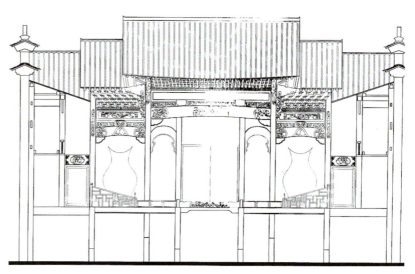

图10-1-6　祁门县余庆堂古戏台

图10-1-7 皖南明代建筑中梭柱与柱础

阻碍潮气顺柱底端沿木纹上升。同时,增强结构弹性,有利抗震。关于木榍的形态与尺寸,《营造法式》有:"凡造柱下榍,径周各出柱三分,厚十分。下三分为平,其上并为欹,上径四周各杀三分,令与柱身通上匀平。"[②]欹,即加工成里凹的曲面,现存明代徽州建筑中尚残存这一古老做法,但大多已蜕化成一薄垫片,形态当然很难与《营造法式》吻合。惟黟县宏村尚存一明永乐年间(1403~1424年)遗筑汪氏宗祠门屋,其柱的木榍(图10-1-8),形态与《营造法式》非常接近,极难得。清代徽州建筑木榍完全消失。汪氏宗祠门屋当属过渡时期稀有之物。

(4)月梁

明清徽州木构的梁架以露明为多,梁状加工成月梁更普遍,常见的有平梁、四椽栿、六椽栿、乳栿、劄牵(图10-1-9)。

(5)叉手

叉手一般雕刻成奔浪、卷云状。

(6)托脚

一般雕镂成卷云、奔浪状。

(7)蜀柱、柁墩

蜀柱为梁上矮柱,《营造法式》又称侏儒柱,用于垫高,使构件达到所需的高度。当其本身之高小于

图10-1-8 黟县宏村汪氏宗祠中木榍

图10-1-9 徽州潜口明代建筑的宋法:月梁、叉手、蜀柱

图10-1-10 徽州呈坎明代建筑宋法：月梁、蜀柱、宝相莲花

图10-1-11 讹角平盘斗承托蜀柱

之长宽，清代称柁墩，宋代木构一般无此构件。在徽州明清木构，常于蜀柱之下垫一柁墩，应当是受到柱下有柱础启发。它的雕饰题材也大多和宋柱础纹饰题材相同，最常见的是仰莲，俗称荷花墩。由于木雕较石雕工艺上容易，加之徽州建筑雕饰倾向华美，明清徽州木构的蜀柱柁墩上常常发现宋代稀有的纹饰，如仰莲、宝装莲花（图10-1-10）、仰伏莲、海石榴花。有时蜀柱由讹角平盘斗承托（图10-1-11）。当不用柁墩或平盘斗时，蜀柱下端多收杀成鹰嘴形式，俗称鹰嘴。如潜口民宅中苏雪痕宅、歙县毕德修宅第。这一做法至迟见于元代初，如建于元代的浙江宣平县延福寺大殿梁架，建于1283年的日本圆融寺本堂。蜀柱上若不设叉手，常用丁华抹颏栱，并雕刻起象鼻之类。或直接于蜀柱上插入华栱，与叉手相交，免去抹颏，如黟县宏村汪氏宗祠。

（8）额枋

宋式建筑中，梁栿常加工成月梁。明清徽州建筑木构一显著特征，是不仅将横向的梁栿加工成月梁，纵向的额也加工成月梁状。现存这种做法最早实例，是北宋初年的福州华林寺大殿。徽州额枋加工月梁，不论其间有几根枋，只将其中一根加工成月梁状，通常取下部。当仅有一根枋时，加工成月梁状的为阑额（图10-1-12）。由于月梁状阑额上凸，加之柱头铺作用插栱而不设栌斗，为使柱头铺作和补间铺作高度一致，阑额两端向柱下稍移一些。当两根额枋叠用，加工成月梁状并且也是主要联络承重构件的，是下部的由额（图10-1-13）。两枋间用攀间斗栱联系。有时因雕饰需要三根额枋叠用，下部主要承重枋加工成月梁状（图10-1-14）。明中叶前，月梁状额枋下端刻一新月形长弧线，后逐步变短变圆，清代蜕变为圆。③

（9）雀替

现存明清徽州建筑中主要有两类雀替，一种极短，普遍用于梁枋间。笔者认为，它是由宋代丁头栱演变而成，本章第二节中将对之详论。另一类很长，常用于祠堂内部额枋下皮，成为梁架艺术加工手段之一，为宋式建筑绰幕枋雕刻化的变体。

（10）替木

徽州明代建筑的令栱上有时以木条托梁枋，即一般称之的替木。这是一种古老的做法。宋代，便有替木通长而演变成撩檐枋。徽州的替木较长，当属过渡期形态。刘致平认为，雀替的"雀是宋《营造法式》上的绰幕枋的绰字，至清转讹为雀。而替则是替木的意思"。④由于徽州的替木作了艺术加工，其形态非常支持这一假说。

（11）驼峰

常于梁架下雕成卷草、卷云、奔浪状（图10-1-15）。

图10-1-12 徽州建筑中月梁状的阑额

图10-1-13 月梁状由额、装饰化驼峰、斜栱

图10-1-14 三根额枋叠用时仅下部的额加工成月梁状

图10-1-15 驼峰雕成奔浪状

明清徽州建筑，特别是一些规模较大的祠堂，常设有卷棚、人字棚等，相当一种天花。卷棚以上构件不作艺术加工，露明部分构件雕饰与叠梁式相似。

第二节 斗栱

中国古建筑的特征之一，在其斗栱制度。梁思成的《蓟县独乐寺观音阁山门考》中，有这样的文字：

斗栱者，中国建筑所特有之结构制度也。其功用在梁枋等与柱间之过渡及联络，盖以结构部分而富有装饰性者。其在中国建筑上所占之地位，犹Order之于希腊罗马建筑；斗栱之变化，谓为中国建筑制度之变化，亦未尝不可，犹Order之影响欧洲建筑，至为重大。⑤

安徽古建筑的地域特征，也凝聚在斗栱的咫尺之间。斗栱，主要是伴随着北方官式建筑使用较多的叠梁式结构而发展成完整制度。穿斗结构因没有梁，早期出挑主要用斜撑与挑。后来也发展出不使用栌斗，直接插入柱内的插栱。安徽古建筑的木构中，既有成组的斗栱，也有大量雕刻精美的斜撑，以及简练实用的插栱。更将两种体系融会贯通，如祁门闪里会源堂古戏台斗栱，以斜撑代替栌斗，增强了斗栱装饰效果（图10-2-1）。

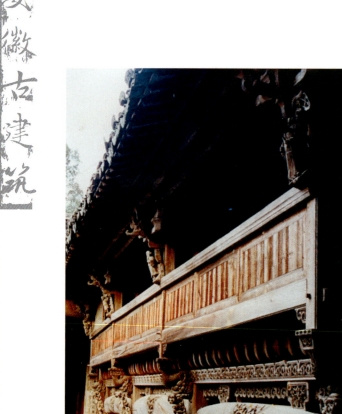

图10-2-1 檐部斗栱以斜撑代替栌斗

一、安徽古建筑中斗栱的地域特征

徽州建筑结构的地域特征，主要表现在它的构件，诸如梁、雀替、撑栱等的装饰性上，尤以斗栱最为明显。我们集中分析明清徽州建筑中，斗栱的若干地域特征。

1. 穿斗元素的渗透

皖南以穿斗式及其变体为主，因此穿斗元素也渗透到斗栱中。例如，皖南很多斗栱中增加了水平的穿枋，用以增强斗栱与柱的联系（图10-2-2）。这实际上是穿斗结构的元素。黟县程氏宅斗栱，仅一跳，除耍头外，增加了两根水平穿枋（图10-2-3）。

2. 斗栱雕镂化

明代从官吏到庶民的宅第，都有严格的等级规定。庶民庐舍不过三间五架。不许用斗栱、施色彩。安徽文风昌盛，金榜题名入仕者不乏。但官职对斗栱的规格仍有约束。只能在雕饰上突破发展。于是，婉约精丽、清新淡雅的品格，也凝聚到斗栱咫尺之间。斗栱的雕饰一般只限于局部构件。这大概因既要用精雕细镂使斗栱华美而突破规格的局限，又不致雕刻过多损害斗栱的形态。因为斗栱本身便是身份的象征。它一般有下面几种做法（图10-2-4）：

图10-2-2 斗栱中增加水平的穿枋

图10-2-3 黟县程氏宅插栱，仅一跳，增加了两根水平穿枋

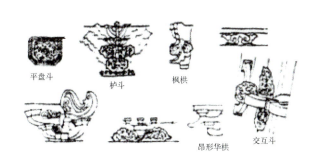

图10-2-4 斗栱雕镂化

图10-2-5 斗栱调整横栱线型使其更具装饰性

(1) 平盘斗作雕饰

平盘斗是一种特殊的斗栱。因为只有斗而无栱昂，庶民宅第使用也不致犯禁限，故极普遍。平盘斗常用作隔架之间，雕刻的题材从吉祥纹饰、动物、山水亭阁，到戏文皆有。外形也随装饰题材略有异。除木构外，也大量见于仿木石坊和砖雕门楼。

(2) 栌斗作雕刻

通常在栌斗上雕刻同时，也将栌斗方楞加工成圆弧，使外轮廓柔和。这是一种很古老的做法，宋《营造法式》称作"讹角斗"。我们在徽州所见的实物，如绩溪县大成殿、周祠、龙川胡氏宗祠、潜口民宅中曹门厅凹入的海棠瓣，较宋法更柔美细腻。

(3) 枫栱

它雕镂有云或其他纹样。在徽州，这种枫栱退化为不承载任何构件的纯装饰物。之所以还称其"栱"，只是因它处在横栱的位置，且由横栱演变而来。

(4) 昂

徽州建筑中很少见到真昂。但"昂在斗栱里的地位是很高贵的，较次要的斗栱，都不用昂的"。⑥因此常常将华栱做成昂的形式，多为琴面昂或昂嘴作成卷云、象鼻一类。尚未见棱角分明的批竹昂。

(5) 耍头

常作为昂的形式，成为"昂形耍头"。一般雕以三福云，亦有作鳌鱼、麻叶头之类。

(6) 交互斗

常雕作翻云状，也有作八边形等。

(7) 隔架斗栱

常在下部驼峰上雕刻以卷云，荷叶等。亦有以三福云代替斗栱。

(8) 丁华抹颏栱

常雕成象鼻、卷云、奔浪等。

(9) 横栱线型

横栱很少雕琢。一组斗栱从正面观察，横栱占了绝大部分。不难想象，若将这些横栱都雕镂，必使斗栱面目全非。在安徽一些斗栱的横栱中，我们见到是仅是调整横栱（图10-2-5）线型，使其更具装饰性的谨慎做法。

3. 斗栱组织网络

斗栱组织网络，是斗栱的特殊形态。它是一种装饰性很强的斗栱，由斗栱重复构成。其装饰的艺术效果，除个体的斗栱外，主要取决于斗栱组织成网络形成的秩序，即平面构成中所谓"重复骨骼"。删除单个斗栱中对形成网络无益的构件，如外拽瓜栱、外拽万栱等。斗栱网络通常用于建筑物的重点部位，如祠堂和戏楼的檐部、牌楼、藻井等。在徽州古建筑实地考察中，主要发现丁头栱网络、藻井斗栱、如意斗栱三类。

(1) 丁头栱网络

它由一系列斗栱以偷心造方式组织网络。依丁头栱布置的方式分为两种：丁头栱正置、丁头栱偏置（图10-2-6）。偷心造是一种古老的形制，出现在宋辽建筑中。它最初在日本镰仓时代建筑中发现时，国内尚未见实物，日本人称"天竺样"。梁思

图10-2-6 丁头栱正置（上）和丁头栱偏置（右）

图10-2-7 丁头栱偏置，栱端面处理成斜条状

图10-2-8 藻井内由丁头栱组织的网络

成指出："虽称'天竺'，亦来自中土，不过以此示别于日本早年受自中国之'唐样'，及其日本化之'和样'耳。"[7]颇受梁思成褒扬。刘致平在发现广州近代五层楼的偷心造斗栱改用铜骨水泥，甚至预言"我们以后的建筑上如果用斗栱时，这偷心造的斗栱是一个可取的制度。"[8]然而，它纯装饰用途却是始料不及的。有趣的是，在斗栱网络中，丁头栱网络算是最"合理"的一种，因为它简约掉除华栱以外的全部构件。正置丁头栱网络，一般用于厅堂中心的檐部，偏置则用于次间檐部。偏置处理，收到烘托主体的效果，也活泼了构图。为了正面观赏，偏置后的栱端面处理成斜条状（图10-2-7）。

（2）藻井斗栱

即藻井内，由斗栱组织网络。藻井斗栱的布置方式取决于藻井类型（斗四、斗八、圆形、钟形等）。一般藻井斗栱也删减掉一些对网络意义不大的构件。最简约的形式，也是由一系列偷心造丁头栱组成（图10-2-8）。

（3）如意斗栱（图10-2-9）

先正名。如意斗栱，一般都沿袭了梁思成1934年著《清式营造则例》中的定义："在平面上除互成正角之翘昂与栱外，在其角内四十五度线上，另加翘昂者。"[9][10]显然，这里描述的事实，与一般45°斜栱并无二致。这是因为，梁思成是将如意斗栱看作斜栱的一种。这一想法，也可见于他的《斗栱简说》："斗栱之出四十五度斜栱虽始于辽宋之际，但是当时的匠师恐怕没有想到它能变化成为北海陟山门内桥头牌楼上的做法"[11]刘致平干脆将如意斗栱看成斜栱在清代的别称。[12]在中国建筑史研究初期，如意斗栱可征的实物稀少，这样简化未尝不可。

但是，如意斗栱较之普通斜栱，毕竟有不小差异。它削减了普通斜栱中不少构件。其装饰效果，主要不取决于个体的斗栱，而是整体网络。刘敦桢在《牌楼算例》中，对如意斗栱有段精审阐述："斗栱结构，除用普通翘、昂外，北海、圆明园等处牌楼，偶用如意斗栱，其出跳栱、翘，斜列成四十五

图10-2-9 如意斗栱（上）

度，互相承托，无外拽瓜栱与外拽万栱二物"。[13]其中"互相承托，实际上是组成网络的另一种表达方式。刘敦桢也指出了它无普通斜栱中的外拽瓜栱和外拽万栱。对如意斗栱起源，刘敦桢认为："此类斗栱之起源，迄未明了，其分布状况，亦未经精密调查；仅知湘、鄂二者，用者较多，赣、闽、浙诸省次之，南京、西安亦偶见其踪迹。意者明代营造有征工制度，各地匠工，轮班供役，按年爪代，此式逐随征工之前，流传北方，殊未可知。"[14]刘敦桢从如意斗栱的分布密度等，推测它是由南方流传北方。本文对皖南古建筑实地调查结果，也支持这一假说。对其起源，我们还认为：

1) 如意斗栱是纯装饰用途的极端做法。唐宋建筑中不可能有这种斗栱，它在明清建筑中也有一个演变过程。实物调查显示，这一过程大体在明末。

2) 如意斗栱生成的两个重要前提是，斜栱运用和斗栱组织网络，丁头栱网络可能要先于如意斗栱。

4. 丁头拱向雀替的演变

一般认为，雀替即宋《营造法式》中绰幕枋，可能由汉代建筑中的实拍栱演变而来。在徽州可以见到一种特殊形态的雀替，它的权衡尺寸远小于《清式营造则例》中的长四分之一明间净阔，高一又四分之一柱径，且精雕细镂。我们认为，它是从丁头栱逐步演变而来。其演变过程，大体经历了四个阶段（10-2-10）：

第一阶段是丁头栱的端部微翘，或作成云状，还保留丁头栱的基本形态。这种做法盛行于明中叶以前，现存不多的实物。如泾县查济村某明初宅第、婺源理坑尚书第门楼、绩溪冯村进士坊。

第二阶段，丁头栱尾部卷云伸长并向栱心旋转，直至填满眼空隙。丁头栱也演变成四分之一圆。这种做法的变体之一，是于丁头栱中设花芯填充。此阶段现存的实物较多，大都为明末以前的遗构。重要的实例有婺源镇头阳春戏楼、方氏宗祠，黟县屏山舒余庆堂，黄山市徽州区呈坎罗润坤宅、宝伦阁，西溪南村的老屋阁，以及潜口民宅中曹门厅、司谏第等。

第三阶段，卷云变为数朵，形态也扩展成椭圆状，丁头栱的栱已经消失了，但仍保留一个升作为宅曾为斗栱的残存记忆。这一阶段并不长，留下的实物约明正德年间（1506~1521年）前后。如祁门六都村大宪伯坊、歙县槐塘村龙兴独对坊，潜口民宅中的方氏祠坊等？

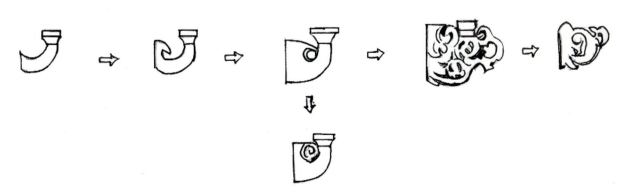

图10-2-10 丁头栱向雀替的演变

第四阶段，丁头栱的升也消失。图案除保留三福云外，纹饰也多样化。当然，外轮廓也随纹饰变异。现存此类实物居多，除少数属明晚期外，绝大多数清代遗构都属此类。换句话说，清代雀替已取代了明初的丁头栱。这一阶段重要实物有绩溪县龙川胡氏宗祠、歙县许国石坊等。

丁头栱向雀替演变的事实很有意义。首先，它生动翔实地记录下地域文化侵蚀形制的全过程；其次，在演变过程中不同阶段的典型形态，可留作明清建筑断代依据；最后，它启示我们，对现存形态上有很大差异的雀替，是不是可以更细致地分析它们源流呢？

5. 特殊形态斗栱

（1）插栱上设一斗三升斗栱

黟县屏山村舒桂林宅，为明代遗筑。柱头铺作为插栱，栱上以一斗三升承托（图10-2-11）。对抬梁式中斗栱外跳以一斗三升承托，在《营造法式》中称作斗栱出跳"不出耍头者"，这是罕见的汉唐过渡时期做法，通常引河南三门峡出土的一汉明器，或西安大雁塔石刻佛殿图上斗栱为例。在浙江、江苏抬梁式建筑中保留了这一做法。而插栱就更罕见，舒桂林宅该斗栱，应当是这一做法在穿斗结构中的反映。该宅内转角铺作也很有特点。以45°插栱插入柱头出跳，栱上三个升呈直角状分布（图10-2-12），结构关系简明清晰。

（2）插栱上设一斗三升交麻叶

亦有令栱上出耍头者，并将耍头做成麻叶头状，形成一斗三升交麻叶（图10-2-13）。这应当是清代一斗两交麻叶的远源。

上昂。歙县潜口司谏第，为明永乐年初谏官、进士、吏科给事中汪善孙辈为祭祖所建的宗祠。祠内原有碑记。中堂悬敕谕匾，上书："皇帝敕谕进士汪善……特命尔归荣故里以诚德业，付朕所期……永乐四年三月二十五日。"可知其建造于明初，为已发现的最早民居实物，它也保留了浓厚的宋元建筑特色，尤以其上昂铺作值得注意（图10-2-14）。

（3）斜栱

所谓斜栱，是于45°或30°线上的栱。它可以有斜栱而无华栱，如桐城文庙中的斜栱（图10-2-15）。但大多数斜栱同时具有普通斗栱的华栱和昂。它较之一般斗栱要繁缛华丽得多。"斜栱始见于辽代建筑，金用最多，以后骤然减少。"[15]但在安徽的徽州明清建筑中，斜栱的使用率不亚于普通斗栱。这无疑是此类斗栱装饰性强，和徽州美轮美奂的建筑风格甚合。于是，辽金做法在这里延迟、发展，成为徽州明清建筑中斗栱最显著的地域特征之一。

斜栱可分为三类：第一类，仅在最后一跳加斜栱，以代替斗栱的令栱，扩大了支撑面，结构上甚

图10-2-11 栱上以一斗三升承托

图10-2-12 黟县屏山舒桂林宅内转角斗栱

图10-2-13　一斗三升交麻叶

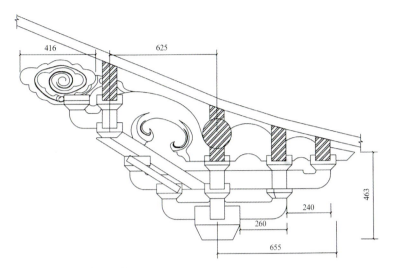

图10-2-14　歙县潜口司谏第上昂铺作

图10-2-15　桐城文庙中的斜栱

图10-2-16　斗栱最后一跳加斜栱代替令栱

图10-2-17　斜栱安于斜栱之上

图10-2-18　斜栱安于交互斗上

合理，亦加强了装饰效果（图10-2-16）；第二类，斜栱安于斜栱之上（图10-2-17）；第三类，斜栱安在交互斗上（图10-2-18）。此类斜栱有一种特殊做法，即在交互斗上加一枋，增强了斗栱的刚度，端部雕作三福云、鳌鱼等，以强化装饰效果。此外，尚有综合三种做法的斜栱。

安徽建筑中斜栱的外拽瓜栱、万栱，常作成斜条状。刘敦桢在河南修武泗沟关帝庙调查记中，⑯提及这种做法，但未详论。斜条状处理，主要为使斗栱能从视觉上增加一个层次，使斗栱在感观上更为复杂。我们初见黟县南屏村叶奎光堂时，以为它有30°和60°两组斜栱，近看才知是斜条状外拽瓜栱、外拽万栱引起的错觉。

很多石坊中，也可以见到斜栱。但一般作了些简化。

第三节　山墙与门罩

一、马头墙

马头墙[17]在乡土建筑的意义，远不止于山墙。在大多数场合，马头墙超出屋顶，遮蔽了屋顶，使建筑失去单体形象，而统一于起伏跌宕的韵律中。

马头墙有"坐吻"、"印斗"、"鹊尾"三式。其中"印斗式"还可进一步分为"坐斗"和"挑斗"两种。

坐吻式为马头墙中制式最高一类，因墙脊设有窑烧构件"坐吻"得名。这类马头墙层次多，构造复杂，工艺要求甚高，它的垛头与搏风均系砖雕装饰。坐吻式马头墙主要见于宏丽的祠堂、社屋、寺庙（图10-3-1）。

印斗式因脊上的"印斗"得名。印，原为中国古代帝王无上权利的凭证，至迟春秋战国时，就有了时称"玺"的皇帝专用印章。后来秦汉方术之士，亦谓天神有印，授予方士，用以"驱鬼辟邪"。《抱朴子·登涉篇》中说："古之人入山者，皆佩黄神越章之印，其广四寸，其字一百二十，以封泥着所住之四方各百步，则虎狼不敢近其内也。"《隋书·经籍志》中也有："又以木为印，刻星辰日月于其上，吸气执之，以印疾病，多有愈者。"马头墙上之印斗，也有相同的象征含义。印上的"万"字，也是具相同喻义的符咒，印斗下的搏风板内砖雕或彩绘，常有"如意"图案，上下合称"万事如意"。印斗式马头墙，因印斗下支撑方式，可分为挑出的"挑斗"（图10-3-2）和居斗托内的"坐斗"（图10-3-3）二式。

鹊尾式马头墙，因其墙檐砖作类似于喜鹊尾式构件得名。鹊尾式马头墙构造简洁，素雅大方，是徽州民居马头墙中最多的一类（图10-3-4）。

当建筑群前后进马头墙制式不同时，常以鹊尾式居前，印斗式殿后，按所谓"前武后文"分置。

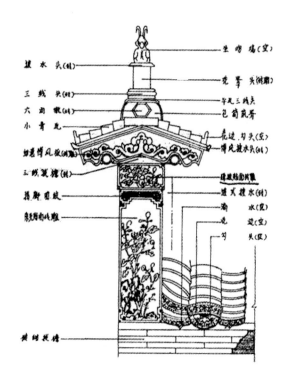

图10-3-1　坐吻式马头墙

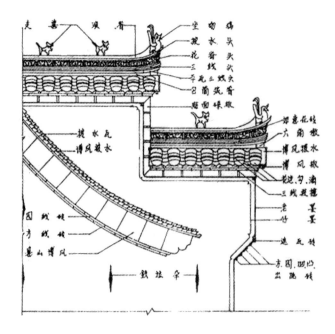

据此可知，印斗式制式略高于鹊尾式。这种处理方法从形式美角度看，也是合适的。因居前的门屋，常采用"五凤楼"、"歇山"之类屋顶，鹊尾式甚合。用于殿后的寝殿当沉稳，印斗式更佳。

马头墙的构造由三部分组成。第一，墙体；第二，建筑的拔檐、垛板、垛头部分。砌筑拔檐，是将屋面的下水伸出墙外，以免墙体受雨水的直接冲刷浸泡。第三，马头墙脊。覆以瓦盖，装配搏风板等构件，冠以鹊尾（印斗、坐吻）等构件。

马头墙为阶梯状山墙，同一标高的一段，谓之

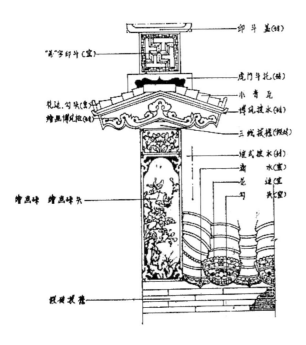

图10-3-2 印斗式之"挑斗"马头墙

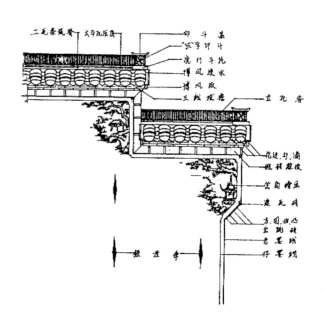

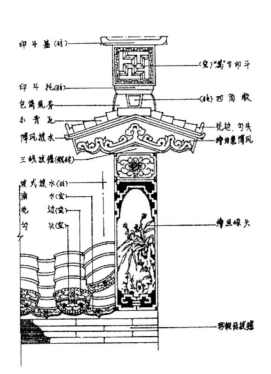

图10-3-3 印斗式之"坐斗"马头墙

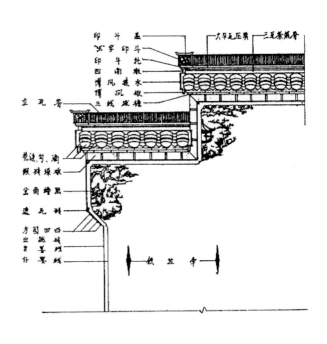

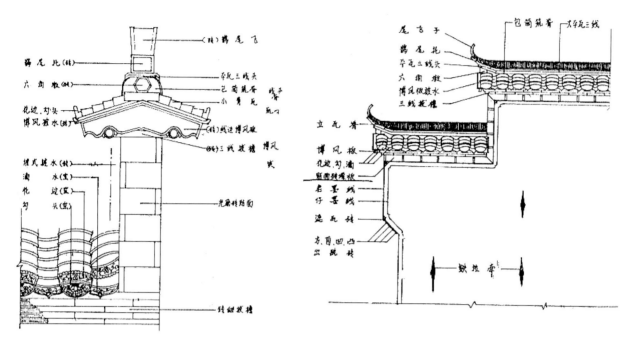

图10-3-4　鹊尾式马头墙

一"档"，根据建筑物的进深尺寸确定山墙阶梯数及尺度，工匠称作"定档"。进深大，马头墙档数也就多，但每坡屋面不会超过四档。多数也就是二、三档，俗称"三山屏风"和"五山屏风"。

二、门楼

门楼主要存在于皖南，尤其是徽州建筑中。徽州宅第，凡门几乎都设有门楼。精丽的门楼，在大片粉墙映衬下，产生强烈的对比。门楼也成为徽州民居重要构造要素。

门楼肇始于驱魔避邪的"符镇"，例如将傩舞用的面具放在宅上以镇宅，进而发展成固定的石砖雕。在某些偏僻山乡，这一风俗被尘封至今。[18]中国传统中，屋之门，人之面。大门自然要装饰得体面些，这无疑促成了门楼的演进。在实用方面，门楼可将墙面流下的雨水引向较远点。

徽州门楼大体可分为门罩式、牌楼式、八字门楼式三类。门罩式位于门楣。[19]依繁简程度分为三种。第一种，减易式，在离大门门框上都用水磨砖做成向单层外突出的线脚及装饰，顶上覆以瓦檐（图10-3-5）。实物调查中，此类多出在明代，当为年代较早的形制；第二种，垂莲式。这是北方垂花门的变体，以垂莲柱为主要标志（图10-3-6）；第三，上述两种以外其他类型，如左右设云栱（图10-3-7）等。

牌楼式即门坊。常见的如三间四柱三楼（图10-3-8）、三间四柱五楼、单间双柱三楼（图10-3-9），黟县屏山五间六柱七楼（图10-3-10），已是很罕见了。

八字门楼，是门坊一种变体。变异点是它在平面上大门内退进少许。从平面图看，形成八字形，故名（图10-3-11）。从形象角度，显然此法利用透视效果增加了门的深度感。事实上，西方建筑中的透视门，也是与此类同。从构造来看，向内退入能防止雨水直接滴在门上。故有时上部用木制月梁及斗栱承托木板壁及屋檐。

徽州门楼一般多有砖雕刻，[20]偶见石雕和木雕。

图10-3-5 减易门罩

图10-3-6 垂莲式门罩

图10-3-7 左右设云栱的门罩式门楼

图10-3-8 三间四柱三楼牌楼式门

图10-3-9 单间双柱三楼牌楼式门

图10-3-10 黟县屏山五间六柱七楼牌楼式门

图10-3-11 八字门楼

第四节 小木作

一、隔扇

隔扇，安徽俗称"格子门"。[21]是建筑内部进行分隔的主要建筑构件。它除了广泛用于建筑室内分隔（图10-4-1），亦用于山墙围合的建筑单体外立面。槅扇的基本作用：其一，将建筑分隔成若干空间，又因其半透空的窗格，使室与室之间空间连续、流动，达到既分又合的效果；其二，便于采光、通风。这在尚无玻璃的情况下，显得非常必要。在实地调查中发现，若朝向和反光墙面处理得当，能获得相当满意的采光效果。如黟县南屏慎思堂中的书房，以槅扇获得极佳采光；其三，建筑面对宅园的一面，多用槅扇，便于观景；其四，槅扇典雅的花格和木雕，产生浓重的装饰效果，是徽州建筑装饰的重点部位之一。

徽州槅扇的高宽比没有严格约定。其高，主要取决于地栿至自枋下皮距离；宽，则由开间或进深的宽度来定。

明代至清初，徽州建筑中的槅扇尚很简朴，对雕饰有所节制。以木格和柳条窗居多。民间将其分为四冒满天星、六冒满天星和柳条三式（图10-4-2）。

清中叶以后，随着奢靡之风盛行，槅扇也日渐华丽（图10-4-3）。

二、飞来椅

飞来椅，亦称美人靠。是徽州建筑楼层中常见的一种弧形栏杆。它自传统的鹅头椅发展而成，因其栏杆身向外弯曲，超出檐柱外侧，形状略似椅靠背，故名。

飞来椅主要见于府第、园林、水临（图4-4-4）。用于府第内部，因其正处在视线集中处，雕饰精美。如歙县方文泰宅，裙板全用框格式壶门装饰（图4-4-5）。有学者认为："方文泰宅的栏杆……已嫌过于复杂。可是后来诸例竟在弧形栏杆之上，再加云拱扶手或卧棂式栏杆，不但栏杆本身堆砌过多，流于纤巧琐碎，且与上下二层的板壁柳条窗等无法调和。"[22]笔者以为，此说尚可商榷。徽州明代建筑装饰是有选择有节制的。飞来椅既非结构件，又是视觉中心，重点装饰是可取的。恰恰是飞来椅处的精雕，与板壁、柳条窗等处疏简，产生一种对比美。相比之下，晚清建筑中梁、枋、窗等均雕刻的"满铺型"，反不觉调和。

晚清以后，飞来椅也用于临街店铺的外立面。

图10-4-1 隔扇

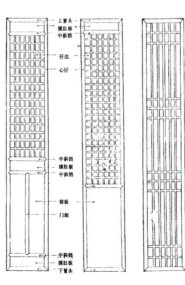

图10-4-2 明代至清初的隔扇

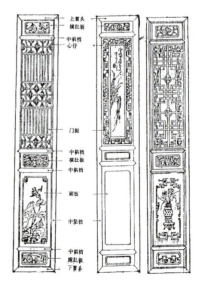

图10-4-3 清中叶以后隔扇日渐华丽

图10-4-4　徽州唐模村临水街的飞来椅

图10-4-5　歙县潜口方文泰宅的飞来椅

第五节　雕刻与彩绘

安徽明清建筑装饰，从所具艺术价值和成就看，主要有徽州雕刻彩绘，以及明中都凤阳宫殿陵墓的雕刻，其中首推徽州建筑雕刻。徽州"邑中多巧匠"，不少工匠熟悉绘画，兼通数艺，艺术功力深厚。"雕工随处有之，宁国、徽州最盛亦最巧"。㉓首先，由师徒相传、父子相授方式，数百年积累了丰富经验，为创作提供了必要的保证；其二，徽派绘画、版画、篆刻、砚雕、墨模等艺术相互借鉴，共同切磋。极大提高了工匠的艺术修养，丰富了艺术表现手段；其三，皇家建筑雕刻、题材、形式局限性很大，常常离不开龙凤之类。而徽州建筑雕刻彩绘题材极广，又含有淳朴的乡土气息。源于生活的源头活水和醇厚文化的氛围，容易孕育优秀的艺术作品；其四，工艺精湛。徽商将重金注入，必精必细，以求突破规模上的限制。

一、砖雕

砖雕，徽州三雕中最具魅力的种类。如果说，浙江东阳民居中木雕，能与徽州木雕相媲美；福建寿山石雕，与徽州石雕鼎立。那么，还找不到一地砖雕，如有徽州那样，技压群芳，出神入化。徽州建筑中的砖雕主要见于门楼、门坊、影壁、八字墙、马头墙等处。门楼、门坊为建筑"脸面"，又是属于近距离观赏，因此雕琢最为考究。

一件砖雕作品制作，要经历放样开料、选料、磨面、打坯、出细和补损修缮6道工序。㉔第一道工序，放样开料。即按拟定门楼造型放大样，定尺寸，开出各种砖的规格和用量；第二道工序，选料。砖雕所用的材料是特制的水磨清细砖。制作这种砖要选择精细泥土，经人工淘洗除杂质，烘烧成材；第三道工序，磨面。即采用研磨方法将砖磨平整。一般多用水磨；第四道工序，"打坯"。即在砖面上凿出画面的轮廓，分前、中、远景，这是砖雕创作的"构思"和"构图"过程。徽州雕刻艺人在完成这一工序时，既有一套师传的"谱子"，又要审材度势；第五道工序，"出细"。即在打坯的基础上深入刻划；第六道工序，补损修缮。雕刻时若刀凿失误，局部刻断，用"火漆"粘补。此外不用雕琢的素平部位用平板青细砖砌成，然后用石灰膏嵌缝，如门框、清水门罩等处，采用打缝起线法制作。

徽州砖雕一般取高浮雕和镂空雕技法，明代构图守拙，刀法简练。清代趋于工巧繁缛。"一块方不盈尺的砖面上，可以透雕出几个层次，砖面的布局往往如整幅立轴和手卷的画法那样严谨。一幅花鸟砖雕，边上要装饰凸出的回纹，花叶枝干主体圆雕还要衬以浮雕的几何纹背景。人物故事的构图就要复杂，前景的人物已经是圆雕，中景的楼阁廊柱还需镂空，背景的屋宇门户也要刻到一定的深度，整块砖面精细入微。随之而来的流弊，则是出现一些频频纤巧和单纯玩弄技巧的作品,例如门窗能摆,人物能动,类似于机关布景。"[25]清代砖雕从近景到远景,常有七至八个层,最多竟达九层。

今存砖雕上乘之作有如下一些案例。绩溪湖村门楼巷集中保留了一组门楼砖雕刻,属清代中晚期作品,工艺技巧达到炉火纯青的地步:坐骑的达官、撑篙的船夫,半开的窗,临水的亭榭,无不惟妙惟肖,一丝不苟(图10-5-1)。歙县大卓潘氏宗祠两侧八字形墙所饰砖雕为园景图,亭、台、楼、榭、堂、塔、桥、石,疏密相间,经营布置十分得体。婺源上坦村《九世同居》砖雕,人物传神,浑厚拙朴凝重,刀法精联,极具明代徽州砖雕神韵。婺源晓起村"进士第"门楼砖雕,上为《九世同居》层次丰富,雕工细腻;下为《宴官图》。此组砖雕人物大多完整,十分难得。此外,黟县南屏和西递古民居,砖雕也很精美。

图10-5-1 绩溪湖村门楼巷门楼砖雕刻

二、木雕

安徽古建筑多为木构,一旦登堂入室,装饰就以木雕为主了。木雕也是砖、木、石三雕中数量最多的一种,以皖南的徽州建筑中应用的最为典型。

安徽建筑木雕包括两类:一为木构架中的梁坊、斗栱、雀替、斜撑、驼峰、托脚、蜀柱等,它们都是建筑承重体系的组成部分(图10-5-2);另一是隔扇、勾栏、内檐门罩等,它们多属建筑的维护部分(图10-5-3)。有所谓"大木雕"和"小木

图10-5-2 大木雕(歙县棠樾敦本堂)

图10-5-3 小木雕

图10-5-4 清代大木雕（歙县棠樾清懿堂）

雕"之称。[26]徽州木雕，尤其是木构部分的"大木雕"，一般不设色彩。这部分因为明初民间建筑是禁止设色的。再则是徽州木构常用银杏、梓木、楠木、红木等名贵材料，保持本色更显纹理质地。维护部分的"小木雕"，清中叶以后出现设色，有时于画面上作翡翠、玉石之类镶贴，甚至装金。砖雕限于在不透空的平面上再现三维世界，木雕却不受此禁限，如用作斜撑的圆雕，和栏板用透空的花板，加之木材易雕琢的特点，表现力更强，题材也更为广阔。木雕很容易复制砖雕作品。如婺源理坑《九世同居》木雕，与上文提及的婺源上坦村同名砖雕作品，完全一致。徽州木雕风格与砖雕相似，由明入清，也经历了从朴拙到纤巧的流变。

木雕精品，传世至今仍不胜枚举。我们知道，徽州木雕经历清咸同兵燹、"文革"十年浩劫、近年来经济发展后又有人为拆建变卖的破坏后，劫后余生的仅占很少一部分了。这一事更说明徽州木雕数额之巨。大木雕精品，明代如歙县呈坎宝纶阁、郑村郑氏宗祠、潜口司谏第、曹门厅，黟县屏山舒余庆堂、宏村汪氏宗祠门屋，绩溪龙川胡氏宗祠，休宁溪头三槐堂，黄村进士第。明代大木雕特征之一，是对其中宋式构件作雕刻加工，前文已论及。[27]清代精品，如歙县棠樾清懿堂（俗称女祠）、大卓潘氏宗祠，黟县南屏叙秩堂、叶奎光堂、宏村承志堂，婺源汪口俞民宗祠、黄村经义堂、许村许氏宗祠、思溪迎宾别墅，祁门清代建筑以戏台而名，如余庆堂、聚福堂、会源堂、述伦堂、敦本堂等7座古戏台。现稍选几例举证：棠樾清懿堂结构紧凑构件形态匀称，雕刻洗练流畅（图10-5-4）。清懿堂作为专门供奉女祖的祠堂，极罕见，是研究古代礼仪的重要实物。大卓潘氏宗祠平盘斗、雀替等处雕有形态各异的骏马，总数约百匹，故俗称"百马图"。黟县宏村承志堂，建于清咸丰年间，宅主汪定贵为大盐商。宅第为晚清奢靡之风之典型。目光所触，尽是木雕，已毫无节制。以其代表作《宴官图》（图10-5-5）、《百子闹元宵》，便是雕在通常不作雕刻的额上。《宴官图》雕刻所展示的达官显贵于花园宴饮作乐之画卷，无疑是宅主"官运亨通"、"荣华富贵"两大追求的展示。事实上，汪定贵此前已花钱捐得"五品同知"的官衔。婺源县今存建筑木雕大多为清中晚期作品，刀法细腻流畅。以思溪迎宾馆别墅的斜撑雕刻为例，木雕以枯衬荣的荷叶、含苞欲放的蓓蕾、出水芙蓉……展示的生机勃勃世界，使你全然忘记了它是负重构件。这是和古希腊雅典卫城中女像柱一样伟大的作品。

小木雕作品，明代如潜口方文泰宅窗外栏板（图10-5-6），两侧望柱头雕以仰伏莲瓣，栏身上部雕以优美的云栱三朵，下部四周精雕的镂空花版，中央用细小方格。整幅作品一气呵成，雕至恰到好处时即止，落落大方，洋溢着一种雅美。栏杆

图10-5-5 黟县宏村承志堂阑额上的木雕《宴官图》

图10-5-6 潜口方文泰宅窗外栏板（明代）

图10-5-7 清代徽州建筑木雕装饰

是徽州常见向外弯曲成弧形的"美人靠"形式，雕刻玲珑剔透。歙县西溪南德庆堂栏板，满饰丁花、鸟、虫、鱼等图案。高浮雕、镂空雕、透雕兼用，显示了明代中叶木雕工艺水平。但是一般说来，清代徽州建筑内部维护部分的木雕装饰，细节刻划有余而整体"谋篇"不足，往往局部观察完美无痕，整体却纤巧萎靡（图10-5-7）。

三、石雕

安徽建筑中，石雕除见于陵墓中的雕塑，主要有石坊、石桥和石亭，以及大量用于祠堂宅的台基、勾栏、柱础、漏窗、石鼓、石狮等。除漏窗外，这些构件多居建筑物下层，为不影响形态的稳定性，石雕力求凝重沉雄，追求体量感。此外，石材材质差别很大，合理的选材不只顾及其艺术因素，也要考虑到坚固耐久。立牌坊，茶园石、黟县青就较合适。

（1）明皇陵雕塑。明皇陵为明太祖朱元璋父母陵墓，位于凤阳县城南。初建于元至正二十六年（1366年），明洪武二年后重建，洪武十二年（1379年）竣工。明皇陵神道排列着32对石像生，雕琢精美，造型生动，风格朴拙（图10-5-8）。它是目前所知明代最早的皇家陵园石刻，反映了明代开国后，曾在文化艺术领域上承汉唐。这对明代的石刻造型艺术发展产生了深远影响，具有很高的艺术价值。

（2）牌坊石雕。许国石坊石雕（图10-5-9）堪称一绝。这座牌坊是为纪念许国，于明万历十二年（1584年）修建的。许国为嘉靖四十四年（1565年）进士，万历十一年（1583年）以礼部尚书兼东阁大学士入阁赞助机务，旋加封太子太保，授文渊阁大学士，次年又晋少保，授武英殿大学士。雕刻的构思，没有简单将许国身世图解，而选择了许国一生诸个闪光点，包括其人品，给予形象化再塑。"鱼跃龙门"暗示许国科班出身；"三豹（报）喜鹊（喜）"，隐喻他万历十一年三步升迁；"龙庭舞鹰"，则以舞鹰的谐音"武音"，暗示许国是"武英殿大学士"；"瑞鹤翔云"，既寓意天下太平，又象征许

图10-5-8 明皇陵神道石像生

图10-5-9 歙县许国石坊石雕

图10-5-10 黟县西递胡文光刺史坊石雕

图10-5-11 歙县龙兴独对坊石雕

国品格高洁脱俗。装饰图案布置匠心独运。大梁是石坊重点部件，采用了半立体的深浮雕。处于陪衬地位的枋、柱，细刻锦纹图案；大梁两端，浅雕如意头、缠枝、锦地开花；替上浅雕花鸟小品。这些起着中间过渡作用的部分，使得主次清晰，层次丰富。第三层冲天柱上平刻出的仙鹤翔云的图形，则退为虚渺的背景。柱础外向的台基上，雕有蹲踞与奔驰等形态各异的石狮8座。综观其雕琢记技艺，线条如行云流水，细腻惊微，不留斧凿。风格朴拙豪放，属徽州石雕中神品。绩溪龙川"奕世尚书坊"，建于明嘉靖四十一年（1562年），为户部尚书胡富、兵部尚书胡宗宪而立。牌坊特色，在于将局部雕饰的完美，统一于整体的和谐。石坊梁、柱、枋、抱鼓石等主体结构件，皆以花岗岩制作，结构逻辑清晰。屋面、吻、斗栱、雀替、匾额、花板等装饰件，则以茶园石雕琢。主要画面仙鹤腾云、鹏展翅、双龙戏珠、双狮滚球，栩栩如生，呼之欲出。表现手法上，兼用半圆雕、高浮雕、浅浮雕、透雕手法，层次丰富，虚实对比强烈。此外，黟县西递胡文光刺史坊石雕（图10-5-10）、歙县龙兴独对坊石雕（图10-5-11）、绩溪冯村进士坊，均算得上精品。

（3）祠堂宅第石雕。歙县北岸吴氏宗祠石栏板雕有"西湖风景图"和"百鹿图"。西湖风景图（图10-5-12），六方。刻画了清代西湖的"平湖秋月"、"花港观鱼"、"三潭印月"、"灵隐风光"等景。"百鹿图"，取材山林溪涧间千姿百态的群鹿，生机勃勃、情趣盎然，显示出徽州匠师敏锐的观察力和不凡的想象力。徽州祠社中的石鼓基座雕刻，多用浅雕，以维护结构稳定。材料以黑色材质，细腻富有光泽的"黟县青"为佳。如黟县南屏宏礼堂、叙秩堂、叶奎光堂石鼓基座雕。宏礼堂石鼓，左右分别以"三龙腾云"和"五凤朝阳"承托，基座上"高山流水"、"苍松飞鹤"、"亭台楼阁"、"城廓塔影"四方石雕。鼓座正面雕以玉瓶、宝鼎、白象、青狮，上有题头，下有落款印章，显然吸收了山水画的形式。祠社第宅的柱础，也是雕刻的重点

图10-5-12 歙县北岸吴氏宗祠石栏板雕"西湖风景图"

图10-5-13 黟县西递村西园的"松石"漏窗和石雕

部位。江南气候潮湿，为隔潮，柱础要比北方厚得多。明代徽州建筑的柱础，多以覆盆，伏莲等北方宋元建筑柱础形态为主。入清以后，形态与雕刻都更为丰富。黟县南屏叙秩堂，就有十多种形态雕饰各异的柱础。漏窗石雕，值得在此特书一笔。从宅第园林整体布局构思而言，漏窗起到丰富空间的功效。近观，则为一幅立体的画。徽州漏窗形态，多取方、圆、扁面、桂叶等形。漏窗石雕的特点在于它"漏"，它有点像山水画中的"空白"，是冲破有限空间而达到无限意境的手段。但它又不同于绘画的空白，不能大片的去漏。石雕漏窗除在技法和表现形式上独具特色，还与砖雕、木雕、山水画相互借鉴。在意境创造上，与重视空白的盆景有更多相通处。甚至选题上，也以树、石、山等盆景常见类型居多。雕刻风格，则追求古拙、奇险、遒劲。漏窗石雕，虽说徽州六邑均不乏佳作，但以黟县最为集中。黟县西递村"西园"的"松石"漏窗（图10-5-13）两棵奇松侧立于嶙峋山石，遒劲奇险。"竹梅"，漏窗，其上半部风中摇曳的竹影，与下半部苍劲的古梅，在布白上取得一致，更反衬了梅花的古拙、刚毅。徽州的漏窗石雕，构图重心偏下的多，这是因其追求沉雄凝重风格使然。

四、彩绘

安徽建筑中的彩绘主要见于：（1）梁枋（图10-5-14）；（2）天花（图10-5-15）；（3）门楼、窗楣、墙沿口等墙壁局部。

梁枋、天花彩绘出现较早。明景泰七年（1456年）重建的歙县西溪南"绿绕亭"月梁，便绘有彩绘。明万历四十五年（1617年）落成的歙县呈坎宝伦阁月梁彩绘，至今仍图案清晰，色泽艳丽。明代宅第彩绘，有黟县程氏宅月梁、歙县西溪南黄卓甫梁枋、休宁枧东吴省初宅天花及梁枋等。徽州明代建筑的彩绘，既不同于北方宫殿建筑的玺旋子彩画，过于富丽和浓重；也不同于"苏式"彩绘艳丽流俗。月梁多以包袱锦彩绘图案，典雅明丽（图

图10-5-14 梁枋彩绘（九华山化城寺）

图10-5-15 大花彩绘（九华山化城寺）

10-5-16）。较之清代中晚期以后于梁上雕琢有损于结构的做法，更为合理。明代宅第天花，休宁枧东吴省初宅为难得实物，它在"淡灰色的木地上，满绘着细致的木纹；点缀着蓝绿色的花叶，和淡蓝、粉红、粉白色的花朵所构成团科，调子非常和谐，也非常优美和恬静。又因淡色调的面积相当多，在梁上用较深色的包袱相衬托，产生一种明朗而安适的对比作用，使人久居于内而不致产生不舒服的感觉。总的说来，是实用与美观相结合的很好作品"。㉘

清末民初，一些民居以彩画门楼、窗楣的形式取代砖雕，进而发展到墙面，主要为外墙面的彩画。它除见于窗楣，门楼，还存在于墙、墙沿口边缘重点部位。这类彩画有三个特点：

其一，它的基本式样，是由砖雕门楼形式变通发展而逐步成形的。它保留了砖雕门楼中手卷式、字牌式的两种基本式样，但常以彩画代替其中字匾。毕竟彩绘比砖雕制作要容易得多，故彩画后期形式日趋多样，出现了砖雕不易制作的半月楣等式样，装饰面也扩大到窗楣、屋角、墙头等处。㉙

其二，由于彩画绘于白色粉墙，且多位于光感极强的外墙，色彩明丽。这与室内黯淡深沉的彩画色调是不同的，甚至与明清徽州建筑古朴典雅的格调也不尽一致。我们可以从艺术价值角度指出它粗俗肤浅，但不能漠视它的存在。它的形式被认可，是清末民国社会变动引发的文化面貌变异的反映。

其三，受清末民国西洋画风的影响，彩画写实风气甚浓，运用了西方绘画的透视法则，甚至包括仰视。

图10-5-16 徽州明代建筑月梁上典雅明丽的包袱锦图案彩绘

注释

① 卷杀为宋式建筑中一个术语，指将建筑构件外轮廓线艺术加工，使之曲线化、柔美。

② 李诫．营造法式．卷五∥四库全书．文津阁本．

③ 清末民国，额枋也有作长弧线状，但线型呆滞欠流畅，且梁身有雕刻。宋式建筑为保持结构逻辑清晰，对梁柱一类承重构件雕饰是审慎的，一般仅作外轮廓线卷杀。

④ 刘致平．中国建筑类型及结构（新一版）．中国建筑工业出版社，1987．

⑤ 梁思成．蓟县独乐寺观音阁山门考．中国营造学社汇刊．1932，3(2)．

⑥ 刘致平．中国建筑类型及结构（新一版）．中国建筑工业出版社，1987．

⑦ 梁思成．蓟县独乐寺观音阁山门考．中国银造学社汇刊．1932，3(2)．

⑧ 刘致平．中国建筑类型及结构（新一版）．中国建筑工业出版社，1987：62-65．

⑨ 梁思成．清式营造则例．中国建筑工业出版社．1981：78．

⑩ 罗哲文．中国古代建筑．上海古籍出版社，1990：570．

⑪ 梁思成．斗拱简说∥梁思成文集（二）．中国建筑工业出版社，1984：334．北海陟山门牌楼用的是如意斗栱。

⑫ 刘致平．中国建筑类型及结构（新一版）．中国建筑工业出版社，1987，62-65．

⑬ 刘敦桢．牌楼算例．中国营造学社汇刊，1933，4(1)

⑭ 同上。

⑮ 刘致平．中国建筑类型及结构（新一版）．中国建筑工业出版社，1987：62-65．

⑯ 刘敦桢．河南省北部古建调查记．中国营造学社汇刊，1927，6(4)．

⑰ 进一步了解马头墙制作工艺，可参阅曹永沛．徽州古建筑"马头墙"的种类构造与做法．古建园林技术，1990，(29)．本目参考了该文，并酌收了部分内容。

⑱ 傩舞面具演进成固定的避邪驱疫砖石雕，由徽州迁徙至江西流坑村的董氏，仍有门上石刻傩面具"吞头"的做法。

⑲ 亦有学者将单间双柱门坊归为门罩式，（见张仲一等著．徽州明代住宅．建筑工程出版社，1957：18．）笔者以为不妥，单间双柱门坊和其他门坊一样，为牌坊演进过程中产物，与门罩式起源有别。民间将"门楼"与"门罩"混用较多，并学界已有混用这两个称谓的趋势。

⑳ 徽州门楼砖雕工艺，本章第五节详述，此处从略。

㉑ 方玉良．徽州格子门技艺∥文物研究．第七辑．黄山书社，1991．

㉒ 张仲一等．徽州明代住宅．建筑工程出版社，1957：29．

㉓ 钱泳．履园丛话．中华书局，1960．

㉔ 姚光钰．徽式砖雕门楼．古建园林技术，1989，(22)．

㉕ 汪立信，鲍树民．徽州明清民居雕刻．文物出版社，1986：6．

㉖ 姚光钰．徽州明清民居工艺技术（下）．古建园林技术，1993，(41)．

㉗ 参见本章第二节。

㉘ 张仲一等．徽州明代住宅．建筑工程出版社，1957：33．

㉙ 实物资料，可参阅姚光钰．徽派古建民居彩画．古建园林技术，1985，(7)．

安徽古建筑地点及年代索引

名称	类型	地点	建成年代（变化情况）	材料结构	文保等级
明中都皇故城及皇陵石刻	古城、陵墓	凤阳县	明		国家级
安丰塘（芍陂）	水利工程	寿县	春秋		国家级
龙川氏宗祠	祠堂	绩溪县	明－清	砖木结构	国家级
潜口民宅	宅第、祠堂等	黄山市	明	砖木结构	国家级
许国石坊	牌坊	歙县	明	仿木石构	国家级
花戏楼	会馆	亳州市	清	砖木结构	国家级
广教寺双塔	塔	宣城市	宋	砖石结构	国家级
棠樾石牌坊群	牌坊	歙县	明－清	仿木石构	国家级
老屋阁及绿绕亭	宅第、亭	黄山市	明	砖木结构	国家级
罗东舒祠	祠堂	歙县	明	砖木结构	国家级
曹氏家族墓群	墓葬	亳州市	东汉－三国	砖石结构	国家级
大观塔、小方塔	塔	泾县	宋	砖结构	国家级
亳州古地道	军事建筑	亳州市	宋、元	砖结构	国家级
白崖寨	军事建筑	宿松县	元－清	石结构	国家级
程氏三宅	宅第	黄山市	明	砖木结构	国家级
呈坎村古建筑群	宅第、祠堂、社屋	歙县	明、清	砖木结构	国家级
渔梁坝	水利工程	歙县	唐－清	石结构	国家级
宏村古建筑群	宅第、祠堂	黟县	明、清	砖木结构	世界文化遗产
西递村古建筑群	宅第、祠堂、牌坊	黟县	明、清	砖木、石结构	世界文化遗产
寿县古城墙	古城墙	寿县	宋	砖石结构	国家级
查济古建筑群	宅第、祠堂	泾县	明、清	砖木结构	国家级
蒙城万佛塔	塔	蒙城县	宋	砖石结构	国家级
许村古建筑群	宅第、祠堂、牌坊	歙县	明、清	砖木、石结构	国家级
祁门古戏台	戏台	祁门县	明、清	砖木结构	国家级

续表

名称	类型	地点	建成年代（变化情况）	材料结构	文保等级
南屏村古建筑群	宅第、祠堂	黟县	明、清	砖木结构	国家级
江村古建筑群	宅第、祠堂	旌德县	清	砖木结构	国家级
振风塔	塔	安庆市	明	砖石结构	国家级
溪头三槐堂	宅第	休宁县	明	砖木结构	国家级
郑氏宗祠	祠堂、牌坊	歙县	明	砖木、石结构	国家级
竹山书院	书院	歙县	明	砖木结构	国家级
黄田村古建筑群	宅第、祠堂	泾县	清	砖木结构	国家级
世太史第	宅第	安庆市	明	砖木结构	国家级
黄山登山古道及古建筑	楼、台、亭、桥	黄山市	唐－清	砖木、石结构	国家级
黄金塔	塔	无为县	宋	砖石结构	国家级
太平塔	塔	潜山县	宋	砖石结构	国家级
天寿寺塔	塔	广德县	宋	砖石结构	国家级
长庆寺塔	塔	歙县	宋	砖石结构	国家级
仙人塔	塔	宁国县	宋	砖石结构	国家级
程大位故居	宅第	黄山市	明	砖木结构	国家级
黄村进士第	宅第	休宁县	明	砖木结构	国家级
法云寺塔	塔	岳西县	明	砖石结构	国家级
桐城文庙	文庙	桐城市	明－清	砖木结构	国家级
洪氏宗祠	祠堂	歙县	明－清	砖木结构	国家级
奕世尚书坊	牌坊	绩溪县	明	石结构	国家级
胡炳衡宅	宅第	绩溪县	清	砖木结构	国家级
寿县孔庙	文庙	寿县	明－清	砖木结构	国家级
寿县清真寺	清真寺	寿县	明－清	砖木结构	国家级
太平山房	宅第	青阳县	明－清	砖木结构	国家级
棠樾古民居	宅第、祠堂	歙县	明－清	砖木结构	国家级

续表

名称	类型	地点	建成年代（变化情况）	材料结构	文保等级
祇园寺	佛寺	青阳县	清	砖木结构	国家级
化城寺	佛寺	青阳县	明	砖木结构	国家级
肉身殿	佛寺	青阳县	清	砖木结构	国家级
百岁宫	佛寺	青阳县	清	砖木结构	国家级
上庄古建筑群	宅第、祠堂	绩溪县	明－清	砖木结构	国家级
安庆南关清真寺	清真寺	安庆市	清	砖木结构	国家级
济阳曹氏宗祠	祠堂	青阳县	清	砖木结构	国家级
上章李氏宗祠	祠堂	青阳县	清	砖木结构	国家级
旌德文庙	文庙	旌德县	清	砖木结构	国家级
北岸吴氏宗祠	祠堂	歙县	清	砖木结构	国家级
员公支祠	祠堂	歙县	清	砖木结构	国家级
昌溪周氏宗祠	祠堂	歙县	清	砖木结构	国家级
北岸廊桥	桥	歙县	清	石木结构	国家级
兴村程氏宗祠	祠堂	黄山市	清	砖木结构	国家级
南京巷钱庄	钱庄	亳州市	清	砖木结构	国家级
太白楼	楼阁	马鞍山	清	砖木结构	国家级
教弩台遗迹	军事建筑	合肥市	三国－清	砖木、石结构	省级
三国新城遗址	军事建筑	合肥市	三国		省级
中庙	民间信仰祠庙	巢湖市	清	砖木结构	省级
广济寺	佛寺	芜湖市	清	砖木结构	省级
芜湖文庙大成殿	学宫	芜湖市	清	砖木结构	省级
米公祠	先贤祠	无为县	清	砖木结构	省级
禹王宫	道教宫观	蚌埠市	明－清	砖木结构	省级
陋室	先贤祠	和县	清	砖木结构	省级
霸王祠	先贤祠	和县	清	砖木结构	省级

续表

名称	类型	地点	建成年代（变化情况）	材料结构	文保等级
镇淮楼	城门楼	和县	明－清	砖木结构	省级
显通寺	民间信仰祠庙	淮北市	清	砖木结构	省级
迎江寺	佛寺	安庆市	明－清	砖木结构	省级
安庆谯楼	城门楼	安庆市	明	砖木结构	省级
吴樾故居	宅第	桐城市	清	砖木结构	省级
半山阁	藏书楼	桐城市	清	砖木结构	省级
左忠毅公祠	宅第、祠堂	桐城市	明－清	砖木结构	省级
凤义兴商号楼	店铺	桐城市	清	砖木结构	省级
安城堡	城堡	太湖县	明－清	砖木结构	省级
铁砚山房	宅第	安庆市	清	砖木结构	省级
雷阳书院	书院	望江县	清	砖木结构	省级
大观亭	楼阁	歙县	明	砖木结构	省级
丰口四面坊	牌坊	歙县	明	石结构	省级
岩寺文峰塔	塔	黄山市	明	砖石结构	省级
长春社	社屋	歙县	明	砖石结构	省级
玉虚宫牌坊	牌坊	休宁县	明	石结构	省级
许氏宗祠	祠堂	绩溪县	明	砖木结构	省级
听泉楼	楼阁	绩溪县	清	砖木结构	省级
慈光阁	楼阁	黄山市	明、清	砖木结构	省级
蒙城文庙	文庙	蒙城县	清	砖木结构	省级
林探花府	宅第	宿州市	清	砖木结构	省级
清真北寺	清真寺	太和县	清	砖木结构	省级
四望堡	军事建筑	霍山县	清	石结构	省级
檀干园	园林建筑	黄山市	清	砖木结构	省级
庐州府城隍庙戏楼	民间信仰祠庙	合肥市	清	砖木结构	省级
水东花戏楼	民间信仰祠庙	宣城市	明	砖木结构	省级

续表

名称	类型	地点	建成年代（变化情况）	材料结构	文保等级
石家村古建筑群	宅第、祠堂	绩溪县	清	砖木结构	省级
叶集江西会馆	会馆	六安市	明	砖木结构	省级
霍邱文庙	文庙	霍邱县	清	砖木结构	省级
甘露寺	佛寺	青阳县	清	砖木结构	省级
屏山村古建筑群	宅第、祠堂	黟县	明、清	砖木结构	省级
火神庙及古戏台	民间信仰祠庙	明光市	清	砖木结构	省级
尤家花园及故居	宅第	颍上县	清－民国	砖木结构	省级
六角楼	楼阁	黄山市	明	砖木结构	省级
金紫祠	祠堂	黄山市	明	砖木结构	省级
贞白门	门坊	歙县	元	石结构	省级
琅琊寺	佛寺	滁州市	清	砖木结构	省级
萧县文庙	文庙	萧县	清	砖木结构	省级
东岳庙	民间信仰祠庙	涡阳县	宋－清	砖木结构	省级
陶公祠	先贤祠	东至县	清	砖木结构	省级
华祖庵	乡贤祠	亳州市	清	砖木结构	省级
包公祠	乡贤祠	合肥市	清	砖木结构	省级
醉翁亭	亭	滁州市	清	砖木结构	省级
汤王墓	墓葬	亳州市	商	砖石结构	省级
丰乐亭	亭	滁州市	清	砖木结构	省级
法华禅庵塔	塔	明光市	元	砖石结构	省级
程氏宅	宅第	黟县	明	砖木结构	省级
管鲍祠	乡贤祠	颍上县	清	砖木结构	省级
泗县文庙大成殿	文庙	泗县	清	砖木结构	省级
踏歌岸阁	楼阁	泾县	清	砖木结构	省级
南谯楼	城门楼	歙县	明－清	砖木结构	省级

续表

名称	类型	地点	建成年代（变化情况）	材料结构	文保等级
舒余庆堂	祠堂	黟县	明	砖木结构	省级
道德中宫	道教宫观	亳州市	明－清	砖木结构	省级
文昌阁	楼阁	泾县	清	砖木结构	省级
资福寺	佛寺	阜阳市	清	砖木结构	省级
湖村民居	宅第	绩溪县	清	砖木结构	省级
绩溪文庙	文庙	绩溪县	清	砖木结构	省级
周氏宗祠	祠堂	绩溪县	清	砖木结构	省级
衙署前门	衙署	芜湖市	宋－清	砖木结构	省级
中正坊	过街楼	绩溪县	明	砖木结构	省级
明伦堂考棚	考棚	绩溪县	清	砖木结构	省级

参考文献

古代经史典籍类

[1] (战国) 考工记. 上海中华书局, 民国十七年 (1928).
[2] (汉) 陈澔注. 礼记. 上海古籍出版社, 1987.
[3] (汉) 班固. 白虎通.
[4] (汉) 尚书中侯注. 郑玄注. (清) 袁钧辑.
[5] (汉) 班固. 汉书.
[6] (南朝) 范晔. 后汉书.
[7] (汉) 三国志选. 缪 钺选注. 中华书局, 1962.
[8] (唐) 魏徵. 隋书. 中华书局, 1997.
[9] (唐) 费冠卿. 九华山化城寺记.
[10] (唐) 清 董诰纂. 全唐文.
[11] (唐) 黄帝宅经.
[12] (后晋) 刘昫纂. 旧唐书.
[13] (宋) 乐史撰. 太平寰宇记. 光绪八年金陵书局底本.
[14] (宋) 李昉. 太平御览.
[15] (宋) 朱熹. 四书集注.
[16] (宋) 朱熹. 朱子语类.
[17] (宋) 李诫. 营造法式. 文津阁本.
[18] (宋) 司马光. 资治通鉴.
[19] (明) 明太祖实录.
[20] (明) 汤显祖. 玉茗堂文.
[21] (明) 谢肇淛. 五杂组. 中华书局, 1959.
[22] (明) 汤显祖. 坐隐乩笔记.
[23] (明) 计成. 园冶. 涉园陶氏重印崇祯本.
[24] (明) 文震亨. 长物志.
[25] (明) 何乔远撰. 闽书.
[26] (清) 陈梦雷. 古今图书集成.
[27] (清) 许承尧. 歙事闲谭.
[28] (清) 吴青羽. 茗州吴氏家典. 雍正十三年刊本.
[29] (清) 林枚. 阳宅会心集.
[30] (清) 徐珂. 清稗类钞. 商务印书馆, 1983.
[31] (清) 钱泳. 履园丛话. 中华书局, 1960.
[32] (清) 赵吉士. 寄园寄所寄. 康熙刊本. 黄山书社, 2008.
[33] (清) 罗惇衍. 桐乡书院记.
[34] 新安海阳地名图说. 安徽省图书馆藏抄本.

方志、谱牒类

[1] (宋) 罗愿. 新安志. 康熙四十六年刊本.
[2] (明) 天一阁藏明代方志选刊. 弘治. 徽州府志. 上海古籍书店, 1982.
[3] (明) 嘉靖. 徽州府志. 嘉靖四十五年刊本.
[4] (明) 中国地方志集成. 嘉靖池州府志. 南京: 江苏古籍出版社, 1998.
[5] (明) 黄汝济主纂. 祁阊志. 永乐九年刊本.
[6] (明) 余士奇主修. 谢存仁主纂. 祁门志. 万历二十三年刊本.
[7] (明) 休宁县志. 万历三十五年刊本.
[8] (清) 姚琅主纂. 安庆府志. 康熙二十二年刻本.
[9] (清) 康熙. 黟县志.
[10] (清) 于觉世主修. 康熙. 巢县志. 康熙十二年刊本.
[11] (清) 王剑福纂辑. 颍州府志. 乾隆十七年. 合肥: 黄山书社, 2006.
[12] (清) 乾隆. 绩溪县志.
[13] (清) 张士范主纂 乾隆. 池州府志. 乾隆四十四年刻本.
[14] (清) 程汝翼主纂. 嘉庆. 黟县志.
[15] (清) 嘉庆. 合肥县治. 黄山书社, 2006.
[16] (清) 洪亮吉总纂. 嘉庆. 泾县志. 合肥: 黄山书社, 2008.
[17] (清) 歙县志. 道光八年刻本.
[18] (清) 泾县续志. 清道光五年. (清) 穆彰阿主纂. 重修大清一统志. 道光二十二年刊本.
[19] (清) 赵继元. 太湖县志. 合肥: 黄山书社, 2008.
[20] (清) 曾道唯纂修. 寿州. 合肥: 黄山书社, 2011.
[21] 光绪. 黟县志. 光绪九年刊本.
[22] (清) 光绪. 婺源县志. 光绪九年刊本.
[23] (清) 亳州志. 清光绪二十一年刻本.
[24] (清) 朱大绅, 高照主纂. 直隶和州志. 清光绪二十七年.
[25] 重修蒙城县志. 民国4年 (1915年).
[26] 民国. 歙县志.

[27] 吴克俊．黟县四志．民国十一年刊本．
[28] 黄文明修．古林黄氏重修族谱．崇祯十六年修．
[29] 歙县．汪氏谱乘．
[30] 歙县．棠樾鲍氏宣忠堂支谱．
[31] 绩溪．胡氏龙井派宗谱．
[32] 绩溪．西关章氏族谱．
[33] 绩溪．涧洲许氏宗谱．
[34] 绩溪．盘川王氏宗谱．
[35] 绩溪．石氏宗谱．
[36] 歙县．新安昌溪．吴氏族谱．
[37] 休宁．休宁戴氏族谱．
[38] 歙县．新安歙北许氏东支世谱．

近代专著

[1] 王国维．宋元戏曲考//王国维文学论著3种．北京：商务印书馆，2003．
[2] 王国维．人间词话．上海：上海古籍出版社，1998．
[3] 常乃惪．中国思想小史．上海：上海古籍出版社，2005．
[4] 朱光潜．诗论//朱光潜美学文集（第二卷）．上海：上海文艺出版社，1982．
[5] 宗白华．中国艺术意境之诞生//美学与意境．北京：人民出版社，1987．
[6] 宗白华．宗白华全集（第二卷）．合肥：安徽教育出版社，1994．
[7] 任继愈．汉唐佛教思想论集（第二版）．北京：人民出版社，1973．
[8] 叶显恩．明清徽州农村社会与佃仆制．合肥：安徽人民出版社，1983．
[9] 张海鹏，王廷元主编．明清徽商资料选编．合肥：黄山书社，1985．
[10] 张海鹏，王廷元．徽商研究．合肥：安徽人民出版社，1995．
[11] 张南．简明安徽通史．合肥：安徽人民出版社，1994．
[12] 张海鹏．安徽文化史．南京：南京大学出版社，2000．
[13] 陈植．中国历代造园文选．合肥：黄山书社，1992．

[14] （日）洼德忠．道教诸神．萧坤华译．成都：四川人民出版社，1988．
[15] 张仲一等．徽州明代住宅．北京：建筑工程出版社，1957．
[16] 刘致平．中国建筑类型及结构．（新一版）．北京：中国建筑工程出版社，1987．
[17] 梁思成．中国建筑史．天津：百花文艺出版社，1998．
[18] 梁思成．清式营造则例．北京：中国建筑工业出版社，1981．
[19] 梁思成．斗栱简说//梁思成文集（二）．北京：中国建筑工业出版社，1984．
[20] 刘敦桢．大壮室笔记//刘敦桢文集（一）．北京：中国建筑工业出版社，1982．
[21] 朱光潜．西方美学史//朱光潜全集（第6卷）．合肥：安徽教育出版社，1990．
[22] 彭一刚．传统村镇聚落景观分析．北京：中国建筑工业出版社，1994．
[23] 王其亨．风水理论研究．天津：天津大学出版社．1992．
[24] 罗哲文．中国古代建筑．上海：上海古籍出版社，1990．
[25] 汪正章．建筑美学．北京：人民出版社，1991．
[26] 李国钧．中国书院史．长沙：湖南教育出版社，1994．
[27] 高寿仙．徽州文化．沈阳：辽宁教育出版社，1993．
[28] 朱永春．徽州建筑．合肥：安徽人民出版社，2005．
[29] 姚翁望．安徽画家汇编稿本．合肥：安徽省博物馆编，1979．
[30] 赵华富．两驿集．合肥：黄山书社，1999．
[31] 汪立信，鲍树民．徽州明清民居雕刻．北京：文物出版社，1986．
[32] （明）钱贡，黄应祖．环翠堂园景图．北京：人民美术出版社，2014．
[33] 龚恺．棠樾．南京：东南大学出版社，1999．
[34] 龚恺．瞻淇．南京：东南大学出版社，1996．
[35] 龚恺．豸峰．南京：东南大学出版社，1999．

近代论文

[1] 梁思成. 蓟县独乐寺观音阁山门考. 中国营造学社汇刊, 1932, 3 (2).

[2] 刘敦桢. 河南省北部古建筑调查记. 中国营造学社汇刊, 1927, 6 (4).

[3] 刘敦桢. 牌楼算例. 中国营造学社汇刊, 1933, 4 (1).

[4] 宗白华. 艺术与中国社会//美学与意境. 北京: 人民出版社, 1987.

[5] 宗白华. 建筑美学札记//宗白华全集（第3卷）. 北京: 安徽教育出版社, 1994.

[6] 张岱年. 论中国文化的基本精神//当代学者自选文库·张岱年卷. 合肥: 安徽教育出版社, 1998.

[7] 牟钟鉴. 道教与中国传统文化//道教与传统文化. 北京: 中华书局, 1992.

[8] 李养正. 谈谈道教的几点特征//道教与传统文化. 北京: 中华书局, 1992.

[9] 吴德良. 安徽道教概述. 中国道教, 1989, (01).

[10] 李琳椅, 张晓婧. 明代安徽书院的数量、分布特征及其原因分析. 华东师范大学学报教育科学版, 2006, (04).

[11] 姚娟, 刘锡涛. 清代安徽书院的地域分布特点. 阜阳师范学院学报（社科版）, 2006 (05).

[12] 单德启, 村溪. 开井. 马头墙//建筑史论文集（第六辑）. 北京: 清华大学出版社, 1998.

[13] 曹永沛. 徽州古建筑"马头墙"的种类构造与做法. 古建园林技术, 1990, (29).

[14] 方玉良. 徽州格子门技艺//文物研究（第七辑）. 合肥: 黄山书社出版, 1991.

[15] 姚光钰. 徽州砖雕门楼. 古建园林技术, 1989, (22).

[16] 姚光钰. 徽州明清民居工艺技术. 古建园林技术, 1993, (40).

[17] 姚光钰. 徽州明清民居工艺技术（下）. 古建园林技术, 1993, (41).

[18] 王伯敏. 黄山画派及其传统风貌//论黄山诸画派文集. 上海: 上海人民美术出版社, 1987.

[19] 汪世清. 新安画派的渊源.//朵云（第9期）. 上海书画出版社.

[20] 汪立信, 鲍树民. 徽州明清民居雕刻. 北京: 文物出版社, 1986.

[21] 郑振锋. 明代徽州版画. 大公报, 1934. 11. 11.

[22] 姚光钰. 徽派古建民居彩画. 古建园林技术, 1985, (7).

[23] 窦武. 清初扬州园林中的欧洲影响. 建筑师, (28).

[24] 宋理. 《新安大族志》和中国士绅阶层的发展（800—1600）//徽商研究论文集. 合肥: 安徽人民出版社, 1985.

[25] 邵国榔. 竹山书院建筑艺术初探. 古建园林技术, 1997, (1).

[26] 耕茹. 明清社会中的徽州民间仪式戏剧//2000国际徽学研讨会论文集. 2000.

[27] 吴建之. 太阳祭与傩仆制. 徽州社会科学, 1994, (3).

[28] 王兆乾. 祁门傩及其对宇宙本原的阐释. 徽州社会科学, 1994, (3).

[29] 赵华富. 论徽州宗族祠堂. 安徽大学学报, 1996, (02).

[30] 朱永春. 民间信仰建筑及其构成元素分析——以福州近代民间信仰建筑为例. 新建筑, 2011, (05).

[31] 李琳琦. 徽州书院略论//98国际徽学学术讨论会论文集. 合肥: 安徽大学出版社, 2000.

[32] 川胜, 贤亮（守）. 明清时代徽州地方的宗教社会与宗教文化//98国际徽学学术讨论会论文集. 合肥: 安徽大学出版社, 2000.

[33] 肖国清. 论徽州古典园林艺术. 中国园林, 1988 (02).

[34] 殷永达. 徽州早期风景园林史概观. 中国园林, 1993 (01).

[35] 朱永春, 潘国泰. 明清徽州建筑中斗拱的若干地域特征. 建筑学报, 1998, (06).

[36] 朱永春. 徽州建筑单体形态构成研究. 合肥工业大学学报, 2001, (01).

[37] 林琳. 穿斗式大木结构类型与谱系——以福州"三坊七巷"传统建筑为例. 建筑学报, 2011, (S2).

[38] 汪兴毅. 徽州古民宅中穿斗式木构架的结构与构造. 合肥工业大学学报, 2010, (03).

[39] 范超. 穿斗式大木结构建筑中的斗拱——以南方传统建筑为中心, 建筑学报, 2013, (S1).

后记

《安徽古建筑》是安徽建筑通史性质的首部著作。作为《中国古建筑丛书》中的一本，作者力图在不违背丛书的体例和篇幅要求的同时，不失其应有的学术价值。

我对安徽建筑的关注，始于徽州明清建筑。2001年，我在完成徽州文化全书中《徽州建筑》卷书稿后，调离了安徽。当以一个局外人的角度看安徽建筑时，竟有了新的认识与感悟。如徽州的古戏台，主要分布在祁门县与江西接境的新安乡和闪里镇，对江西乡土建筑的研究，使我们找到它的源头以及与傩的联系。民间信仰与宗教是有本质区别的，福建有丰富的民间信仰建筑遗存，福建省社会科学界在国内较早开展了民间信仰研究。基于这一知识平台，对安徽民间信仰建筑有了新的认识。因此，戴志坚教授约稿《安徽古建筑》，我欣然接受了。

在本书交付出版时，感谢傅熹年院士悉心审稿。感谢中国建筑工业版社领导的策划、组织工作。感谢责任编辑李东禧、唐旭、吴绫、杨晓的加工整理工作。由于笔者学识有限，错误、疏漏之处，敬祈批评指正。

朱永春
2015年10月于福州

作者简介

朱永春，1953年生，安徽桐城人。1981年毕业于合肥工业大学。现于福州大学建筑学院任教。教授，博士生导师，建筑历史研究所所长。主要从事建筑历史、建筑美学教学与研究。发表论文90余篇，独立完成专著5种，合著11种。主持国家自然科学基金项目2项、国家社会科学基金项目1项，担任国家社会科学基金项目子课题负责人1项。主要社会兼职：中国科技史学会建筑史专业委员会副主任委员、中国建筑学会建筑史学分会理事、中国艺术研究院《中国建筑艺术年鉴》编委。